Musik und Körper

Musikpädagogische Forschung

Herausgegeben vom Arbeitskreis
Musikpädagogische Forschung e.V.

Band 11

Werner Pütz
(Hrsg.)

Musik
und Körper

CIP-Titelaufnahme der Deutschen Bibliothek

Musik und Körper / Werner Pütz (Hrsg.). - Essen : Verl. Die Blaue Eule, 1990

(Musikpädagogische Forschung ; Bd. 11)
ISBN 3-89206-351-6

NE: Pütz, Werner [Hrsg.]; GT

ISBN 3-89206-351-6

© Copyright Verlag Die Blaue Eule, Essen 1990
Alle Rechte vorbehalten

Nachdruck oder Vervielfältigung, auch auszugsweise, in allen Formen, wie Mikrofilm, Xerographie, Mikrofiche, Mikrocard, Offset, verboten

Printed in Germany

Herstellung:

Merz Fotosatz, Essen
Broscheit Klasowski, Essen
Difo-Druck, Bamberg

„Das diesem Bericht zugrundeliegende Vorhaben wurde mit Mitteln des Bundesministers für Bildung und Wissenschaft (Förderungszeichen: B 3786.003) gefördert. Die Verantwortung liegt bei den Autoren."

Inhaltsverzeichnis

Vorwort 9

AMPF-Tagung Cloppenburg 13.-15. Oktober 1989 15

MANFRED CLYNES
   Mind-Body Windows and Music 19

RUDOLF ZUR LIPPE
   Es ist der Leib, der die Musik macht 43

CHRISTOPH SCHWABE
   Regulatives Musiktraining und Körperwahrnehmung 56

WERNER PÜTZ
   Erfahrung durch die Sinne und Sinnerfahrung. Perspektiven für den Umgang mit Musik 65

BARBARA HASELBACH
   Zur elementaren Erfahrung leib-haften Musizierens 83

RUDOLF KRATZERT
   Alexander-Technik als Basis-Technik für Musiker 87

PETER JACOBY
   Die Feldenkrais-Methode im Instrumental- und Gesangsunterricht 99

MARTIN GELLRICH
   Die Disziplinierung des Körpers.
   Anmerkungen zum Klavierunterricht in der zweiten Hälfte des 19. Jahrhunderts 107

WENJUAN SHI-BENEKE
   Chinesische Nationaltänze
   Musik- und Tanzstile verschiedener Regionen 139

GERTRUD MEYER-DENKMANN
   Performance-Art - Versuch einer Orientierung 166

HEINER GEMBRIS
   „For me, it's a little microcosmos of my life"
   Über die Performance von Jana Haimsohn 179

FRAUKE GRIMMER
   Körperbewußtsein und „innere Bewegtheit des Ganzen"
   Voraussetzungen lebendiger Interpretation in der Musikpädagogik
   Heinrich Jacobys   185

WOLFGANG MEYBERG
   Afrikanisches Trommeln. Aspekte einer körperorientierten
   Musikpädagogik   198

ULRICH GÜNTHER
   Musik und Bewegung in der Unterrichtspraxis.
   Bericht über eine Befragung von Musiklehrern   205

RENATE MÜLLER
   Rock- und Poptanz im Musikunterricht.
   Musikpädagogische Aspekte   223

HORST RUMPF
   Sinnlichkeit - Spiel - Kultur
   Erinnerung an verpönte Spiel-Arten   234

URSULA ECKART-BÄCKER
   Musikpädagogik in der Erwachsenenbildung - eine gesellschaftliche
   und pädagogische Notwendigkeit:
   Einführung in die Problematik   246

WERNER KLÜPPELHOLZ
   Erwachsene als Instrumentalschüler
   Eine empirische Studie   263

Vorwort

Daß es der Leib ist, der die Musik macht, wie Rudolf zur Lippe es in seinem Beitrag zu diesem Band auf den Punkt bringt - ich möchte noch ergänzen: hört und erlebt -, scheint eine Binsenwahrheit, die jedem Musiker, Musikwissenschaftler und Musikpädagogen vertraut ist. Jeder aktive wie rezeptive Umgang mit Musik schließt von Haus aus bereits körperliche Aktionen bzw. Reaktionen mit ein. Musizieren ist, sieht man einmal von dem Sonderfall der Produktion elektronischer Musik ab, stets mit körperlicher Bewegung verbunden und setzt selbst auf einem mittleren Fähigkeitsniveau ein hohes Maß an Körperbeherrschung voraus. Für den praktizierenden Instrumentalisten ist Musik machen somit auch immer Arbeit an bzw. mit dem Körper.

Der emotionale Ausdruck von Musik wurzelt tief im Leiblichen - musikalische Gesten korrespondieren weitgehend mit körperlichen und das Hören und Erleben von Musik gehen einher mit intensiven innersensorischen, auch physiologisch nachmeßbaren Körperempfindungen und -gefühlen.

Demgemäß zahlreich und vielfältig sind die Formen und Gestalten des Zusammenspiels zwischen Musik und Körper in Vergangenheit und Gegenwart. Traditionell zählen dazu:

> der Tanz von der Folklore bis zum klassischen Ballett und den verschiedenen Arten des neuen Tanztheaters,
> alle Formen des Musiktheaters,
> die Rhythmische Erziehung mit ihren unterschiedlichen Ausprägungen wie Bewegungsimprovisation, szenische Improvisation, Motopädagogik, Psychomotorik u.ä.,
> Musik und Bewegung in Pädagogik und Therapie etc.

In der gegenwärtigen Musikszene, in der Popmusik wie in der sog. Avantgarde nimmt das Zusammenspiel von Körper und Musik gleichfalls einen herausragenden Platz ein. Sowohl die live im Konzert vorgetragene Rockmusik wie auch die dazu entwickelten Videoclips beziehen ihre Wirkung wesentlich aus den Körperaktionen der Instrumentalisten bzw. aus den im Zusammenhang mit der Musik ausgeführten Bewegungen. Vergleichbares gilt für die Rezipienten, deren Verstehen sich ebf. vornehmlich in intensiven körperlichen Reaktionen und Aktivitäten äußert.

Ebenso gehen in bestimmten Spielarten der experimentellen Musik Körper und Klang eine enge Verbindung ein, werden Körperaktionen und mit Hilfe des

Körpers erzeugte Klänge und Geräusche gleichsam mitkomponiert, so z.B. in Kagels Instrumentalem Theater, in den Fluxusaktionen und sog. Perfomances mit Musik (Jana Haimsohn, Laurie Anderson, Terry Fox, Harry de Witt, Hans Otte u.a.).

Das Verhältnis der Musiker und Musikpädagogen zu ihrem Körper indes ist trotz der offensichtlichen Affinitäten zwischen Musik und Körper nicht ohne Irritationen. So verfügen Instrumentalpädagogen zwar oft über ein reichhaltiges Arsenal an Einzelübungen zur Entwicklung einer soliden Instrumentaltechnik, doch deren Einbindung in ein geistiges Gesamtkonzept lebendigen Musizierens bleiben sie nicht selten schuldig. Ausübende Musiker erfahren ihren Körper häufig erst dann bewußt, wenn es technische Schwierigkeiten gibt, er ihnen seinen Dienst versagt.

Ein Fach wie Rhythmik/Bewegungserziehung, in dem das Thema Körper und Musik exemplarisch abgehandelt wird, dient fast ausschließlich der Spezialistenausbildung. Von Studenten anderer Fächer, die hier Grundsätzliches für sich und ihr Verhältnis zum Instrument und zur Musik erfahren könnten, wird es erfahrungsgemäß kaum besucht. Das Fach selber steht in dem Ruf, durchgängig von Praktikern, die nur ausnahmsweise auch an einer theoretischen Reflexion ihrer Arbeit interessiert sind, unterrichtet zu werden.

In der allgemeinbildenden Schule dominieren auch im Musikunterricht - zumindest in den Sekundarstufen - Reflektieren und kognitive Lernziele über nonverbale Verfahren, um die Bedeutung von Musik zu erschließen. Musik und Bewegung, die Tatsache, daß alles Musikerleben im Leiblichen gründet, werden in der schulischen Musikerziehung nur von wenigen Spezialisten genutzt (s. dazu den Beitrag von Ulrich Günther), ein Zustand, der in krassem Widerspruch zu einer Jugend steht, die ihr Verhältnis zur Musik weitgehend über den Körper definiert.

Demgegenüber hat das Thema Körper bzw. Leiblichkeit in unserer Gesellschaft zur Zeit Hochkonjunktur. Ganzheitliche, am körperlichen Lernen orientierte Verfahren wie Yoga, Alexander-Technik, Feldenkrais, verschiedene Formen der Gymnastik und Körpertherapien verschiedener Provenienz, die einen bewußteren Umgang mit unserem Körper anstreben, erfreuen sich zunehmender Beliebtheit. Die Flut an zumeist sehr praktisch ausgerichteter Literatur dazu ist kaum mehr zu überblicken, und es fällt zunehmend schwerer, seriöse von nur einem modischen Trend folgenden Publikationen zu unterscheiden. Die oft zu beobachtende Euphorie, mit der die neuen Körperkonzepte in der Hoffnung auf Besserung körperlicher, ja sogar psychischer Leiden erprobt werden, kann als Reaktion auf eine Zeit interpretiert werden, deren Einstellung zum Leiblichen auf eine eigentümliche Weise gespalten ist. Einerseits ist sie von einer kritiklosen Bewunderung des Körpers und körperlicher Leistungen geprägt. Die Deutlichkeit und Direktheit, mit der der menschliche Körper in den gedruckten wie elektronischen Medien zur Schau gestellt wird, ist kaum zu überbieten. Sportliche Höchstleistungen werden vorbehaltlos verherrlicht. Im Gegensatz dazu steht die Rolle, die der Leib im Alltagsleben spielt. In Beruf, Erziehung sowie im täglichen Umgang miteinander ist geradezu eine Stillegung des Körpers zu beobachten, ein Phänomen, das Horst Rumpf exemplarisch für die Schule beschrieben hat[1].

Beiden Einstellungen zum Körper gemeinsam freilich ist eine Sichtweise, die den Körper isoliert von der leibseelischen Ganzheit des Menschen sieht. Eine Intention des Cloppenburger Symposions zum Thema „Musik und Körper" war es, diese zentrale Frage nach der Einheit von Körper - Geist - Seele im Umgang mit Musik im Dialog zwischen verschiedenen beteiligten Disziplinen anzugehen. Entsprechend vielfältig und unterschiedlich hinsichtlich Aussage aber auch Diktion sind die in dem vorliegenden Band versammelten Ergebnisse. Die einzelnen Beiträge lassen sich vier Bereichen, in denen das Thema in gleichsam konzentrischen Kreisen behandelt wird, zuordnen:

1. grundsätzliche, theoretische Reflexionen zum Verhältnis von Musik und Körper aus musikpsychologischer, anthropologischer und pädagogischer Perspektive (Clynes, zur Lippe, Rumpf);
2. Instrumentalpädagogik (Kratzert, Jacoby, Gellrich);
3. Künstlerische Praxis (Shi-Beneke, Meyer-Denkmann, Gembris);
4. Pädagogische und therapeutische Theorie und Praxis (Schwabe, Pütz, Haselbach, Grimmer, Meyberg, Günther, Müller).

Manfred Clynes beschreibt auf der Grundlage des derzeitigen Entwicklungsstandes der musikpsychologischen Forschung und eigener Arbeiten die vielfältigen Aspekte der Beziehung zwischen Geist - Psyche - Körper und zieht daraus Folgerungen für die instrumentale Interpretation. Seine den Rahmen reiner Empirie transzendierenden Ausführungen, etwa zur Bedeutung des inneren Vorstellungsvermögens und der Freiheit der Bewegung für das Instrumentalspiel, weisen, wie

---

[1] Die übergangene Sinnlichkeit. Drei Kapitel über die Schule, München 1981.

Clynes zu Recht feststellt, offenkundige Parallelen zu in der Praxis bereits erprobten Konzepten wie Feldenkrais-Methode, Alexander-Technik auf (s. dazu die Beiträge von Rudolf Kratzert, Peter Jacoby und Frauke Grimmer).

Rudolf zur Lippe reflektiert die in unserer Kultur herrschende Spannung zwischen kognitivem Erkennen, das nach seiner Meinung nur die Oberfläche unserer Erfahrung berührt und einem in den Bewegungsgesten unseres Leibes gründenden gestalt-haften Wahrnehmens, das bis in die „unauslotbaren Tiefen des nicht Bewußten" zu reichen vermag. Ein Weg zur Milderung dieser Spannung geht für ihn über die innere Natur des Menschen, seine im anthropologisch Frühen angesiedelten Leibeserfahrungen.

Christoph Schwabe schlägt mit dem aus seiner musiktherapeutischen Arbeit entwickelten Regulativen Musiktraining eine Brücke zwischen Musiktherapie und Musikpädagogik. Mit diesem für sog. Gesunde gedachten Verfahren möchte er ästhetische Genußfähigkeit fördern und dazu beitragen, psychophysische Fehlspannungen zu regulieren.

Werner Pütz plädiert für einen aktiven, den ganzen Menschen einbeziehenden Umgang mit Musik, der im Erleben gründet und biographische, physische, psychische sowie kognitive Momente gleichermaßen einbezieht. Die dominierend verbal-begriffliche und sachorientierte Behandlung von Musik, wie sie bislang an Schule wie Hochschule betrieben wird, erscheint ihm wenig förderlich, den individuellen Sinn von Musik zu erschließen.

Barbara Haselbach stellt einige Grundlagen eines leibhaften Musizierens vor und versucht die zu diesem Zweck auf dem Symposion von ihr initiierte nonverbale Gruppenimprovisation - soweit dies überhaupt möglich ist - verbal zu beschreiben.

Rudolf Kratzert und Peter Jacoby zeigen Möglichkeiten der Alexander-Technik bzw. Feldenkrais-Methode für einen leib-seelisch fundierten Instrumental- und Gesangsunterricht auf. Die in ihrer Zielsetzung erstaunlich ähnlichen Grundlagen beider sonst eigenständigen Verfahren wie Gewaltfreiheit und Geschehenlassen, Steigerung der Bewegungskoordination über die Entwicklung der Tiefensensibilität und Förderung der individuellen Autonomie regen über den engeren Bereich der Instrumentalpädagogik hinaus dazu an, grundsätzlich über Fragen des Musiklernens in unseren musikpädagogischen Institutionen nachzudenken.

Martin Gellrichs Anmerkungen zur geradezu militärischen Abrichtung der Klavierspieler in der zweiten Hälfte des vorigen Jahrhunderts stellen einen eindrucksvollen bis in unsere Tage nachwirkenden Kontrapunkt schwarzer Pädagogik zu den von Jacoby und Kratzert vertretenen Modellen dar. Zwar gehören bizarre Auswüchse wie der „Automatische Klavierhandleiter" aus dem Gruselkabinett der Klaviermethodik glücklicherweise der Vergangenheit an, doch ist die überlegene Attitüde des aufgeklärten Klavierpädagogen durchaus fehl am Platze: Auch heute noch dienen Klavierspiel und -unterricht allzu oft dazu, Sekundärtugenden wie Disziplin, Ausdauer und Exaktheit zu befördern, den Körper zu domestizieren, und nicht zuletzt sucht immer noch mancher Pädagoge das Heil in der einseitigen Zerlegung der Gesamtbewegung des Musizierens in ihre Teilelemente.

Wenjuan Shi-Beneke gibt einen faszinierenden Einblick in die vielfältige Formen- und Ausdruckssprache chinesischer Musik- und Tanzstile.

Gertrud Meyer Denkmann orientiert über die Ursprünge, Entwicklungen, Intentionen und den derzeitigen Stand der Performance-Szene.

Den künstlerischen Höhepunkt des Symposions steuerte die New Yorker Performance-Künstlerin Jana Haimsohn bei. Heiner Gembris beschreibt in seinem Porträt die künstlerische Entwicklung von Jana Haimsohn und die biographischen und sozialen Hintergründe ihrer Arbeit.

Frauke Grimmer setzte sich in ihrem Beitrag mit der Bedeutung von Heinrich Jacobys Konzept der Nachentfaltung des Menschen für eine lebendige musikalische Interpretation auseinander. Jacobys Vorstellungen eines gewaltfreien Lernens, sein Verständnis der ästhetischen Wahrnehmungs- und Ausdrucksfähigkeit vor allem als Freilegen von durch fehlgeleitete Erziehung verschütteten Fähigkeiten sowie seine Ideen zur Bedeutung des Kontaktes zu sich und zur Aufgabe für's Musizieren, der wesentlich in einer wachen Beziehung zum eigenen Körper gründet, stehen aktuellen holistischen Ansätzen in der Erziehung nahe und sind nach wie vor eine Herausforderung für jeden Musikpädagogen, der an einem umfassenden, lebendigen und schöpferischen Umgang mit Musik interessiert ist.

Wolfgang Meyberg stellt seine Arbeit mit afrikanischem Trommeln als ein Modell körpernahen Musizierens vor, das dazu anregt, es sowohl therapeutisch wie auch musikpädagogisch zu nutzen.

Ulrich Günther geht der Frage nach, warum dem Bereich Musik und Bewegung zwar von allen Beteiligten, den Verfassern von Richtlinien, den Autoren entsprechender Beiträge in Fachzeitschriften wie Lehrern und Lehrerinnen eine große Bedeutung beigemessen wird, er aber in der schulischen Praxis nur eine untergeordnete Rolle spielt. Bedenkenswert, daß es oft gerade die ausgebildeten Fachlehrer sind, die sich in diesem Arbeitsfeld schwer tun - vielleicht ein Hinweis auf Ausbildungsmängel?

Möglicherweise bietet da Renate Müllers Konzept „Rock- und Poptanz" im Unterricht, das bei der außerschulischen Sozialisation der Schüler ansetzt und soziales mit musikalischem Lernen verknüpft, praktikable Ansätze, die weiterhelfen (die von ihr auf dem Symposion beispielhaft angeleiteten Erfahrungen „am eigenen Leibe" stimmen durchaus hoffnungsvoll).

Horst Rumpf lenkt die Aufmerksamkeit auf die anarchische, unangepaßte Kehrseite von Spiel und Kunst, die in der offiziellen Erziehung zugunsten des Spiels als Mittel der Domestizierung und Entrohung, d.h. der Einpassung in gesellschaftliche Funktionen und Realität ausgeblendet wird. Ungeteilte ästhetische Erziehung, die Entfaltung der Sinnlichkeit nämlich, ist seiner Meinung nach nicht ohne Zulassen des Ungebärdigen, Verstörenden, die allgemeinen Muster Sprengenden zu haben.

Zwei freie, vom Tagungsthema unabhängige Forschungsbeiträge zur musikalischen Erwachsenenbildung beschließen den Band. Ursula Eckart-Bäcker entwirft Grundlinien eines adressaten-, praxis- und erfahrungsorientierten Forschungskonzeptes in der musikalischen Erwachsenenbildung, ein Arbeitsfeld, das in den nächsten Jahren zweifellos an Bedeutung gewinnen wird. Ihre Initiative führte zur Bildung einer Arbeitsgruppe innerhalb des Arbeitskreises Musikpädagogische Forschung, die erste Ergebnisse auf einer der nächsten Tagungen vorstellen will.

Werner Klüppelholz zeichnet ein durchaus positiv stimmendes Bild des Instrumentalunterrichts von Erwachsenen und leitet aus den Ergebnissen seiner Studie einige Perspektiven weiterer notwendiger Forschungen ab.

Last not least sei an dieser Stelle dem Bundesminister für Bildung und Wissenschaft, der Deutschen Forschungsgemeinschaft und dem Niedersächsischen Minister für Kunst und Wissenschaft für ihre großzügige finanzielle Unterstützung gedankt, mit der sie die Durchführung des Symposions und den Druck des Tagungsberichtes gefördert haben.

AMPF-Tagung Cloppenburg 13.-15. Oktober 1989

Programm

Freitag, 13. Oktober 1989

14.00 Uhr	Begrüßung
15.00 - 16.00 Uhr Horst Rumpf (Frankfurt)	Sinnlichkeit - Spiel - Kultur Moderation: Werner Pütz
16.30 - 18.00 Uhr Christoph Schwabe (Dresden)	Regulatives Musiktraining und Körperwahrnehmung
Werner Pütz (Essen)	Erfahrung durch die Sinne und Sinnerfahrung. Perspektiven für den Umgang mit Musik Moderation: Rainer Schmitt
20.15 - 22.00 Uhr Barbara Haselbach (Salzburg)	Zur elementaren Erfahrung leib-haften Musizierens - Vortrag mit Workshop* Moderation: Heiner Gembris

Samstag, 14.Oktober 1989

9.00 - 9.30 Uhr Martin Gellrich (Berlin)	Die Disziplinierung des Körpers. Anmerkungen zum Instrumentalunterricht in der zweiten Hälfte des 19. Jahrhunderts
9.30 - 10.30 Uhr Rudolf Kratzert (Kassel)	Alexandertechnik als Basistechnik für Musiker - Vortrag mit Demonstration

---

* Wer bei diesem Workshop *aktiv* mitarbeiten möchte (15-20 Teilnehmer) wird gebeten, entsprechende, leichte Kleidung mitzubringen.

10.45 - 11.45 Uhr Peter Jacoby (Detmold)	Die Feldenkraismethode im Instrumental- und Gesangsunterricht - Vortrag mit Demonstration
11.45 - 12.30	Diskussion der drei Beiträge Moderation: Rudolf-Dieter Kraemer

Parallelveranstaltungen

9.00 - 10.30 Uhr Ursula Eckart-Bäcker (Köln)	Musikpädagogik in der Erwachsenenbildung - eine gesellschaftliche und pädagogische Notwendigkeit: Einführung in die Problematik
Werner Klüppelholz (Siegen)	Erwachsene und Instrumentalspiel. Eine empirische Studie Moderation: Christa Nauck

14.30 - 16.00 Uhr Wenjuan Shi-Beneke (Hamburg)	Chinesische Nationaltänze. Musik- und Tanzstile verschiedener Regionen (mit Demonstrationen)
Gertrud Meyer-Denkmann (Oldenburg)	Die Performance-Szene - Versuch einer Orientierung Moderation: Heiner Gembris
16.30 - 18.30 Uhr	Jahresversammlung des Arbeitskreises Musikpädagogische Forschung
20.00 - 22.00 Uhr	Solo-Performance Jana Haimsohn

Sonntag, 15. Oktober 1989

9.00 - 10.30 Uhr Frauke Grimmer (Kassel)	Körperbewußtsein und „innere Bewegtheit des Ganzen". Voraussetzungen lebendiger Interpretation in der Musikpädagogik Heinrich Jacobys
Wolfgang Meyberg (Oldenburg)	Afrikanisches Trommeln. Aspekte einer körperorientierten Musikpädagogik Moderation: Rainer Schmitt

Parallelveranstaltungen

Ulrich Günther (Oldenburg)	Musiklehrer äußern sich zum Lernbereich Musik und Bewegung. Kurzbericht über eine empirische Untersuchung
Renate Müller (Hamburg)	Rock- und Poptanz im Musikunterricht. Aspekte und methodische Arrangements. Moderation: Herbert Bruhn

10.45 - 11.45 Uhr Rudolf zur Lippe (Oldenburg)	Es ist der Leib, der die Musik macht Moderation: Werner Pütz
12.00 - 12.45 Uhr	Schlußforum

Mind-Body Windows and Music

MANFRED CLYNES

Introduction

I should like to thank the organizers of the symposium concerned with the relationship between body and mind in music for their invitation to contribute this article. My regrets are only that I could not attend the symposium personally.

Mind-Body Interaction

The inherent connection between the psyche or mind, and the body, is surely one of the most important unresolved questions, made increasingly urgent in our time with continuing technical progress. Because of its difficulty and apparent intractability it is frequently swept under the carpet even by foremost theoreticans - in artificial intelligence, in neuroscience, human ethology, social biology and philosophy.

In none of these disciplines have handles been found to attack this question. Clinical psychology and psychiatry, encountering the question empirically through the use of substances which affect the mind and the psyche have little understanding as yet of how, and not at all why thought influences the body and vice versa (Panksepp 1982, 1988, Panksepp, Silvy, and Normansell, 1985, Pert et al., 1984). We don't know even how alcohol affects the mind in the way it does.

Curiously however, the field of dynamic emotion generation and communication (Clynes 1988, 1980, 1977, 1973, 1969), and one of its off-shoots the art of music, can provide us with the strongest and simplest evidence of inherent links - windows - between the mind and the body; and can subject details of their nature to experimental evidence and to differentiated personal experience. Consider the following:

It is not clear where and how the command to lift one's finger, say, *originates*, within the brain. But it is very clear that one can lift it 'this much', or less, or more, by a simple, uncomplicated act, at one's choice and a time of one's choice.

This simple act is easy - and a simple and perfect example of interaction of the mind and body. It is an elementary action, termed a *'voluntary* action' (a nomenclature in which hides the concept of 'will'). The mind is also informed by the nervous system that the action has taken place, according to its command, through kinesthetic sensing. So for this elementary action (which we have termed an *'acton'*, Clynes 1969, 1973, 1977) there is a clear mind-body-mind interaction.

Essentic forms as inherent mind-body windows - three additional inherent paths

But such an action can be readily transformed to have an entirely different connectivity between psyche, mind and body than we have just described: such an action can also be carried out as an *expressive action.* If that part of the body is moved with *intent* to express, and moreover to express a particular quality of feeling (emotion), then interestingly, an additional mind-body interaction is *inherently* brought into being. Now that is very remarkable, and needs to be clearly described.

Additionally connected to the body now is the 'emotional state', not just the 'voluntary motor mode'. It is the emotional state which determines the *precise trajectory* of the movement, if it is to be expressive of it. Moreover, the psyche or mind knows whether the expressive form has been correctly carried out - a totally different agency of the mind (involving the amygdala, we can presume, Aggleton & Mishkin, 1986) is involved in this, in addition to that involved in the simple movement described first. This second, parallel, path is psyche-mind-body-mind-psyche, and the interaction occurs over the time span (different for different emotions, in the range of 1.5-10 sec) taken by the trajectory, with the reverse (body-mind-psyche) path active largely towards the end of the trajectory of the expressive act. We have termed such expressive actions *E-actons* (Clynes, ibid.).

The significance and theoretical importance of this path, involving the dynamic shapes of the expression of specific emotions, is increased by its direct inclusion of time: this mind-body-mind window includes a psychobiologic clock by its nature. This clock appears to be integral to the window, and to be operating at a rate set for humans as a species, ie. is genetically determined (see also Clynes & Walker, 1982, 1986).

Most importantly also, such action has the capacity to *augment* the intensity of the state of emotion which it is expressing - or, after many such expressions to diminish its intensity, 'satisfy' it. This can be seen to constitute a third body-mind-psyche path (blocked in mimicry). So there are at least two additional paths between the psyche, mind, and body involved here compared to the simple voluntary action (acton). (Note especially that we are not talking here of any sensing of changes of physiologic variables, like heart rate, sweating, perfusion of circulation and so on. Feeling these may constitute additional body-mind interactions which are of a different kind, and are auxiliary in the sense that they are not directly simultaneous or coupled with the motor expression - they are generally mediated by sympathetic and parasympathetic activation related to the emotion state, but not directly to specific expression.)

But there is still a fourth path of a mind-body-mind interaction directly and inherently linked to the motor expression of an emotion. This is manifest whenever a motor expression is attempted. It is a change in the accustomed feeling of such motor action. In grief, a sense of heaviness pervades, more *'effort'* is required. In joy, there is an unaccustomed lightness (less effort). These mind-body interactions are of a different kind from the first two. Contrary to those described before, they do *not* depend on the trajectory, and are independent of how well the expression is carried out - they apply to all attempted motor actions, and even to imagined ones (we have termed these important mind-body-mind functions 'virtual body images' specific to particular emotions, Clynes 1973, 1977, 1980).

The body in imagined expression - unseen and unsensed molecules that respond to thought

It is especially notable, that all the mind-body interaction paths described in relation to emotional expression can also function to a considerable extent with the imagination only, that is, with a clearly imagined motor expression - imagined with its appropriate dynamic trajectory. (We have in fact seen that entire musical pieces can be performed mentally, with a high degree of timing precision, Clynes & Walker, 1982, 1986). In what sense can we then, in the case of imagined expression, talk of a body-mind path? We need clearly to differentiate between imagining an emotional state, and imagining the motor expression of that emotion. When that expression is clearly imagined *in its time course* the path can function in a way rather similarly to its function with actual expression. It would seem that the parts of the brain involved in shaping the emotional expression, the amygdala and the cerebellum, could be activated by *imagined* expressions, in some way; and/or possibly some other structures in the brain could take over aspects of that role, as also may happen in dreams, in which the quality of emotional expressions can be vividly felt. (It is possible, at times to think music in a kind of temporal shorthand - Mozart is said to have been able to think a symphony through in one minute - in that case of course the body does not react in the same way, but that does not imply that there is no reaction at all.) In dreams, of course, the mind-body and psyche-mind paths are quite altered, and so is the time frame in a number of ways. Very little is known about how this alteration takes place.

We need to mention a further important and most remarkable interaction of thought with the body: the strong and specific influence of thought on the blood flow pattern to localised parts of the brain, increasing blood flow to those parts especially concerned with the type of thought taking place. We may expect such patterns also to be very emotion-specific, and to thus also change with musical meaning.

Further, to conclude a brief survey of mind-body windows that we consider to exist, a specially interesting window is the action of intention on the focal length of the lens of the eye: the accommodation regulation. Here also, as in blood flow regulation to specific parts of the brain, there is a mind-body but no body-mind window, as we do not sense the action of changing focus as a motor action, only in terms of what we see, it is thus in a sense a one-way mirror rather than a window. Yet our mental intention is accurately reflected by a specific part of the body, the lens, effortlessly, except for eye movement: the sensation of muscular effort is absent, as it is 'one way mirror'.

These interactions are different from those involved in urinating, in salivating, or in other body functions which involve specific stimulus sensations, interactions in which the mind is not comparably free.

(All these mind-body windows we have considered involve the motor system. We seem to acknowledge mind-body interaction only when there is an observable motor system output. This however is a rather strange limitation, if one considers it further. It is similar to the habituated notion that a child begins life at its birth: when you can *see* it. If mind can influence body as evidenced by visible or electrophysiologically visible signs of motor response - in 'normal movement' observable outside the body - is it possible that internal mind-body interactions *not* confined to the motor system may exist? If mind can direct via the motor system, as we know it can, in that process certainly there are biochemical stages of neurotransmitters and neurohormones involved. The mind can control the production of some of these in a not yet understood way. Then what is to prevent mind the possibility of controlling other systems than the motor system (voluntary and involuntary) through neurochemical means? That this occurs is evident for example in the sudden acceleration of heart rate in fear, the erection of the sexual organs in response to mind images, real or imagined. Although one would not *habitually* think so, other *not* directly observable interactions might well occur. Such interactions might seem rather miraculous. But we should not forget that just the lifting of the little finger voluntarily is already similarly miraculous - and will be until the central issue of mind-body interaction is elucidated. We are used to the miracle - as we are used to the 'miracle' of magnetism, say - because we *see* it every day, and because we experience the reverse path, the body-mind 'kinesthetic' interaction with which it is bound. But the mind-body interaction in focussing the lens of the eye, or the specific blood flow regulation of the brain has no such a reverse path (though they involve motor activation). They should seem rather miraculous (a 'first order miracle', one could say). Neither would all direct internal mind-body windows not connected with the motor system. If they exist (as 'second order miracles' since they don't involve motor systems at all: no forward and no reverse motor system path), the language of music is surely knocking right on their doors.)

The mind and the psyche

It is not easy to differentiate appropriately between these two concepts, mind and psyche. (Psychologists nevertheless would probably not like to be called Mindologists). One way would be to call psyche that aspect of human existence, of the unitary being of an individual, which continues in a relatively unchanging condition from moment to moment, and over the years and even and especially in dreams. It is at the present time not feasible to account for the interaction of the psyche and the mind, if these indeed are two separate viable concepts. For that reason we shall talk about the 'mental world' - including emotion and the unconscious - without special reference to psyche except at such times when it seems clearly necessary to do so.

It is also necessary in context of music to say that the concept 'soul' has been banished from neuroscience almost universally. It would be difficult in today's understanding of the biological basis of brain function through DNA to hold that humans and not other animals have a soul which enters and leaves the body at some time. The majority of those who hold onto the concept of a soul on the other hand seem to find it untenable to expect animals also, from chimpanzee to ants - not to mention bacteria, to have souls that enter and leave the body at some time. We need to refer to this since the greatest of music has been held, not meaninglessly, 'to touch the soul', is of religious character even, in a natural sense; and we shall, to a degree, explore what that implies, since it reflects on the body-mind problem. So we may say initially that the best music affects man integrally from the most fundamental or deepest level to the mind and the body - and leave it to later development in this paper to see what this may mean. Might music even shed some light on this question?

The language of music: how does it involve the body?

Expressive action is, as we have noted, both hierarchical and reciprocal. The nervous system has both afferent and efferent pathways and is hierarchically constructed so that it can be controlled from many levels; some not requiring consciousness. Consequently also, the expressive action of music engenders afferent and efferent co-ordinated interactions on many levels which together constitute an important part of music experience. Such expressive functions relevant to musical language, including those of many neurohormones, occur on a time scale of a few seconds.

On longer time scales occur a number of cumulative effects of varied forms of arousal: involving circulating hormones and cardiovascular and respiratory function: these may be considered however not to be direct properties of musical language, but rather *cumulative* effects of what is said in that language, functions of the kind of passion inherent in the music, and reflected in the listener. (Music also may evoke emotion because of association with particular events and experiences in memory of the listener. Such idiosynchratic effects are not properties of the language of music itself.)

Music is the language of emotions, par excellence, according to Yehudi Menuhin. Many musicians, though not all, would agree. Let us then look more closely at what 'language' means here. If music is a language of emotions it is *about* emotions. But, curiously, being *about* emotions it also induces emotion. How does it do that? Here we touch the essence of the biological secret of communication design. In the biologic transmission of an emotional quality the meaning and transmission are co-designed: the more precisely one "talks" about an emotion the more powerfully it is transmitted. The quality (and meaning) of the emotional message becomes more powerfully transmitted the more precisely in analog form it is encoded in the message. *In this method, natural design is much more advanced than humanly designed transmission systems which transmit meaning or lack of it equally well!* With sound, hearing is the receiver, and motor output through the voice, or a musical instrument, is the sender. The sense of touch, too, can be used to contagiously transmit dynamic emotional qualities. *Meaning-sensitive filters are inherently built into the biologic system,* so that some, in fact most, dynamic forms tend to be ignored, but others have specific emotional meaning - rather like the 'innate release mechanisms' described by ethologists.

Essentic forms, as they have been termed (Clynes, 1969) - forms in time programmed into the nervous system - are incorporated into the biologic modulation and filter design (apparently centrally involving the amygdala in their perception and execution, Aggleton & Mishkin, 1986) so they, and only they among dynamic forms, express and impress the emotional qualities to which they belong, for specific basic emotions (see also Hama & Tsuda, 1989, 1990). These forms can be used in touch or in sound; the motor system produces the form. Their production is largely under voluntary motor control.

Through the production and recognition of these *dynamic* forms, naturally coordinated by the nervous system, nature has made it possible to transmit emotional qualities contagiously from one individual to another - and for an individual, to 'talk' to himself in terms emotional qualities. Such inherent mind-body interaction involving specific dynamic forms is biologically determined, a biologic given (Clynes, 1969, 1973, 1977, 1980, 1988).

We are all familiar with such contagious forms for yawning and for laughter. For a number of emotions (anger, hate, grief, love, sex, joy and reverence) - not for the so-called 'social emotions', which are probably less biologically determined, eg. embarrassment, and also do not find much place in music - the corresponding forms have been identified and discovered as universals through sentographic experiments (Clynes, 1969, 1973, 1975, 1980, 1988, Hama & Tsuda 1989, 1990).

(In an earlier review in these volumes, Behne (1982) takes a critical view of the imputed universality of these forms, referring to the variety of styles and interpretations of music, none of which can be held to be *best* in an absolute sense. This is a mistaken objection, since the production of language elements always occurs in a context, and the context is argely free, so that no two interpretations are alike, nor does perfection of elements per se guarantee a great performance: it is a necessary but not sufficient condition; it says nothing about the interpretive choice, which is a function of the individual performer, and style. Moreover, culture influences what particular sound parameters shall be used to embody essentic form.)

Cognitive substrates of specific emotions

The interaction between the emotional "word" - the essentic form - and the body is not limited to engendering the experience of an emotional feeling. Along with the experience of a feeling go what we call inherent 'cognitive substrates' of specific emotions. That is, our worldview and various specific modes of thinking, even mental functions, are directly influenced by the feeling, in a *choiceless* manner (Clynes, 1986). Recent experimental work (Clynes, Jurisevic, and Rynn, 1990) has shown, for example, that the emotion of love inherently is linked with truthfulness and openness - lying blocks love. (Guilelessness and openness are shown to be part of the nature of love itself, scientifically - this guilelessness is therefore implied whenever such love is expressed in music). Similarly, hate engenders distrust; grief, hopelessness, isolation, and forgetting of new experience; joy, carefreeness, and so on. These cognitive substrates, and others, are thus an essential part of *musical meaning* also. They contribute much to the meaning of the unspoken story.

These substrates too are reflected in potential bodily interconnections.

Perspective and detachment: Dionysian vs. Apollonian experience and expression

Essentic form is universal not only among humans. Man appears to share many aspects of the communication of emotion with the higher animals. Most of us have experienced sharing joy, anger, grief, and even love with their dog, say, by means of expressions using essentic forms - in the tone of voice, in gesture, in the touch, in praise and blame.

But humans have an additional faculty of detachment which animals are not known to have, in spite of their playfulness, especially when young: this may be clearly noted in laughter. Laughter requires mental detachment that seems beyond the ability of animals - but more than that, it is undoubtedly a genetically novel faculty. However, the emotions of music can also be viewed with detachment similar to that necessary for laughter. Music as a language of emotions can 'talk' about emotions in two ways - as ego-functions, the Dionysian way, or, as a language of *existences* not attached to the ego: the Apollonian way. There are correspondingly two quite different ways of incorporating emotion into music and communicating it, and consequently two ways in which music interacts with the body - over and above all what we have discussed before. Man has control over which way he uses. The two ways do not differ in the dynamic forms they use, the 'words', but in the *point of view* from which they are seen. This distinction is of great significance to the performer of music.

Compare the conducting of Toscanini or of Casals with the jumping and ranting about of a rock and roll performer, or the body movements of certain well known conductors. A glance from Toscanini had more power than the gyrations of many an idolised rock star. Only, the power was applied at a different point in the emotional control system. Toscanini was passionate, more so than perhaps anyone that comes to mind. The difference lies in the point of view. With the Apollonian view, the emotions are regarded from the perspective of the totality of the human condition: the passion is directed at that. Apollonian music is arousing but in a different way from Dionysian.

No longer is arousal considered to be a one dimensional phenomenon as it was in the days of Schachter and Singer's theories; today it is seen as very differentiated. The body reacts in regionally different ways, with different kinds of autonomic, sympathetic and above all neurohormonal influences. An interesting way to consider such different body involvement with different types of music is to compare it to the Indian notion of chakras. Different types of music, exemplified also by different composers may be felt to 'center' around different levels of the body axis, or spine.

To consider more closely the difference between the Dionysian and Apollonian ways, in detail, the experience of sentic cycles becomes very helpful.

Sentic Cycles

Sentic Cycles is the name for a simple art-form of touch developed by the author which has had considerable ramifications. It makes use of essentic forms as does music, but expresses these in shapes of touch. A person sits quietly and expresses on a finger rest with transient pressure of the middle finger of one hand, the particular emotion called for. The pressure is felt to originate from the trunk, not from the finger by itself. The sentic cycle *generates* a series of emotions in the person: each emotion is repeatedly expressed, and this *reiteration of the appropriate form itself largely causes the emotion to be generated.*

The name of the emotion is announced on the tape, and is followed by a series (25-40) clicks indicating when to express that emotion. Importantly, for each emotion there is a biologically most effective timing. This timing is provided on a tape, by soft clicks, one click for initiating each expression. Machine-like regularity in the timing is counterproductive - the intervals are artistically designed not to be predictable through including small amounts of quasi-randomness (see Clynes 1988 for timing details). After the series of expressions, the tape announces the next emotion, much like a composer might write 'dolce' or 'con fuoco' and expect the performer to express just that. Each emotion has such a series of expressions. The entire sequence, consisting of No emotion, Anger, Hate, Grief, Love, Sex, Joy and Reverence last 27 minutes.

Switching Emotions in the Sentic Cycle

Characteristic about the sentic cycle experience and function is not only that it is readily possible to feel all the emotions, but also that the *switching* from one emotion to the next is accomplished easily. This of course has immediate application to musical performance: the musician has to change his feeling at the whim, at the command of the composer, at a time scale quite different from that of real life. How to do that is not taught: sentic cycles, however, increases the fluidity, the ease of deliberately changing emotion. This is helpful for individuals who may be in a 'rut' emotionally, being stuck in one emotion; as a therapeutic measure.

Doing Sentic Cycles is easily learned - it takes perhaps fifteen minutes. No musical talent is required. The benefits are obtained right from the beginning, often at the very first session. These include a calmness combined with energy, absence of anxiety, effects which are not ascribable to the pronounced relaxation which takes place, but to the sense of being in touch which one's emotions, a feeling of wholeness and centeredness. Importantly, the emotions are experienced as one's own, not those dictated, however benevolently, by a composer. It is thus more akin to musical improvisation, a faculty which is unfortunately not widespread in our time.

In Sentic Cycles the body becomes very quiet. It thus provides a unique opportunity to allow the person to focus on the body sensations which accompany each emotion, to experience the virtual body images without interference of distracting motion and events. In this way a person not only learns to differentiate these well, but also has a rare opportunity to distinguish between Dionysian and Apollonian expression and experience of each emotion. (It is a surprise, when that person discovers, that reverence seemingly paradoxically exists only in Dionysian form, as ego function!)

For musicians, the benefits of sentic cycles also includes the absence of nervousness before a performance, if they do a cycle an hour or so before the performance. Usually, a performer needs some time to 'get into' the performance emotionally when being on stage; initially often nervousness and anxiety predominate, if not outright fear. Having done sentic cycles, one is already *in* the performance, so to speak, in touch with emotion, as if one had already played the first half of the concert.

But even more significant is that the practice of Sentic Cycles give one ready access to essentic form, that when playing music one knows how the phrase in accordance with essentic form, and that one thus can have *real confidence that what one is expressing will be experienced as moving by the listener*. As Goethe said, only if one is moved oneself can one move the listener: knowledge of essentic form and practice of sentic cycles allows one to be moved without the danger of uncontrollably losing oneself in emotion, it allows one to savor each emotion, to take out each emotion from one's pocket as one needs it and put it as it were, back when one is ready for the next one, yet feeling each genuinely.

Musical Meaning, The Double Stream of Music, and the Body

Musical meaning includes both the emotional quality of the musical 'words' and their cognitive substrates. Accordingly, the musical meaning may be thought to be comprised of a story built from emotionally significant 'words', ie. essentic forms, together with their cognitive substrates. But this description of the process of musical meaning is far from complete.

As the story of the music unfolds as a chain of varied essentic forms, simultaneously there is a second continuing process, the musical pulse. The pulse is repetitive and has specific microstructure.

This double stream characterises western music (Clynes, 1983, 1985, 1986, 1987). One continuing and varying stream tells the emotional story, and the other repetitive, persistent pattern in western classical music identifies *who* tells the story - provides the intimate personal identity or presence of the composer. In ethnic music the pulse provides national or regional identity and character.

The microstructure of the pulse effects the articulation *within* the beat. There are systemic deviations form arithmetic note values of the written notation and also systemic variations of relative loudness within the beat that constitute the particular pulse microstructure for that composer or ethnic pulse.

The pulse microstructure also translates into movement, and into body condition; massiveness in Beethoven, freedom in Mozart, springiness in Haydn, being pulled upward within every pulse in Schubert, pulling up a weight in Mendelssohn, upward swelling in Schumann. The gestures that correspond to the pulses of each composer also parallel the corresponding virtual body images. Thus for a conductor, for example, the subtle postures of the body and arms will be different for each composer, on the whole, reflecting the character of the pulse.

Composer's pulses were first measured sentographically, with data from artists including Pablo Casals and Rudolf Serkin, who as experimental subjects expressed the pulse on the sentograph while thinking the music in real time, without sound (mentally rehearsing the music) (Clynes 1969). This expression of the pulse however did not tell us how the pulse is embodied in the notes of the music. This we discovered first in 1983, by means of computer synthesis. The pulse was seen to be made manifest in the music through a combined time and amplitude warp pattern, specific for each composer, termed the pulse matrix (Clynes 1983, 1985, 1986, 1987). This pulse microstructure can be compared to an extent to a person's gait, which is very much his own, and from which he can be recognised. However, the musical pulse also and primarily portrays an intimate 'point of view', specific to the composer (a kind of Weltanschauung).

For a detailed description of the composer's pulses the reader is referred to Clynes 1987 and 1986.

Considering a composer's music as a whole, we may note that the virtual body images related to the inner pulse will tend to center about certain chakra levels, differently for different types of music. We may now see (Clynes 1983, 1986, 1987) that this level is determined primarily by the subtle microstructure character of the inner pulse, which contributes to its meaning. Rock tends to come from the first, lowest level, below the navel, romantic music higher, Schumann midbreast, Beethoven (before the last period) from near below the neck, Mozart a little higher, around the middle of the head, Bach higher than the eyes, at the level of the top of the head (cf. the 'third eye') or somewhat above the head (such a projection is physiologically conceivably possible: compare for example Bekessy, the Nobel prize winner's experiments with vibration controllably projected to feel to come from specific locations several feet outside and in front of the body. He used stereo-vibration stimulation through variably phasing two vibrators, one touching each side of the body; after all we *hear* sounds as coming from specific locations outside our bodies, not touching our eardrums which is what the really do - an equally remarkable achievement).

Why does musical rhythm not drive animals?

While it is clear that man has such power to express, communicate and experience emotion though music, and the emotion becomes contagious, this contagion does not reach animals, not even through powerful rhythm. That this is so presents a considerable scientific mystery, a problem which intrigues this author considerably. No dog ever dances spontaneously to rock and roll, even at its loudest! Why not? Although some people might hold that a dog is too intelligent to do it, it would seem to be clearly not a matter of intelligence. It appears that timeform printing in terms of sound is not congenial to a dog (although it does it readily in bounding, in whipping his ears, and in digging in the sand, and so on. When barking, a dog seems to produce a sequence of essentic forms rather than the rhythm of time form-printing; it is sufficiently varied even when repeated, with irregular small (or larger) pauses in between, not to be perceived as driven by a a beat, even though it can be persistent!).

Hemispheres, the Body, and Musical Function

Parallel to the division of function between the brain hemispheres there is also a natural tendency for the pulse to be expressed primarily with the right arm, while the emotional story of essentic forms tends to be more the province of the left arm. However, this division is not absolute. Some emotions appear to be centered more in the left hemisphere and others more in the right hemisphere (Davidson, 1983, Clynes 1973, 1975). Strong and aggressive rhythms will tend to favour the right arm and right handed individuals, joyful expressions and rhythms will tend to be symmetrical involving both left and right arms, gentle, sad expressiveness will tend to favour the left arm more.

This should not be confused with the experience of the virtual body image which is generally symmetrical with respect to the body, for example lightness and heaviness or abdominal tension is normally felt on both sides of the body.

Rhythm appears to be predominantly a left hemispheric function while melodic expressiveness involves more of the right hemisphere (eg. Borchgrevink, 1982), although this may vary with to the emotional quality of expression. We may see that it appears that in the double stream of music the pulse represents a left hemisphere predominance while the emotional story as expressed in melody and essentic form is both a right hemisphere and left hemisphere function, with a degree of predominance depending on the emotional content.

A further factor is ear dominance which does not always parallel motor dominance. Higher pitches tend to be favoured by the right ear, lower pitches by the left ear (as in the piano construction), in terms of dominance though not in terms of threshold.

In listening it is desirable to have melodies come preferentially from the left side of the stage (eg. first violins); this makes them more available to the right hemisphere. Strong rhythmic instruments should not be placed predominantly on the left side of the stage.

This natural division of left and right hemisphere function, however, does not always sit well with the design of musical instruments. Thus for example the rhythmic pulse is often predominantly handled by the left hand on the piano; and the left hand is seldom given the opportunity for lyrical expressiveness. A string instrument however gives the right arm a greater share in rhythmic articulation, while the left arm and hand have an important role in lyric expression in terms of vibrato and pitch height, as well as the right arm. Thus in these respects string instruments may be more natural than the piano.

Force, Intensity, and Expression

Intensity of emotion and loudness do not necessarily increase together. Intense love (non sexual), for example, does not require correspondingly increased loudness, on the contrary intense love is quite compatible with a soft and gentle expressiveness. The intense loudness of some popular music such as rock derives from a different source, the need to obliterate all other sensory inputs. This is achieved not through irresistible meaning but through sheer sensory flooding, or overload.

On the other hand, the natural properties of essentic form to augment the intensity of an emotional state with repeated expression often result in a crescendo, which parallels the increased intensity and abandon of the state, as also in approaching orgasm, and conversely, a diminuendo often portrays the receding of this. In other instances these may portray rather a spatial approach and departure. The bodily conditions for these two different ways are also correspondingly different.

All instruments, and also the human voice are designed to produce increased sound volume with increased muscular force, and to a degree increased effort. (We take this connection for granted - however: one could now simply design an instrument (with electronic controls) where playing softly would demand the greatest effort! Playing with that would instruct us to appreciate our natural proclivities!) With a number of emotions, such as pain, or longing, there is a natural relationship between intensity of feeling and the loudness with which it may be expressed, as is also evident in the cries of animals. The dynamic range of these however are different for different emotions. For other emotions, also in animals, loudness is not a correlate for intensity. An animal courtship dance or song is not simply most successful in proportion to loudness. There is thus no general one to one correspondence between loudness, intensity of feeling, and sense of effort, valid for all emotions. Moreover, because of the specific virtual body images for various emotions, the effort is of an entirely different character for various emotions, involving the sensing of different body regions.

Expressing the Double Stream with Two Sentographs

The double stream of music discussed in the above can be well expressed using two sentographs, expressing the pulse with the right arm on one sentograph, and the unfolding emotional story with the left arm on a second sentograph, as a succession of essentic forms (Clynes & Nettheim, 1982, Clynes 1977). Carrying this out is a remarkable experience, providing a emotionally vivid and vital recreation of the music - without sound. This is also a highly educational means to get a better, intimate and more complete understanding of the music.

The musical performer

A good musical performer hears *before* he plays - he has to have a clear idea inwardly of what he plays.

He needs to:
1. Hear inwardly first.
2. Clearly execute what he hears inwardly.
3. Listen to check what he plays is what he hears inwardly.

These three functions go on continuingly and simultaneously! Not on easy task!

As his interpretation grows in time, the inward idea of the sound becomes clearer, and its execution becomes more precise. A "clear idea and its precise executions" involves not just the character of every single note, but includes fractions of notes, smallest silences. The quality of feeling guides the performer on just what such microstructure should be: there is a one-one correspondence between the microstructure and the feeling. Being aware of the feeling is therefore the guiding principle; refining the emotional meaning, and sensing when that feeling has been faithfully expressed. That means the second path of psyche-mind-body-mind-psyche, of which we spoke at the beginning must come into play continuingly. Without this path music is but a dry exercise.

In this sense performer becomes one with his instrument. Instead of only the kinesthetic path there is the second parallel path, continuously active. Not a single note should be meaningless: the hearer notices when this chain - the stream of varying essentic forms - is broken. Silences are equally significant to the notes in meaning: the pulse continues in silences: a Mozart or a Beethoven rest will carry their own, quite different, inner pulse, for example. Silences can be part of essentic forms too.

Motor System Function by the Performer

What may we say then about the motor system function of a good performer? Relaxation is an insufficient description. The first important requirement is a complete *freedom* to move in any manner required by the musical meaning, the emotional quality of every phrase not just the technical requirements. This freedom does not mean that large movements need to take place: even for the smallest movement, the freedom is equally important. Freedom does not tell you what to do but allows you to move creatively, as the inner thought requires. In some ways this is rather similar to the Zen Buddhist tradition of emptying your mind. You empty your mind-body. Then you are able to shape it freely and naturally, and effortlessly. Sentic cycles are very helpful for this.

In shaping any movement harmoniously it is best that a movement is felt to originate from central regions rather than the extremities: Casals used to teach that all movement originates in the torso, centrally: this is also in accord with Feldenkrais methods, as well as the ancient Indian concept of Cath, about 10 cm below the navel as the center of origin of motion. These are in fact similar ways of talking about the nature of effort, of virtual body images, and of harmonious movement.

Effortlessness of Paradoxical Rebound

A special and useful means of effortless movement is provided by a very remarkable feature of the neuromuscular system which provides a quasi-elastic *"rebound"*, and provides this even without an initial movement in the opposite direction, with *merely its thought*.

To explain what is meant by this, consider first the movements of a conductor, for example. Let us consider the down and up movement of the arm, giving a beat. The up movement however occurs *effortlessly*, like a rebound of the down movement. If one were to raise the arm a similar height starting from rest, it would surprisingly involve *more* effort, instead of less. Moving first downward, it requires twice the acceleration to reverse and move up - yet it rises effortlessly, *as if* there was an elastic rebound in the muscles. Physiologists in fact tried to explain some of this by elastic properties of the muscle-ligament system, citing the bounding of the kangaroo as an example of such elastic energy conservation. However this explanation is readily shown to be inadequate, since it is possible to achieve the same effortlessness of lifting by merely *imagining* the initial downward movement! Try raising your arm from the stationary position, but imagine it to move first down for a fraction of a second. It will seem much easier, the sense of effort reduced. The same can be tested with heavier weights and objects. Interestingly, this property, which would be surprising to physiologists, is well known among Feldenkrais practitioners, whom I saw demonstrate (and participated in such a demonstration) that three people can lift another person, who is standing up, much more easily, if they first just *think* to push him down, *without* actually pushing down.

This paradoxical property, an instance where effort is modified by action of the nervous system, is neurophysiologically still not understood. It can be effectively and extensively used for effortlessness in playing musical instruments. Specific details of this have to be left for another suitable occasion.

When to suggest effort effortlessly

The sense of effortlessness is central in advanced performing; it should appear effortless and be effortless. Chopin often admonished that the fingers should not strike the keys, but should *fall* on the keys. The sense of "falling" gives a totally different feel to the action of playing, one that leads to smoothness and effortlessness. However in playing Beethoven, for example, an impression of glib effortlessness is out of place: the effortlessness must sometimes itself suggest effort, in accordance with the requirements of the meaning of the music, since there is an "ethical restraint" in the Beethoven pulse, a massiveness, which is essential. If that disappears the music correspondingly loses substance. The ultimate task is to combine passion with effortlessness - only a seeming contradiction. When required, one needs be able to suggest effort effortlessly! Casals for example at times did this with a deliberately 'scratchy' or 'throaty' tone at the onset of certain notes, especially in the bass register (at other times intensity involuntarily surfaced through a grunt!).

Passion, and the Passion to be Aware

Both Feldenkrais and Alexander methods are good ways to unlearn the prison of old habitual ways of moving, and are steps towards this freedom. In achieving this, we must often get rid of accumulated remnants of virtual body images of past, repressed emotional experiences; postures, tensions, and uses of the body that have become habitual and unaware, frequently of emotional origin.

But these methods by themselves do not tell you how to use this freedom to make living music, to find the inward musical thought which guides ever more finely to the true and beautiful in music, to the profound rather than the trivial. This requires freedom but such freedom is not enough. Needed further is the inner passion, issuing from a core of peace, which can become clearly manifest through the body when there is freedom. The passion in the true sense of the word is the "Ursprung", or better the "Ur-Sprung", the source, of music. We are using the word passion here not in the commonly used sense, but as the passion for the true, for the beautiful and the good, passion in the sense Krishnamurti or Casals used and exemplified the concept. The passion for the holy, as is imbued in Bach, or for love, reverence, joy, in the great composers, the compassion with which it views sorrow, the great romantic passion in music that portrays such. What is such passion, waiting to be released? Passion affects and lights the body, it is an enthusiasm, a fire, an enormous energy. It is released by the pure shapes of expression. It is the ultimate source of why we should bother with the infinite refinements of musical shaping. What does it matter whether we shape a phrase with a pure love shape, or pure sorrow shape, or a pure joy shape? In the end it is all the same, so say the cynics, and the depressed. Passion[1] gives a lie to all this. Such passion includes as a cognitive substrate the conviction that life is worth living; more than that, that it is wonderful, that it is a gift from heaven, a holy

---

[1] This use of the term exceeds the conceptual confines of sexual passion and libido (a word which derives form 'play') and because of its substrates cannot simply be treated as sublimated libido.

thing itself. That with all the difficulties of life there is a clear light[2], a light which music can tap, a light which shines when music is played with full life in its tones, that can make the joy in music, in its ultimate shape, be better even than joy itself.

There is mutual interaction between purely expressed essentic form, passion, and inner freedom. This mind-body interplay is a field that needs much more exploration. Sentic cycles, a discipline of expressing a series of emotions by touch in an ordered way, a simple art form of touch, goes a modest way towards exploring aspects of this. Through the expression of essentic forms in a seated position, the body becomes very quiet and very free. The doors are then open for passion, in the best sense of the word, to flow[3].

Not with the energy driven by anger and hostility, but with what feels like a 'life force' (Lebenskraft); it is not the passion to fight, but the passion to create, to breathe, to feel, to comprehend. Passion to be wholly aware.

Such passion affects the body: watching Toscanini conduct, his ears became progressively bright red as the performance progressed, even in his eighties, except for the last two performances. Casals, in his nineties, moved like a man in his forties when he sat on the conductor's seat. Music lives on the present: it amplifies the present. It is a way to step outside one's own lifeline, and celebrate the present, which after all is all that exists. In that present imbued with music, the past and the future are played with in music's own time frame - one is lifted out of the personal chain of time to a free world, in which meaning and body intimately coalesce; the impulse to move, the inner gesture are so much part of music that without them, music is literally unthinkable.

In the best of music, those movements are increasingly inward. In the last quartets of Beethoven, even the pulse ceases to attract the feet: in an Apollonian breakthrough, the pulse is felt inside, as universal energy, channelling not to the feet, but to the 'heart': what that means in body and neurophysiologic terms remains to be explored. When known, it will be further seminal to a comprehensive understanding of mind-body interaction, music and health.

---

[2] metaphor for grounding of the psyche, another metaphor: after all can we ever get beyond metaphor? Goethe's words: „Alles vergaengliche ist nur ein Gleichnis" come to mind, but: essentic forms are not vergaenglich - they are, in a real sense, unvergaenglich!

[3] Casals often talked about "freedom with order", "fantasy with order" as guiding principles, in music and otherwise. He did not live to see their unforseen and unprecedented political eruption and testing we are so gratefully witnessing today.

We are indeed now the first living beings who can understand the plan of their own existence, their DNA, and to know further that this plan is not merely a 'blueprint' for our construction, but an intricate dynamic system so that thought can exert influence at the gene regulation level to promote or to inhibit specific gene products, throughout life. We may then come to look at the mind-body windows of such music, as well as sentic cycles, as a way for directing thought to help our bodies to be in harmony with roots, mirrored in our cells and in our reaching up, roots of existence they may not otherwise as effectively tap: promoters, accessories for chosing our further, conscious evolution.

References

Aggleton, J.P., & M. Mishkin (1986): The amygdala; sensory gateway to the emotions. In R. Plutchik and H. Kellerman, eds. Emotion, Theory, Research and Experience. Vol 3. New York, Academic Press

Behne, K.E. (1982): Musik - Kommunikation oder Geste, Musikpädagogische Forschung, Bd. 3, 125-143, Laaber, Laaber Verlag

Borchgreving, H.M. (1982): Prosody and musical rhythm are controlled by the speech hemisphere. In M. Clynes, (Ed.) Music, Mind and Brain, the Neuropsychology of Music, (pp. 151-157). New York: Plenum

Clynes, M. (1969): Precision of essentic form in living communication. In K.N. Leibovic & J.C. Eccles (Eds.), Information processing in the nervous system (pp. 177-206), New York: Springer

Clynes, M. (1973): Sentics: biocybernetics of emotion communication, Annals of the New York Academy of Sciences, 220, 3, 55-131

Clynes, M. (1975): Communication and generation of emotion through essentic form. Karolinska Institute Symposium on 'Parameters of Emotion': Emotions' - Their Parameters and Measurement, Lennart Levi ed., 561-601. New York: Raven Press

Clynes, M. (1977): Sentics, the touch of emotion. New York: Doubleday Anchor. (New edition: 1989, Prism Press, London, New York, Sydney)

Clynes, M. (1980): The communication of emotion: theory of sentics. In Plutchik, R., & Kellerman, H. (Eds.), Theories of Emotion Vol. 1, (pp. 171-216), New York: Academic Press.

Clynes, M. (1983): Expressive microstructure linked to living qualities. In: J. Sundberg (Ed.), Publications of the Royal Swedish Academy of Music, No. 39 (pp. 76-181)

Clynes, M. (1985): Music beyond the score, Communication and Cognition, 19, 2, 69-194

Clynes, M. (1986): Generative principles of musical thought: Integration of microstructure with structure, Communication and Cognition, CCAI, Vol. 3, 185-223

Clynes, M. (1987): What a musician can learn about music performance from newly discovered microstructure principles, P.M. and P.A.M. In: A. Gabrielsson (Ed.), Action and Perception of Music (pp. 201-233), Publications of the Royal Swedish Academy of Music, No. 55, Stockholm

Clynes, M. (1988): Generalised emotion, how it is produced and sentic cycle therapy. In M. Clynes & J. Panksepp (Eds.), Emotions and Psychopathology (pp. 107-170), New York: Plenum Press

Clynes, M.: Guidelines to Sentographic Methodology and Experimentation (in press, Perceptual and Motor Skills)

Clynes, M. (1989a): Methodology in sentographic measurement of motor expression of emotion: two-dimensional freedom of gesture essential. Perceptual and Motor Skills, 68, 779-783

Clynes, M. (1989b): Evaluation of sentic theory nullified by misunderstood theory and inferior sound: a reply to Nettelback et al., Australian Journal of Psychology. 41, 3, 327-337

Clynes, M., Jurisevic, S., & Rynn, M. (1990): Inherent cognitive substrates of specific emotions: love is blocked by lying but not anger. Perceptual and Motor Skills, 70, 195-206

Clynes, M.: Some guidelines for the synthesis and testing of pulse microstructure in relation to musical meaning. Music Perception, in press, vol. 8, 3, 1990

Clynes, M., & Nettheim, N. (1982): The living quality of music, neurobiologic patterns of communicating feeling. In M. Clynes (Ed.), Music, Mind and Brain: the Neuropsychology of Music (pp. 47-82), New York: Plenum

Clynes, M., & Walker, J. (1982): Neurobiologic functions of rhythm, time and pulse in music. In M. Clynes (Ed.), Music, Mind And Brain: the Neuropsychology of Music (pp. 171-216), New York: Plenum

Clynes, M., & Walker, J. (1986): Music as time's measure, Music Perception, 4, 1, 85-120

Cunningham, J.G. (1988): Developmental change in the understanding of affective meaning in music, Motivation and Emotion, 12, 4, 399-413

Davidson, R.J. (1983): Affect, repression and cerebral asymmetry. In: I. Temoshok, C. Van Dyke, and L.S. Zegans, eds. Emotions in Health and Illness, New York Grune and Stratton

Ekman, P. (1984): Expression and the nature of emotion. In: K.R. Scherer and P. Ekman, eds., Approaches to Emotion, Hillsdale, New Jersey, Erlbaum Associates

Ekman, P., Levensen, R.W. and Friesen, W.V. (1983): Automatic nervous activity distinguishes between emotions, Science, 221, 1208-1210

French, A.P., Russell, P.L. & Tupin, J.P. (1972): Subjective changes with the sentic cycles of Clynes. Diseases in the Nervous System, 33, 598-602

Gabrielsson, A. (1986): Rhythm in Music. In: J. Evans & M. Clynes (Eds.), Rhythm in Psychologic, Linguistic and Musical Processes (pp. 131-167), Springfield, Ill.: Charles C. Thomas

Gabrielsson, A. (1989): Intense Experiences of Music. First International Congress of Music Perception and Cognition, Kyoto

Gillikan, S.G., & Bower, G.H. (1984): Cognitive consequences of emotional arousal. In: C. Izard, J. Kagan and R.B. Zajonc, eds., Emotions, Cognition and Behaviour, New York, Cambridge, University Press

Hama, H. & Tsuda, K. (1989): Analysis of emotions evoked by schematic faces measured with Clynes' sentograph, IV. Congress of International Society for Emotion Research, March 1989, Paris

Hama, H. & Tsuda, K. (1990): Finger-pressure waveforms measured on Clynes sentograph distinguish among emotions. Perceptual and Motor Skills, 70, 371-376

Izard, C.E. (1984): Emotion-cognition relationships and human development. In C.E. Izard, J. Kagan and R. Zajonc, eds. Emotion, Cognition and Behaviour, Cambridge University Press

Melnechuk, T. (1988): Emotions, brain, immunity and health. In: M. Clynes and J. Panksepp, eds. Emotions and Psychopathology, pp. 182-247

Panksepp, J. (1982): Towards a general psychobiological theory of emotions. Behav. Brain Sci., 5, 407-470

Panksepp, J., Silvy, S., and Normansell, L. (1985): Brain opiods and social emotions. In: the Psychobiology of Attachment and Separation, M. Reite & T. Fields, eds. New York: Academic Press

Panksepp, J. (1988a): The neurobiology of emotions. In: H. Wagner & T. Manstead (Eds.), Handbook of Psychophysiology, London: Wiley

Panksepp, J. (1988b): Brain Emotional Circuits and Psychopathologies. In: M. Clynes & J. Panksepp (Eds.), Emotions and Psychopathology (pp. 37-76), New York: Plenum Press

Pert, C.B., Ruff, M.R., Weber, R.J. and Herkenham, M., 1984, Neuropeptides and their receptors, J. Immun., 135, 820s-826s

Ploog, D. (1981): Neurobiology of primate audio-visual behaviours, Brain Rs. Rev., 3, 35-61

Plutchik, R. (1984): Emotions: A general psychoevolutionary theory. In: K.R. Scherer and P. Keman (eds.) Approaches to emotion, Hillsdale, New Jersey, Lawrence Erlbaum Associates

Plutchik, R. (1988): The nature of emotions: clinical implications. In: Emotions and Psychopathology, M. Clynes and J. Panksepp (eds.) New York, Plenum Press, pp. 1-20

Repp, B.H. (1989): Expressive microstructure in music: Preliminary perceptual assessment of four composer's "pulses", Music Perception, 6, 3, 243-274

Stein, M. (1985): Bereavement, depression, stress and immunity. In: Neural Modulation of Immunity, R.G. Guillemin, M. Cohen, T. Melnechuk, eds., New York, Raven Press, pp. 29-44

Thompson, W.F. (1989): Composer-specific aspects of musical performance: an evaluation of Clynes' theory of pulse for performances of Mozart and Beethoven. Music Perception, 7, 1, 15-42

Sentic Cycle Kits, consisting of a finger rest, instruction booklet and tape are available (for L 17.50) form the European Sentic Association, c/o Prism Press, 2 South Street, Bridport, Dorset, DT 6 3NQ, England

Prof. Dr. Manfred Clynes
Queen's College, University of Melbourne
Parkville, 3052 Australia

Es ist der Leib, der die Musik macht

RUDOLF ZUR LIPPE

Zu Musikern - und Musikpädagogen sind doch wohl immer noch in erster Linie auch dies - vom Leiblichen der Musik zu sprechen, dürfte in einem ersten Sinne überflüssig sein. Sie haben vom frühesten Üben bis zu den Augenblicken vollendeten Musizierens erfahren, wie die Figur der Klänge, die sie gestalten, nur aus den Gestalten, den Bewegungsgestalten ihres eigenen Leibes heraus möglich ist. Ich meine damit schon jenen bedeutenden Zusammenhang zwischen der Selbstgestaltung unserer leiblichen Existenz im Atmen und Pulsen, Gehen und Stehen mit den Fähigkeiten, die wir in uns sowohl entdecken wie entwickeln, um etwas wie die Musik hervorzubringen: Einerseits erleben wir mit Hilfe der Selbstgestaltungen das Gestalthafte an den Klängen und Klangfiguren, die wir hervorbringen; andererseits erfahren wir diese meist ganz unbewußt bleibenden Selbstgestaltungen, die doch in unserer vorgeburtlichen Geschichte von Leben, Wachstum und körperlicher Ausbildung von „Funktionen" begründet sind, im Medium, in dem wir zu gestalten haben, bewußter noch einmal.

Zu diesem Gestalten gehört auch und zunächst vor allem das Vernehmen. Wenn wir wahrnehmen, antworten wir immer, mehr oder weniger selbst uns beteiligend, auf eine begegnende Gestalt. Zweifellos gibt es auch die Ebene kognitiven Bestimmens, auf der Phänomene analysiert werden. In den ästhetischen Dimensionen werden diese Elemente aber nicht als solche zur Kenntnis genommen, sondern dem Gestischen einbezogen, in dem sie auftauchen und ihren Ort haben. Sie hören vielleicht heraus, daß ich C.F. v. Weizsäckers Definition der Kunst paraphrasiere: „Kunst ist das Wahrnehmen von Gestalt durch das Schaffen von Gestalt." Und Weizsäcker paraphrasiert damit den Philosophen Josef König.

Zu dem Begriff des Bewußten muß auch sofort eine Erläuterung gegeben werden. Sie werden gespürt haben, daß ich von bewußterem Erfahren gesprochen habe. Ich will damit ein Zwischenreich andeuten zwischen den unauslotbaren Tiefen des nicht Bewußten, etwa des Pulsierens unseres Blutes in den meisten Situationen des Alltags, und der Oberfläche des verstandesmäßig in Begriffen oder Maßen Kontrollierten oder Rekonstruierten. Alfred Lorenzer hat eine sehr schöne theoretische Vorstellung von diesem Reich des Vorbewußten und der Beziehungen der Kunst zu ihm, von ihrem Leben aus diesem Bereich in psychoanalytischer Begrifflichkeit gegeben. Es ist das Reich, in dem wir nicht mit einem verfügenden Blick Gegenstände unserer Absichten erfassen können, sondern die Eindrücke an uns herangelangen lassen, um ihrer, unserer selbst und der Begegnung inne zu werden. Solche Worte wie Innewerden wecken leicht den Verdacht einer ideologischen Sprache, aber nur weil wir gewohnt sind, sie im Kontext schlecht metaphysischer Seinsbehauptungen zu hören. Eigentlich bezeichnet dieses hier aber das Umgekehrte. Es besagt, daß in unserem Inneren, seelisch-geistig und bis in die leiblichen Schwingungen hinein, uns Wirkungen von einem Äußeren in bestimmte Bewegungen versetzen. Dies ist auch das Gegenteil von „Innerlichkeit", die gerade von dem Austausch mit der äußeren Welt sich zurückzieht. Sofern unsere Äußerungen Gestaltungen sind in dem emphatischen Sinne von Ausdruck, den etwa Adorno dieser Kategorie als Mitte der Ästhetik gibt, können sie nur tief reflektiert aus unserem Inneren wiederkehren.

Bewußt sind solche Vorgänge nur in dem Sinne, daß sie von allen Schichten unserer Existenz reflektiert werden; aber mit diesem Bewußtsein ist nicht das der überschauten Oberfläche gemeint, das seinerseits eine Reflektion dieses Reflektierens im kontrollierenden Verstand bezeichnet. Ich kann mich nicht von Hegels Wort einer „Nacht der Phantasie" trennen, das zudem genau aufnimmt, wie in quattrocentonischer Ästhetik - von mir ausgemacht an der posa des Tanzes im Band I der „Naturbeherrschung am Menschen" - solche behutsame, intensive Bewußtheit auftaucht, die doch ganz gebunden bleibt in die Medien und Menschen und Situationen ihres Auftauchens. Sie gibt also nicht, wie chemische Verbindungen unter der Analyse, eines ihrer Elemente neben dem anderen frei zu willkürlicher Bestimmung und Verwendung. Die fantasmata wird auch als ein leuchtendes Geschehen im Dunkel beschrieben.

Von dem leiblichen Erleben, das in der Musik und im Musizieren tragend beteiligt ist, brauche ich den Musikern nicht zu sprechen. Das könnte ich auch nicht, weil ich selbst gar nicht ausübender Musiker bin. Sobald es aber um die Begründungen geht, die wir zu diesen Zusammenhängen suchen, können aus dem Philosophieren über die Organe der Sinne und ihre historischen Prägungen in gesellschaftlichen Lebensformen und kulturellen Vorstellungen einige Vorschläge zu genauerer Beobachtung dessen gemacht werden, was diese oder jene Art von Musik in der individuellen und der gemeinschaftlichen Ausbildung von Weltverständnis bedeuten kann. Als ein Wechselgespräch dieser Art verbindet eine besondere Form von Freundschaft mich mit dem Musiker, Musikwissenschaftler, Dirigenten und Pädagogen Hans Michael Beuerle, seit vor fast zwei Jahrzehnten er mich in Überlegungen hineinzog, die um Werkanalyse bei Beethoven kreisten, während er sich in konstitutions-logisches, anthropologisches Denken am frühen Hegel einführen ließ. Diese beiden Seiten erkenne ich deutlich, freilich zum vermittelnden Hintergrund herangereift, in den Aufzeichnungen wieder, die er gerade für die POIESIS 5 gemacht hat. Einfacher, komplexer, anschaulicher und durchdachter kann man wohl kaum über das Leibliche im Musizieren und dessen notwendig elementare Bedeutung in jedem pädagogischen Weg sprechen, als er das hier getan hat am Erwachen alles Metrischen aus Erleben und Gestalten der erdenschweren Menschen. Mit vielen historischen Differenzierungen von der Gregorianik bis zur Moderne kann er das zeigen, was jeder bloßen Formgeschichte sich verschließt. Diese sehr ausführliche Skizze ist so dialektisch durchdacht und gleichzeitig so unmittelbar wie vergleichend erlebt, daß ich diese Seite des Themas der Beschäftigung mit den Aufzeichnungen von Beuerle überlasse. Ich möchte nur anfügen, daß ich darin einen bedeutenden Entwurf zur Wiedervereinigung von Theorie und Praxis, Geschichte und Gegenwart, Analyse und Erfahrung in einer musikalischen Ästhetik sehe, der mit einigen ähnlichen und weiterführenden Anstrengungen umfassende Erklärungs-, vor allem Verständnismöglichkeiten bieten würde.

Hier möchte ich Leib und Musik noch einmal von dem anthropologischen Grund her aufnehmen.

Mir scheint daher eine Vorüberlegung von außerordentlicher Bedeutung zu sein, mit der ich versuchen will, ein historisch produziertes Mißverständnis anzugehen. Ich meine die unterschiedlichen, aber insgesamt ideologischen Bewertungen von Rhythmus. Selbstverständlich sind Zeitgestalten elementar bis in die biologischen Bewegungen hinein. Denken wir nur an die Peristaltik, die vielleicht alles Ästhetische überhaupt im Grunde trägt und durchzieht. Natürlich ist es ein guter Schritt über eine statische Strukturenanalyse hinaus, wenn wir begreifen, daß Organgestalten der Einstülpung und Ausstülpung wie das Gehirn, der Weitungen und Einengungen wie die Verdauungsorgane - also alle Abkommen des sogenannten Embryonalen Neuralrohres, das zu Anfang sensibel unser ganzes Inneres durchzog - die materiale Form von rhythmischen Vorgängen darstellen. Diese können wir Zusammenziehung und Ausdehnung, Kontraktion und Expansion, Konzentration und Diffusion nennen und weitere Begriffspaare aufzeigen, je nach dem Gebiet, in das wir die Elementarbewegungen gerade sich übertragen sehen.

Interessant an dieser Betrachtungsweise ist aber die Fähigkeit, in der Materialgestalt die Zeitgestalt ihrer Entstehungs- und Bedeutungsgeschichte - um nicht krude von Funktionen zu sprechen - wahrzunehmen. Also der Übergang ist wichtig als Übergang, der damit zurückführt in den Metabolismus der Gestaltreiche. Oder darf man schon hier von Metapher sprechen? Wenn das deutende Verstehen dieser Übergänge für die menschliche Geschichte mit im Spiele ist, scheint mir ein solcher Gebrauch des Begriffs Metapher, gerade in seinem strengsten, archaischen Sinne, gerechtfertigt zu sein. Ich erinnere nur an die einzige Möglichkeit, Strichreihen oder Punktfelder und aus ihnen gebildete Figuren in den frühesten Kulthöhlen zu verstehen: nämlich als Rhythmen. Das hat Marie E.P. König so überzeugend wie begeisternd gezeigt. So sind drei Striche auf einem Stein, ob nebeneinander oder zum Dreieck verbunden, die drei Phasen des Mondes, des kräftebringend zunehmenden, des vollen und des gefährdend abnehmenden Mondes. So sind die parallelen Ritzungen auf einem Knochen nicht nur Zahl, und zwar in der Qualität der Ordinalzahlen, sondern auch Niederschlag von periodischem Denken. Beide Beispiele aus der Paläontologie oder Frühgeschichte sind nicht zufällig Kalender, also Medien der Vermittlung und der wechselseitigen Übertragung von kosmischen Rhythmen und solchen menschlichen, geschichtlichen Erlebens. Mir liegt wesentlich daran, daß solche Zusammenhänge nicht als archaisch in einem Sinne von barbarisch, sondern als früher schon vielfach überformter Grund verstanden werden.

Ich betone diese frühen Zusammenhänge, weil ich immer das anthropologisch Frühe auch als seelische Tiefe, in den Übergängen der Physiologie in ihr eigenes Erleben, sehe. Dagegen ist im Zuge der abendländischen Entfernung bis Verleugnung dieser Dimensionen und aufgrund der mit ihr einhergehenden logischen Trennung der festen Struktur von dem gelebten Rhythmus ein problematischer Gegensatz entstanden. Spätestens manifest mit der Teilung in Hochkultur und Folklore in den Phasen der Renaissance wurde das abstrakte Moment des Rhythmus, die Metrik und die Bedeutungslehre gezählter Zeiten, abgehoben von dem Primitiv-Vitalen der gelebten Seite. Ebenso wurde Rhythmus im Laufe der Geschichte gegen die melodische Figur abgesetzt wie die „animalische Körperlichkeit" gegen den „allein den Menschen zum Menschen machenden Verstand", obwohl in den Künsten, besonders in der Musik, die Seele immer noch ihre ungeklärte aristotelische Mittlerrolle ausüben durfte.

Am Ende dieser Entwicklung stand die Wiederentdeckung von Rhythmus als Reformprogramm seit einem Jahrhundert, sei es in der „Negermusik" über Soul,

Jazz usw., sei es in der jugendbewegten Volksmusik, der ja auch die Orffschen Xylophone nicht ganz entkommen sind, sei es in der Musik Stravinskys. Dort hat nun Adorno auf eine Weise, die immer noch die Gemüter erregt - statt mehr Nachdenken zu provozieren -, angesetzt mit dem exemplarischen Urteil gegen alles Primitive am Rhythmus, das er, darin der Ideologie der von ihm Bekämpften folgend, mit dem Wiederaufleben archaischer Gesten gleichsetzte in der einzigen Deutung der Barbarei. Damit wird aber das pathetische Selbstmißverständnis des faschistischen „renascimento" in Europa und die verlogene „roots"-Nostalgie der Weißen in Nordamerika durch deren Kritik nicht aufgelöst sondern verdoppelt. In Wirklichkeit hat bereits die gesamte Musikgeschichte Europas, des aristokratischen wie des bürgerlichen Europa, von entsprechenden Anleihen gelebt. Sie nur war in ihrem Formungswillen dem autonomer gewachsen als die Späteren. Dieser einsam gewordene Formungswille hat aber jede Anleihe zur Erneuerung der vitalen Seite verbraucht durch einseitige Ausübung von Überformungskünsten. Nicht ein einziger Tanz seit dem fünfzehnten Jahrhundert ist nach seiner Zeit- und Schrittgestalt in der Hochkultur entstanden. Jeder wurde einer zugleich als Folklore mißachteten Tradition der Völker in den eigenen oder kolonisierten Ländern entnommen.

Das Unbehagen an der Sublimierung stieg allerdings im neunzehnten Jahrhundert nach dem rührenden Versuch der Versöhnung durch Rousseaus Schäferei einerseits, andererseits angesichts der großen Industrie bis zu der depressiven Tiefe des Schopenhauerschen Pessimismus und den vehementen Höhen Nietzscheschen Protestes, so daß das alte Modell der Anleihe immer wütender und, auch dadurch so viel gefährlicher, immer programmhafter betrieben wurde. Ich schildere die sozial-psychologische Lage, in der nur als masochistisch zu bezeichnende Tendenzen ihren Umschlag in sadistische erleben, weil selbst die reduzierten Ansprüche des Masochisten an ein unmittelbares Erleben frustriert bleiben. Was Adorno mit Barbarei meinte, etwa den Triumph von Marschtritt über differenzierte kompositorische Tempobeziehungen, war dieser masochistisch begründete Sadismus, alles andere als etwas wahrhaft Archaisches, das übrigens darum nicht von seinen erschreckenden Seiten freigesprochen werden soll.

Archaisch wäre zweifellos viel eher die Rhythmengestalt, die bei aller Kraft „aus dem Bauche", wie die Schauspieler zu sagen pflegen, eben derart komplex und wandlungsfähig zu sein vermag, daß sie selbst eigentlich mehr Melodie wird, als daß sie einer von ihr getrennten „unterlegt" zu denken wäre. Was ich meine, ist allen, die sich als Spieler, Hörer oder Tänzer mit den so beliebt gewordenen afrikanischen Trommelklängen vertraut gemacht haben, längst selbstverständlich geworden. Vor fünfundzwanzig Jahren erklärte mir Alain Daniélou die Verkümmerung des westlichen Rhythmusverständnisses an der folgenden Anekdote. Berlioz erklärte die indische Musik, wohlgemerkt der Rāga-Kompositionen, die wir seit Ravi Shankar bewundern - oder verträumen -, sei Charivari, weil sie keinerlei rhythmische Strukturen besitze. Er hätte sagen müssen, keine ihm begreiflichen; denn ihre rhythmischen Perioden sind einfach ein, zwei oder drei dutzendmal länger und in sich gefügter als die unserer Traditionen und entzogen sich daher der ungeübten Wahrnehmung.

Diese Verkennung eines fremden Musikstils steht zugleich im Gegensatz zu der europäischen Komposition von hohem Anspruch, die seit je zwar mit sehr überschauberen Rhythmusperioden, sagen wir den Takten in der Regel, aber doch auf sehr differenzierte Weise gearbeitet hat. Immer haben Übergänge von rhythmischen in andere rhythmische oder auch in melodische Momente eine wesentliche Rolle gespielt, so daß man durchaus von einer Kontinuität im Wandel sprechen kann. Ein Wandel, der eben gerade darauf beruht, daß Rhythmus Qualitäten hat, die in die Qualitäten anderer, melodischer Bereiche übersetzt werden können. Gerade dieses Wissen hervorzuheben, ist mir wichtig gegen die Vorstellung, Rhythmus sei etwas „Motorisches", wie eine primitive Psychologie das mit Erfolg benennt, und das Motorische sei, im Sinne einer behavioristischen Anthropologie, eine primitive Schicht ästhetischer Bedürfnisse, die zwar abgedeckt werden müsse, aber nicht mit den höheren Bedürfnissen konvergieren könne. Rhythmus sollte dagegen immer als die Gesamtgestalt verstanden werden, die ihrer Natur nach zeitlich ist und die anderen Gestaltformen ebenso in sich enthält.

Musikwissenschaft und -praxis wissen selber so viel von diesem Zusammenhang, daß auch diese Überlegungen nicht als originelle These vorgetragen werdens, vielmehr scheint mir auch hier die Begründung aus einer philosophisch-historischen Kulturanthropologie von Interesse zu sein. Schließlich stehen die Wissenschaften vom Menschen insgesamt in genau dieser Hinsicht noch vor einer tiefgreifenden Krise. Die Fragen, die ich aufwerfe, hängen eng zusammen mit einer eurozentristischen Sicht der Welt, und zwar sind eine diskriminierende Werteskala sowie eine völlig unbefragte Unterscheidung, also eine Selektion, die Grundlage. Ich denke vor allem an die unsinnige Aufteilung der Völker in diejenigen, die als zivilisierte Gegenstand der Soziologie sind, und jene, die als primitive Gegenstand der Ethnologie sind. Wohl hat gerade die wertfrei kultur-vergleichende Schule strukturalistischer Autoren wesentliche Momente einer neuen Konzeption vorgeschlagen. Ich nenne dies die Tendenz zu einem zweiten enzyklopädischen Zeitalter, nur nicht in verfügender Absicht wie das erste der französischen Aufklärung, sondern als rückbesinnend-vergleichende Aufgabe. In Frankreich heißen denn auch seit der Universitätsreform vor zwanzig Jahren an einigen Orten Institute „Laboratoire de Sociologie et d'Ethnologie". Unsere Wirklichkeit in Forschung und Lehre hat aber so bescheidene Konsequenzen aus diesen Einsichten gezogen, daß die alte Aufteilung der Gesellschaften und der für diese und für jene gültigen Methoden der Bestimmung und Analyse kaum fruchtbar überwunden ist. Eben diese Problematik dürfte sich in der fortbestehenden Aufteilung in Musikwissenschaften und Ethnomusikologie nicht viel anders ausnehmen, die Daniélou, als er noch Leiter des internationalen Musikinstituts in Berlin und Venedig war, abwechselnd zu Zorn und zu Spott veranlaßte.

Eine Betrachtung der Musik aus ihren leiblich gelebten Wurzeln in den Menschen gibt nun den gemeinsamen Grund an, aus dem die so unterschiedlich entwickelten Musikformen der einen und der anderen Traditionen erwachsen. Sie sollte uns auch ermöglichen, die schädlichen positivistischen Banalitäten behavioristischer Provenienz zu ersetzen, die ich leider nicht ganz zu unrecht noch in den meisten Fällen befürchte, in denen von „musikalischem Verhalten" gesprochen wird.

Ich möchte mich nun abschließend einigen Momenten zuwenden, die bei dieser Überwindung mit Sicherheit von Bedeutung sind.

Da ich selbst weniger über die Physiologie seelischer Vorgänge im allgemeinen gelernt habe als über deren Entstehungsgeschichte in der vorgeburtlichen „Selbstgestaltung", wie mein Lehrer Erich Blechschmidt sagt, halte ich mich zur Überprüfung schöner Vermutungen an diesen Wissensbereich. Dabei sind die Horizonte der Betrachtung von theoretisch aufbereitetem Wissen bestimmt über die Zusammenhänge von menschlichen Verstandesformen mit Funktionen im biologischen Leben, wie sie Gregory Bateson darlegt; über große Phasen sich wandelnder Beziehungen der Kulturen zur Welt, wie sie Needham oder aber Jean Gebser entworfen haben; über die Problematik von Herrschaft, Naturbeherrschung und Individualisierung, wie sie Max Horkheimer, Walter Benjamin oder Ernst Bloch zu bedenken gegeben haben. Für mich selbst ist von großer Bedeutung endlich die übende Erfahrung in einer Tradition, die aus einer Kultur ganz anderer Auffassungen vom Leib und ganz anderer Zugänge, ich würde gerade nicht sagen, zum Leibe, sondern durch den Leib hindurch kommen. Daß gerade ich jetzt gebeten werde, über Musik und Leib zu sprechen, hat seinen Grund in einer Lebensgeschichte, die insofern vor drei Jahrzehnten begann, als ich zunächst Schüler in den Stimmübungen von Irene Haller in Heidelberg wurde und durch sie dann zu Karlfried Graf Dürckheim nach Rütte kam. Sie sehen, daß meine Begegnung mit dem Sazen Japans doppelt europäisch vermittelt war - und auch geblieben ist: Durch die bewußte Übertragung des japanisch hervorgebrachten Zen-Geistes in die Suche nach abendländischem Bewußtsein der Öffnung zum Universellen bei Dürckheim selbst und durch die Dimensionen der Stimmarbeit im lebensgeschichtlichen Alltag wie für die künstlerische Arbeit in den „darstellenden Künsten". Ich ging sogar das erstemal nach Rütte mit der Hoffnung, dort leibliche Methoden der Verständigung für die Theaterarbeit zu finden; denn ich erlernte den Beruf eines Regisseurs und empfand Widerwillen gegen die kognitiv-verbalen Erklärungen, die Regisseure oft den Schauspielern zur Gestaltung einer Person, einer Szene gaben. Ich meinte eine gemeinsame Suche nach den leiblichen Haltungen und Bewegungen, aus denen heraus ein bestimmter zu treffender Ausdruck in einer Situation sich dann wie von selbst ergeben würde.

So einfach ging das freilich nicht. Genau diese Verbindung fehlt der abendländischen Kultur. Wiederum fehlt sie ihr natürlich nicht faktisch schlechthin. Anders gäbe es keine Künste und nicht einmal die Lebensklugheiten der Menschen im Alltag. Aber diese Zugänge sind fast allgemein den mühevollen oder genialen, intuitiven oder pragmatischen Entdeckungen der Einzelnen überlassen. Sie bilden gerade nicht das Hauptinteresse von Traditionen, Schulen, Lehre, Einführung. Diese Erkenntnis eines grundsätzlichen Mangels war, über die mehr und mehr erfüllenden eigenen Erfahrungen hinaus, die Frucht meiner damaligen, immer fortgesetzten Begegnung mit einer Kultur, die von der „Erdmitte des Menschen", von der „großen Stille", von der inneren Bewegung im Einklang mit den Bewegungen der großen Welt handelt. Diese Entdeckung wurde mir zuteil und provozierte meine Frage, warum, aus welcher Geschichte heraus jener Mangel bei den westlichen Gesellschaften herrscht. Mit dieser kritischen Frage fand sich fast zehn Jahre später leicht der Übergang zur kritischen Theorie der Frankfurter Schule. Ich habe jedoch immer die Überzeugung festgehalten, im Leiblichen die Zugänge wiedergefunden zu haben zu eben dem, was die Unterschiede der Menschen und Klassen und Kulturen vergleichenden Untersuchungen zuführen kann, um aus diesen Vergleichen dann einmal auch Ansprüche formulieren zu können, die es für die Menschen einzuklagen gelte.

Durch den eigenen übenden Erfahrungszugang erweist sich die enttäuschte Hoffnung Schopenhauers, der auch an einer asiatischen Tradition, der indischen, Vorbilder zu finden dachte, als dann doch vielversprechend. Er erkannte, daß eben der Leib der Menschen die Quelle sein könnte, um Kants unbestimmbares Ding-an-sich dennoch Bestimmungen abzugewinnen. Diese Erkenntnis war für ihn so unabweisbar wie schmerzhaft, blieb er doch gerade auch hierin auf das schlechte unendliche Nebeneinander von intellektueller Denkfigur und existenzieller Sehnsucht verwiesen. Der beide Seiten verbindende Weg zur äußeren Natur wie zu einer der Welt versöhnten Menschlichkeit geht durch die Begegnungen mit der inneren Natur der Menschen selbst. Freilich bleiben die Hoffnungen da stecken, solange mangelnde Erfahrungen und drohende Fixierungen auf sogenannte Selbstverwirklichung, Körperemanzipation und dergleichen Kurzsichtigkeiten mehr die Zugänge durch das leibliche Erfahren hindurch zur Welt verstellen. Der kommerzialisierte Erleuchtungsstreß, isolierte Körpertherapien und Ähnliches sind nur höhere Formen solcher Blockaden. Auch dies muß gegenwärtig immer wieder betont werden, weil im üblichen Konsumeifer der Body-Wellen das zu Entdeckende, das bislang verdrängt, versäumt, verstellt war, nun auch noch eigens entstellt wird.

Grundlegend für eine Musikalität aus dem Leibe heraus scheint mir, in der Tat, das rhythmische Geschehen im Leib vom Puls über die „Organuhr" bis zur Atmung und das rhythmische Erleben der Weltvorgänge mit Tages- und Jahreszeiten, Begegnungen und Alleinsein. Mindestens die Musik früher Kulturen, ich denke aber, bis weit noch in die industrialisierte Gegenwart hinein, deutet nun inneres Geschehen, Erleben des Äußeren und deren Entsprechungen zu einem Bewußtsein von der Welt und von dem eigenen Sein zur Welt wie ihrer zu uns. Gerade weil dieses Bewußtsein nicht die Oberfläche der verstandesmäßigen Analyse und Rekonstruktion erreichen kann, darf, sind die Spuren der Tiefendimensionen des Ästhetischen - wie ich alles hier zu schlagwortartig leiblich Genannte im „Sinnenbewußtsein" charakterisiert habe - von tragender Bedeutung. Das Wort Spuren soll hier nur andeuten, daß von einer nicht zu bewältigenden Fülle von Vermittlungen mit allen anderen Dimensionen bis zu der historisch-gesellschaftlichen Prägung und Deformation zu handeln wäre, unter denen, in denen diese Spuren zu wirken haben und aufzutauchen vermögen.

Menschen haben keine Instinkte, weil diese an sehr eng definierte Weltausschnitte gebunden sind, denen die Lebensweise von Tierarten jeweils ebenso eng entsprechen kann; also gibt es auch keine sogenannten Atavismen im biologischen Sinne. Auch die Janowsche Erfindung eines Urschreis halte ich nicht für ganz so urig. Inzwischen reden sogar die Physiker von ihrem Urknall, wohl eher eine Metapher im rhetorischen Sinne. Wie weit sich C.G. Jung auf die Suche nach lautlichen Archetypen gemacht hat, weiß ich leider nicht. Ich halte mich also, wie angekündigt, an die Lebensgeschichten von uns allen. Da ist ohne jeden Zweifel, wie viele wissen, der Herzschlag das erste und ein Erleben von größter existentieller Bedeutung. Nicht der rasche Schlag des kleinen eigenen Herzens, das sich schon früh vor der Geburt bildet, ist das Wesentliche, sondern das langsame, getragene Schlagen des Herzens der Mutter aus naher Nachbarschaft in ihrem Leibe. Dieser Rhythmus wird von uns in den Monaten bis zur Abnabelung, bis zur räumlichen Ferne vom Mutterleib, in allen Reichen aufgenommen, die ihm für uns gebühren; im Reich der akustischen wie dem der übrigen Körperschwingungen, taktile genannt; im Reich des mimetischen Mitschwingens in den Wechsel von Laut und Stille, von voll und leer; im Reich von Vernehmen und Antworten, und zwar in ganz komplexen Übertragungen eines auftretenden Taktes in einen anderen, der eigenen Konstitution angemessenen. In der Tiefe des sogenannten Vegetativen ist dieser Dialog so entscheidend - ich muß einmal mehr diese Untersuchungen zitieren -, daß von der Mutter getrennte Kleinstkinder sterben können, weil ihnen die Orientierung an dem tragenden Herzschlag der Mutter ermangelt, und daß unter Umständen Tonbandübertragungen dieses Schlages über kleine Kopfhörer sie retten können. Man könnte gewiß eine musikalische Variante der Balintschen Theorie vom Übergangsobjekt und dessen Fortführung in den liebenden Beziehungen eines Menschenlebens entwerfen. Kleine Kinder übertragen einen Teil ihrer Beziehung zur Mutter, nämlich den Teil, der durch die Abwesenheit der Mutter sich nicht länger in der vorgeburtlich gewohnten Grenzenlosigkeit aufgehoben sieht, auf „Liebesobjekte" eigener Art. Als typisch werden die Schlafdecken und Teddybären beschrieben. Die traditionelle Welt gab den Menschen da Wiegenlieder auf den Lebensweg. Die „Übergangsobjekte" bilden den Übergang dazu, daß später wieder Menschen, nun aber andere Menschen, zum Gegenüber einer liebevollen Beziehung reifen können. Ich erinnere mich nun voller Wehmut der tiefen, langsam sich wiederholenden Klänge der alten Frachtdampfer auf dem Rhein, die in den Sommerferien meiner Kindheit nachts zu mir durch die offenen Fenster des weiten Raumes hereindrangen, wenn ich einschlafen sollte. Ich bin sicher, wäre ich eine junge Graugans gewesen, ich hätte zu den Schiffen Mutter gesagt wie die Graugansjungen zu Konrad Lorenz, der diesen ganzen Zusammenhang an Phänomenen erlebte und zeigte, die in das Reich des Sehens und des Sichtbaren gehören.

Ich bin sicher, daß sich an diese Dimension jene Lieder und Gesänge anschliessen, die die Franzosen so treffend als „chanson intérieure" empfinden. Goethe beschreibt Melodien dieser Art bei den Venezianern, die ein jeder kennt, so daß einer den Gesang des anderen aufnehmen kann - „höchst sonderbar, wie eine Klage ohne Trauer; es ist darin etwas unglaublich, bis zu Tränen Rührendes".

Balint skizzierte eine Theorie der „Urliebe" zu den Elementen, zu dem Wasser etwa, das uns bis zur Geburt umgeben und getragen hat und das wir beim Schwimmen wiederfinden und selbst im Bad. Zu den vier Elementen sollten weitere, alle Medien der Künste hinzugefügt werden. Ganz besonders gehören die Klänge dazu. Eine solche Urliebe zu den Klängen der Welt, wie sie auch aus unserem Leibe frei werden, im Geiste dieser Vereinigung durch alle Differenzierungen hindurch wieder gefunden werden können, das wäre der Grund, aus dem meditativer Gesang, etwa der tibetanischen Mantras oder der Gregorianik oder der Muezzine zu verstehen sind und stimmig werden.

Am anderen Ende dieses weiten Feldes von frühestem Erleben würde es gelten, dem, was ich mit vollem Bedacht einen Dialog genannt habe, in der ganzen angedeuteten Komplexität der Übertragungsfähigkeiten, die in dem Vorgeburtlichen eben nur angelegt sind, auf den späteren Stufen des Bewußtseins zur Entfaltung zu verhelfen. Da liegen ganz existenziell in uns Keime zu Differenzierungen, die wir im Abendland lieber aus theoretischen Konzepten deduzieren, um dann manche Komplexitäten doch zu versäumen, die sich dem rekonstruierenden Verstande nicht anbieten oder entziehen. Insbesondere gehört zu diesen Versäumnissen, jedenfalls weitgehend und typisch, daß beim Herzschlag, den wir hören, an Rhythmus, an Takte und Zählzeiten, aber selten an Klang gedacht wird.

An den Stimmübungen bei Irene Haller, die ich bisher nur autobiographisch erwähnt habe, ist mir das Wichtigste, daß da für Menschen eigentlich jeden Alters von neuem zu erleben ist, wie Laute einfach aus unserem Leibe kommen. Die aktivistischen Vorstellungen von unseren Organerfahrungen, die uns so rücksichtslos das Vernehmen im Sehen verstellen, weil wir immer mehr auf den untersuchenden Fokusblick fixiert werden, kommen uns auch da in die Quere. Daß im Schütteln des Körpers aus dem Munde, wie immer „unartikulierte", Laute frei werden, daß die Stimmbänder nur der Artikulation dienen, der Klang aber aus einem Körper resoniert, der Resonanzkörper wie der jedes anderen Musikinstrumentes ist, dies sind überwältigende Erfahrungen für alle, die nie im Gesang ihre Stimme entfaltet oder unter falschem Gesangsunterricht gelitten haben. Das Schwingen des Zwerchfells muß eben nicht nur in der „Atemstütze" nutzbar gemacht werden, sondern als Medium zu erfahren sein, in dem die oberen und die unteren Höhlen des Leibes zum Wechselrhythmus zusammenklingen und Inneres und Außenwelt so selbstverständlich wie begeisternd ihren Metabolismus feiern. Ich sage erfahren und meine wieder eine Bewußtheit, die eine Freude an diesem „Stoffwechsel von Mensch und Natur", wie Marx ihn immerhin zur Forderung einer politisch reifen Kultur erhob, zu erleben und übertragend zu gestalten erlaubt. Ein Rück- oder Seitenblick in die „ethnologischen" Kulturen zeigt, bis zu welchen Intensitäten diese Freude reflektiert werden kann. Denken sie nur an „das Zwerchfell als Sitz der Seele", von dem wir bei den alten Griechen verständnislos gelesen haben.

Da es einem Philosophen ohnehin besser ansteht und ich als musikalischer Laie erst recht Anlaß dazu habe, möchte ich die hier abzubrechenden Überlegungen in eine Untersuchungsfrage überleiten. Vielleicht stellt sie sich sogar als eine mögliche Zusammenfassung heraus. Ich denke an das, was, soweit wir überhaupt eine vernünftige Vorstellung davon bekommen können, zu allererst mit dem Wort Musik verbunden war: die μουσική der archaischen Griechen. Musikä gehört in das Zeitalter, das Ivan Illich kennzeichnet, indem er ihm „das Wort" - das man ergreift, das gilt, zu dem man steht usw. - zuschreibt im Gegensatz zu einem späteren der Wörter. Einiges weist daraufhin, daß in dieser Phase der Geschichte der Klang eines Wortes, weit entfernt von modernen „phonetischen" Ideen, eine Bedeutung hatte, die wir heute als Gesang eher denn als Sprache einordnen würden. Mit diesem Klang dürfte auch der Sinn allein sich erschlossen haben, von ihm getragen worden sein.

Schon drängt sich der Begriff Sprechgesang auf. Aber er ist fehl am Platze, weil wir mit ihm an eine Kombination aus Sprechen und singender Aussprache denken. Das Gemeinte aber muß eine Einheit vor jeder Trennung, also auch vor einer Kombination gewesen sein. Ein Nachklang ist uns gegenwärtig in Gebeten, die nur getragen gesungen werden können; in den unwillkürlichen Melodien, zu denen Kinderreime und Unsinnsverse verleiten; vielleicht in den bedeutungsbestimmenden Höhenlagen der chinesischen Aussprache.

Durch die Geschichte der Schriftlichkeit, durch die Orthographiesierung, die Phonetisierung von Lauten und Klängen ist solcher Musikä der Geist ausgetrieben worden. Wiederbelebungsversuche finden sich besonders bei den Anthroposophen, leider aber immer unter einer gewissen ideologischen Ursprünglichkeitsabsicht, die immer den Ergebnissen etwas Ersatzhaftes und zugleich Prätenziöses gibt. Dabei wäre es hier sicher sehr förderlich, uns neu mit den Entwicklungen der eurhythmischen Schulen zu beschäftigen.

Da ich von diesen wie den eigentlichen frühen Formen zu wenig weiß, halte ich mich an Phänomene der banalen Gegenwart. Mir scheint, daß an ganz unerwarteten Stellen unseres gesellschaftlichen Alltags dieses Ineinander von Klangbedeutung und worthafter Semantik als Mangel empfunden wird - nicht zuletzt in den äußerst albernen Werbespots, die einzelnen Worten dadurch, daß auf ihnen herumgesungen wird, eine erweiterte Bedeutung geben wollen, ohne jedoch durch Gesang von der an den Mann zu bringenden Mitteilung abzulenken. Umgekehrt suchen viele Schlager-, mehr noch Liedermacherlieder den Mitteilungen ihrer Klänge eine Verbindung zum gesprochenen Alltag zu geben oder eine nur sprachlich mögliche Genauigkeit der Assoziationen aufzusetzen. Ich habe immer bei solchen Situationen oder auch, wenn ich das krampfhafte Bemühen unseres Kanzlers um tiefere Selbstverständlichkeiten beobachte, die Vorstellung, sie alle wären sehr glücklich, könnten sie ihre „Kommunikation" im Stile afrikanischer Wahlgesänge absolvieren. Und so sehr weit sind amerikanische Wahlkampagnen nicht von Imitationen der Primitiven entfernt, die in nicht aus ihrer Kultur gewachsenen Ansprüchen tatsächlich so primitiv werden können, wie die Kulturimperialisten das seit je behauptet und nun selbst als Fortschritt zu neuer Menschlichkeit versucht haben.

Vielleicht könnte uns da besser geholfen werden? Ich meine, daß an den verschiedensten Orten der heutigen Musikkulturen Ansätze dazu auszumachen sind, wenn man einmal die Idee einer solchen Konvergenz ernsthaft verfolgen würde. Ich bringe aber dieses Beispiel deshalb, weil in ihm anschaulich und zum Nachdenken anregend die als archaisch eingeordneten Untergründe zu neuen Verbindungen mit geschichtlichem Erleben und Gestalten drängen, vielleicht auch einladen.

Prof. Dr. Rudolf zur Lippe
Gutshaus
2892 Hude

Regulatives Musiktraining und Körperwahrnehmung

CHRISTOPH SCHWABE

Ich sehe diese unsere Tagung als ein Thema mit Variationen. Und die angesagte Thematik dürfte ihre Gründe bzw. Begründung wohl darin haben, ein aufmunterndes Gegenstück zu sein in dem sehr deutlich kopflastigen Trend der Entwicklung weiter Bereiche unserer Musikpädagogik.

Lassen Sie mich zugleich von einem für mich ganz schlimmen Erlebnis aus den letzten Monaten sprechen. Der Musikrat der DDR hatte nach Dresden zu einer internationalen Tagung über Persönlichkeitsbildung und Individualitätsentwicklung als Aufgabe der Musikpädagogik eingeladen. Und führende Köpfe, insbesondere der Schulmusikpädagogik, waren aus allen deutschsprachigen Ländern versammelt. Was geschah vor allem auf dieser Tagung? Es wurde philosophiert, ästhetisiert, psychologisiert und didaktisiert - wenn ich mir einmal dieses Wortgestümmel erlauben darf - über „den Sinnanspruch im Musik-Lernen".

Nicht nur „Musikphilosophen" aus unserem Lande, nein auch die aus der Bundesrepublik überstürzten sich geradezu in den halsbrecherischsten Abhandlungen darüber, welchen Sinn Musik habe, was Musik eigentlich sei und was man nun auf die Schüler loslassen solle, was überholt sei, was nicht mehr gehe - beispielsweise das Singen - und wie das alles mit der „Welt" zu verbinden und zu vereinbaren sei.

Mein hier etwas boshaft formulierter Eindruck war: Hier sitzen verhinderte Philosophen, die sich das Medium „Musik" genommen haben, um an diesem ihre Weltsicht zu bekunden und vorzuführen.

Sehr oft erlebe ich Vergleichbares auch im Bereich der Psychotherapie, die für so manchen Psychotherapeuten als Aufhänger meist gesellschaftskritischer Weltbetrachtungen herhalten muß, wobei dann nicht nur der konkrete Patient, sondern auch der rein medizinische Auftrag des Heilens oder wenigstens des Linderns auf der Strecke bleibt.

Hier muß ich allerdings einräumen, daß sowohl Psychotherapie als auch Musik Objekte sind, die sich geradezu verführerisch für solcherart Versuchungen anbieten, dieses zu tun, wogegen ich eben polemisierte.

Wenn ich anfangs von einem Thema mit Variationen sprach, dann will ich davon ausgehen, das Thema, verdichtet formuliert, könnte auch heißen: Musik als Geschehen und als Körperlichkeit hat eine ganz ursprüngliche Beziehung, so daß dieses quasi als feststehender Tatbestand und Ausgangspunkt gelten kann. Die Variationen sind diejenigen, die auf vermutlich unterschiedliche, aber auch ähnliche Weise die Beziehung zwischen musikalischem Geschehen und Körperreaktion bzw. Körperwirksamkeit behandeln werden. Ich gehe von der Vermutung aus, daß hierbei die Übereinstimmungen größer sein werden als die Gegensätze. Das ist gleichzeitig auch die Neugier und Spannung, mit der ich dieser Tagung entgegensehe.

Bereits in vorbereitenden Gesprächen deuteten sich solche Übereinstimmungen und gemeinsame Ausgangspunkte bzw. Quellen an. Dieses war für mich besonders eindrucksvoll im Gespräch mit Werner Pütz, wo die gemeinsame Ausgangssituation sich im Zusammenhang mit den Arbeiten um Elsa Gindler und ihrer Schüler sofort einstellte.

Als gemeinsame Prämisse könnte hier im Sinne einer allgemeinen Aussage gelten: Die subjektive Körperlichkeit ist zugleich über die sinnliche Wahrnehmung ein Zugang zu mir selbst. Die Sensibilisierung dieses Zugangs führt folgerichtig zur Strukturerfassung des Selbst und seiner Strukturiertheit in der realen Wirklichkeit. Somit wird der Körper als Gegenstand des Selbst gleichsam auch zum Gegenstand der Befindlichkeit des Selbst. Die zuvor genannte Sensibilisierung des Zugangs zur Körperlichkeit bedeutet zugleich auch die Sensibilisierung der Sinnlichkeit und nicht zuletzt Sensibilisierung der Bewußtheit.

In diesem Sinne ist Wahrnehmung des Körperlichen nicht als ein Ausschalten des Geistigen, des Rationalen zu verstehen, sondern als ein Weg zur ganzen Person, genauer zur Persönlichkeit in ihrer bio-psycho-sozialen Einheit, also in der Totalität des ganzen Menschen.

Das bisher Gesagte ist immer als Prozeß, als Entwicklung, man könnte auch sagen als Gestaltung zu verstehen, als eine Gestaltung, die sich auf das, was wir Persönlichkeit nennen, bezieht und das vom Subjekt ausgehend, sich wiederum an das Subjekt wendet und im Subjekt sich vollzieht.

Am Beispiel des Hörvorgangs beschreibt dieses sehr eindrucksvoll Werner Pütz, wenn er sagt: „Der Mensch hört nicht etwas, das von außen auf ihn eindringt, sondern er schafft aktiv und individuell das, was er hört, als ein Zusammenspiel in ihm liegender Fähigkeiten mit einem äußeren akustischen Angebot" (1989, S. 21). In Abwandlung oder wohl eher Weiterführung der von Guilford (1950) im Zusammenhang mit der beginnenden Kreativitätsforschung erfolgten Differenzierung in konvergentes (eingleisiges) und divergentes (mehrgleisiges)

Denken, kann man das hier geschriebene auch als divergentes Wahrnehmen bzw. divergentes Erleben bezeichnen (vgl. Caesar 1981).

Damit wäre eigentlich schon das Prinzip des Regulativen Musiktrainings umrissen, auf das im weiteren als mein eigentlicher Gegenstand zu unserer Gesamtthematik näher eingegangen werden soll.

Lassen Sie mich zunächst den methodischen Standort des Regulativen Musiktrainings etwas fixieren.

Regulatives Musiktraining (Schwabe 1984) ist im Kern eine psycho-prophylaktische Entspannungsmethode, die von mir vor etwa sieben Jahren entwickelt wurde und über populärwissenschaftliche Veröffentlichungen in unserem Lande eine weite Verbreitung fand. Offensichtlich besteht für solche Formen des Musikhörens im Zusammenhang mit aktivem Entspannen ein sehr großes Interesse.

Dafür spricht auch, daß sowohl das Fernsehen, der Rundfunk als auch Zeitschriften und gesellschaftliche Organisationen viel über diese Methode berichtet haben.

Regulatives Musiktraining wendet sich an gesunde Personen mit dem Ziel der Verbesserung der erlebnismäßigen Sensibilität, dem Abbau bzw. der Regulierung von psycho-physischen Fehlspannungen, der Entwicklung einer ästhetischen Genußfähigkeit. Dies ist zu betonen, weil Entspannungstraining als Prophylaxe nicht zu verwechseln ist mit Psychotherapie in Form von Musiktherapie. Regulatives Musiktraining hat sich aus der von mir entwickelten musiktherapeutischen Methode, der Regulativen Musiktherapie (Schwabe 1979), herausgebildet. Man könnte auch sagen, das Prinzip des Vorgangs, das dem „regulativen Geschehen" zugrunde liegt, wurde zunächst im Bereich der Musiktherapie entwickelt und ausgeformt, ist aber im Kern kein therapeutisches Prinzip, auch, wenn dieses für den therapeutischen Anlaß genutzt und schließlich dafür „zugeschnitten" wurde. Vielmehr handelt es sich hier um ein Vorgehen, das im umfassenden Sinne als zutiefst menschlich bezeichnet werden kann. Und so ist es kein Zufall, daß das gleiche Prinzip schließlich auch Bestandteil musikpädagogischer Absichten innerhalb einer auf Persönlichkeitsbildung gerichteten „Musikalischen Elementarerziehung" (Schwabe 1988, 1989) wurde.

Das, was ich hier zur Gesamtthematik beizutragen gedenke, hat vor allem den musikpädagogischen Kontext. Wenn ich das Prinzip des Regulativen Musiktrainings trotzdem vor allem am psycho-prophylaktischen Kontext zu erläutern gedenke, dann deshalb, weil ich hoffe, mich hier am besten verständlich machen zu können.

Regulatives Musiktraining arbeitet mit dem Hören von Musik ebenso wie Regulative Musiktherapie. Innerhalb der Musikalischen Elementarerziehung bezieht sich quasi die Anwendung auf den Teilkomplex „Musikhören". Damit will ich gleichsam am Rande sagen, daß es sowohl in der Musiktherapie als auch in dar Musikalischen Elementarerziehung vielfältige andere Beziehungen zwischen Musikgeschehen und Körper, insbesondere in den Bereichen der aktiven musikalischen Tätigkeit, beispielsweise der Instrumentalimprovisation, der Bewegungsimprovisation nach Musik, ebenso natürlich und vor allem im Gruppensingen gibt, über die zu berichten ich mir an dieser Stelle verkneifen muß (vgl. Schwabe 1983, 1988,1989).

Bevor das Prinzip des Regulativen Musiktrainings in seiner Gänze dargestellt werden soll, möchte ich - nochmals erinnernd an das Zitat von Pütz über prozeßhaftes Hören - zunächst Hinweise nennen, die ich im Zusammenhang mit pädagogisch orientiertem musikalischen Hörtraining einmal zusammenstellte (Schwabe 1989).
1. Höre das, was du hörst, und verlaß dich mehr auf das, was du hörst und weniger auf das, was andere sagen, was du hören solltest.
2. Das, was du hörst, soll zunächst richtiger sein, als das, was in dir als Reaktion auf das Gehörte ausgelöst wird. Zu schnelles Reagieren schränkt das Hören eher ein.
3. Spüre auch das, was durch das Hören in dir ausgelöst wird. Alles, was ausgelöst wird, kann interessant sein, deshalb wende dich dem zu, und nimm es auch wahr.
4. Versuche genauer zu erfassen, was in dir sofort, was später ausgelöst wird.
5. Bleibe möglichst Beobachter. Es gibt so vieles Interessantes zu beobachten in dir selbst, deinen Gedanken, Gefühlen, deinem Körper, aber auch in der Musik, deren Gestalt und Gestaltveränderung.
6. Spüre auch das, woran dich das Gehörte erinnert.

Diese Hinweise zielen auf das Mobilisieren der jeweils subjektiven Kräfte. Die zu hörende Musik wird durch die eigene innere Wahrnehmungsgestaltung gehört und nicht, wie so oft im musikpädagogischen Postulat als durch den Pädagogen vorgegebene Forderung, das und jenes, was „wichtig" sei, über das Hören dann ausschließlich nachzuvollziehen.

Diese hier formulierten Prinzipien decken sich völlig mit den Ausführungen von H.-J. Kaiser (1989), die Pütz in der schon genannten Arbeit „im Hinblick auf das Lernen von Musik" (ebenda) zusammenfassend formulierte, ebenso mit dem Prinzip von Guilford (1950) im Sinne eines divergenten Hörens.

Lassen Sie mich als nächstes einiges zu dem von mir gebrauchten Begriff des „Trainings" im Zusammenhang mit meinem Anliegen sagen. Dieser wurde mir - am Rande bemerkt - letztens im Zusammenhang mit einer Rezension über die Zweitauflage der Regulativen Musiktherapie von Volker Bolay (1988) wie überhaupt der Anspruch nach Systematik sehr übel genommen. (Wo bleibt denn da „der der Musiktherapie innewohnende Aspekt der Kreativität und des künstlerischen Gestaltens..?")

„Training" bzw. „Trainieren" wird von mir mehr im meditativen, weniger im leistungssportlichen Sinne verstanden und angewendet als „Einüben", Wiederholen von Handlung, wobei Handlung nicht im Sinne einer routinemäßigen Wiederholung von stereotypen Übungen, vielmehr als ein immer wieder neues, neue Entdeckungen ermöglichendes, wenn man so will, neu „kreativ" werdendes Prinzip zu verstehen ist. In diesen Zusammenhang spreche ich davon, daß der Lernende erst dann Regulatives Musiktraining verinnerlicht hat, wenn damit ein Bedürfnis, ja ein Ritual entwickelt wurde.

Vielleicht - und ich halte sehr viel von den Paradoxien, die insbesondere Watzlawick und Erickson so treffend beschrieben haben - ermöglicht gerade das „Genaue", das „Ständige", die Freisetzung von Einmaligem, von Neuentdeckung.

Vielleicht liegt, was diese Dinge betrifft, überhaupt das grundlegende Problem im Umgang mit Systematik, mit Prinzipien. Im Kern das Problem des Auseinanderfallens der Dinge: Bindung und Freiheit und damit die so oft gerade im Europäischen anzutreffenden Extreme - erst das Eine, dann weg damit und nun extrem das Andere...! Und dabei existiert das „Eine" ja eigentlich nur aus dem Komplementären des „Anderen".

Im Regulativen Musiktraining nun wird eine bestimmte Aufmerksamkeitshaltung trainiert, die sich auf drei Wahrnehmungsbereiche richten kann. Die Aufmerksamkeit soll dabei ohne Willensanstrengung zwischen der Wahrnehmung der zu hörenden Musik, der Wahrnehmung des eigenen Körpers sowie der Wahrnehmung der vorhandenen Gedanken, Gefühle, Stimmungen pendeln. Dieses Verhalten kann auch als ein beobachtendes Geschehenlassen verstanden werden, indem nicht gegen Wahrnehmungen, besonders die unangenehmen agiert wird, sondern diese durch beobachtendes Abstandnehmen, letztlich durch Akzeptieren ausklingen können.

Der psychotherapeutische Akzent liegt dabei im wesentlichen im Erlebnisbereich, der neurotisch eingeschränkt ist und durch neurotisch bedingte Abwehrmechanismen blockiert wird. Der therapeutische Prozeß setzt bei der bewußten Auseinandersetzung mit diesem Bereich ein.

Der psychoprophylaktische Akzent liegt im wesentlichen in der Mobilisierung solcher aktivierender, regulierender Erlebnisbereiche, die das Umgehenkönnen mit belastendem Erlebnisstoff aus der vor allem aktuellen Lebenssituation erleichtern kann.

Der pädagogische bzw. persönlichkeitsbildende Akzent liegt im wesentlichen in der Aktivierung emotionaler und geistiger Kräfte mit dem Ziel der Sensibilisierung für das Wechselspiel zwischen inneren und äußeren Kräften und deren Funktion für einen harmonischen Wachstumsprozeß der Persönlichkeit als emotional differenziert empfindendes und sozial verantwortlich handelndes Wesen.

Die zu hörende Musik gewinnt hierbei gleichsam stellvertretend als die mich umgebende Lebensrealität die Aufgabe, den Wahrnehmungsbereich über mein Subjekt hinaus herzustellen, mit dem ich als Individuum in Korrespondenz treten kann.

In diesem Zusammenhang ist Wahrnehmen als das aktive Sichverhalten gleichsam als ein Offenwerden und Interessenbereitsein zu verstehen. Das Lernen differenzierten Wahrnehmens bedeutet, die „subjektive Pforte" vom Selbst bzw. vom Subjekt zur mich objektiv umgebenden Realität, aber auch der Realität, die ich selbst bin, zu verbessern. Diese „Pforte" kann die Aufnahme und Verarbeitung von Realität über den Vorgang der Wahrnehmung einschränken, verfälschen, verzerren und (ein)färben. Insofern ist eingeschränkte Wahrnehmungsfähigkeit gleichzusetzen mit einer eingeschränkten Verarbeitung der objektiven Realität, der um mich herum und der, die mich als Subjekt betrifft. Und wir müssen konstatieren, Wahrnehmungseinschränkung erfolgt nicht nur im pathologischen Sinne und wird damit zum psychotherapeutischen Anliegen; nein, Wahrnehmungseinschränkung, -verfälschung, -verzerrung, -(ein)färbung ist ein zutiefst dem Menschen eigenes Problem, und wir gehen wohl recht in der Annahme, daß der Anspruch zur Persönlichkeitsbildung, den wir hier durchaus als eine mögliche Zielstellung formuliert haben, in der Fähigkeit zur Wahrnehmungsdifferenzierung und daraus resultierend im besseren, das bedeutet sinnvollerem Umgehenkönnen mit der inneren und äußeren Realität zu sehen ist.

Auch dann, wenn mein Thema „Regulatives Musiktraining *und* Körperwahrnehmung" heißt, mußte ich zunächst diesen Bogen spanen. „Körper" als Wahrnehmungsgegenstand ist inbegriffen in den gesamten Wahrnehmungsbereich, den ich hier versuchte, darzustellen.

Es ist vielleicht für diesen Interessentenkreis und an dieser Stelle nicht notwendig, Körperlichkeit und Körperfunktion als Substrat seelischer Prozesse, ja als Reagenz des Seelischen, mit diesem aufs engste verwoben, näher zu beschreiben. Vielleicht erfolgt dieses auch an anderer Stelle im Gesamt unserer Tagung.

Lassen sie mich nur in aller Kürze auf unsere Erfahrungen in diesem Zusammenhang im Rahmen der vertieften Psychotherapeutenausbildung mit Regulativer Musiktherapie verweisen. Hier wird immer wieder offenbar, wie eng Gefühle direkte Entsprechungen im körperlichen Bereich haben, bei subtilen Gefühlen, dem Individuum nicht selten gar nicht bewußt. Das Erlebbarmachen dieser subtilen seelischen Wechselwirkungen im Sinne einer konzentrierten Selbsterfahrung ist hier das zentrale Lernziel. Nicht selten erlebt der in diesem Lernprozeß Stehende zunächst und vordergründig auch nur eine Körperreaktion, und erst bei genauerer Wahrnehmung wird das damit in Verbindung stehende Gefühl deutlich.

Lassen Sie mich ein für mich ganz aktuelles Erlebnis einfügen: In den Ferientagen, in denen ich mich mit diesem Referat befasse, bemerke ich, daß ich morgens wie zerschlagen, mit wirren Träumen und undefinierbar üblen Gefühlen wie aus einem Tiefschlaf erwache. Zuerst kann ich mir diese Körpererlebnisse und Emotionen nicht erklären. Bis sich am Kaffeetisch im Gespräch mit meiner Frau die Dinge lüften. Es ist der verdrängte Ärger, das Ausgeliefertsein gegenüber „Mächtigen", die über mich bestimmen. Es ist die Ungewißheit, ob ich überhaupt zu dieser Tagung reisen darf. Es ist die Ohnmacht, kaum etwas gegen diese Bevormundung tun zu können. Es ist der Versuch, immer wieder Kräfte zu entwickeln, um doch das zu tun, was getan werden muß und das trotz des dummwütigen Widerstands, der so sinnlos ist, aber wirksam an einem, eben bis hinein in die Knochen, die früh schmerzen...

Und hier sehe ich auch den Zugang zu unserer Thematik. Regulatives Musiktraining bedeutet gleichermaßen Sensibilisierung der Sinne auf diese sich gegenseitig bedingenden Wechsel„spiele" zwischen Körperlichem und Seelischem.

Und - wir sind allzumal Didaktiker - hier befindet sich nun schließlich auch der Schlüssel, um Prozesse der Wechselwirkung zwischen Körperlichem und Seelischem im Zusammenhang der Wahrnehmung von Musik zusammenzuführen zu jener „Ganzheit", die Werner Pütz meint, wenn er die„Maximen der Schulwirklichkeit" unserer Tage analysiert (ebenda 1989), beklagend den Zustand des rationalen Übergewichts, der Spezialisierung der Einzeldisziplinen, das Auseinanderklaffen von eigentlich Zusammengehörigem und schließlich die Zwänge nach Informativem, wo Erleben eigentlich als Auszulösendes notwendiger wäre.

Die didaktische Aufbereitung des Gesagten aber kann nicht und soll nicht als „Anhängsel" hier geleistet werden. Dieses wäre ein zweites Thema, was bereits an anderer Stelle abgeleistet wurde (siehe Literatur). So möchte ich meine Ausführungen beenden mit einem Zitat des von mir sehr verehrten und geliebten Schriftstellers Erwin Strittmatter, welches aus seinem Buch „Selbstermunterung" stammt und welches er mir gestattete, an den Anfang der Veröffentlichung „Regulatives Musiktraining" zu stellen:

Ich saß im Schnellzug, der raste durch die Stationen,
und ich konnte die Namen der Stationen nicht lesen
und wußte die meiste Zeit nicht, in welcher Gegend
zwischen Abfahrtstation und Ankunftstation ich mich befand.
Gib acht, mußte ich denken, daß du nicht
auch so durch dein Leben fährst!

Literatur

Bolay, V.: Rezension zur „Regulativen Musiktherapie 2. Aufl.". Die Rehabilitation 4/27 (1988): 227.

Caesar, S.-G.: Über Kreativitätsforschung. Psychol. Rundschau, Bd. XXXII/2, (1981): 83-102.

Guilford, J.P.: Creativity. American Psychologist, (1950): 444-454. Deutsch: Kreativität. In: G. Mühle und C. Schell (Hrsg.): Kreativität in der Schule. München: Piper (1970) zit. n. Caesar.

Kaiser, H.J.: Zur Konstitution des ästhetischen Objekts - Annäherungen an einen musikbezogenen Erkenntnis-/Lernbegriff. In: Ch. Nauck-Börner (Hrsg.): Musikpädagogik zwischen Tradition und Medienzukunft. Musikpädagogische Forschung Bd. 9 (1989) zit. n. Pütz 1989.

Pütz, W.: Auf der Suche nach der verlorenen Ganzheit. Z.f.M.P. (1989): 20-25.

Schwabe, C.: Aktive Gruppenmusiktherapie für erwachsene Patienten. Georg Thieme Leipzig, Gustav Fischer Stuttgart, New York 1983.

Schwabe, C.: Regulative Musiktherapie 1 .Aufl. Gustav Fischer Jena, Stuttgart, New York 1979 , 2. überarbeitete Aufl. Georg Thieme Leipzig, Gustav Fischer Stuttgart, New York 1987.

Schwabe, C.: Regulatives Musiktraining, Georg Thieme Leipzig 1984, 2.Aufl. 1987.
Schwabe, C.: Musikalische Elementarerziehung - Definition, Anliegen, didaktische Grundsätze und Übungsvorschläge. In: Zu einigen Möglichkeiten und Formen Musikalischer Gruppenausbildung (Hrsg. Ministerium für Kultur der DDR), Berlin (1988): 25-42.
Schwabe, C.: Musikalische Elementarerziehung - ein altes, neues Konzept. In: Musik und Gesellschaft, Berlin Bd. 9 (1989).

Dr. sc. phil. Christoph Schwabe
Alte Schmiede
DDR-7421 Vollmersheim Nr. 32

Erfahrung durch die Sinne und Sinnerfahrung. Perspektiven für den Umgang mit Musik

WERNER PÜTZ

I. Einleitung

Meine musikpädagogische Arbeit an der Universität, verschiedenen Schulformen und mit musikalischen Laien konfrontiert mich immer wieder mit zwei grundlegend unterschiedlichen Umgangsweisen mit Musik: ich meine einerseits die sachorientierte Behandlung, die Musik in der professionellen Ausbildung von Musikern und Musikpädagogen erfährt und andererseits ihre subjektive Aneignung, wie sie im alltäglichen Leben vor allem Laien pflegen.

In unseren pädagogischen Institutionen wird Musik zuerst als eine Sache gelernt. Losgelöst aus dem Kontext der lebendigen Erfahrung wird Musik zu einem Gegenstand, den es zu lernen, zu analysieren gilt und an dem es etwas zu erkennen gibt. Unter dem Diktat von Objektivität, Meßbarkeit und Vergleichbarkeit von Leistungen gerät Musik als ein Medium der Sinnerfahrung mittels der Sinne fast gänzlich aus dem Blickfeld. Musizieren und Musik hören als den ganzen Menschen betreffende Sinnesschulung finden nur sehr äußerlich oder überhaupt nicht statt. Auf der anderen Seite benutzen viele Menschen Musik in ihrem privaten Alltag, unbeschadet von ihrer schulischen Ausbildung, im Sinne des Wortes als ein Lebens-Mittel, nämlich zur Entspannung, Selbstverwirklichung und Sinnfindung oder auch ganz einfach als Trost- und Freudenspender. Dabei spielt das, was die Essenz unserer Lehrpläne, Prüfungsordnungen und Studienordnungen ausmacht, keine oder nur eine untergeordnete Rolle. Ganz im Gegenteil wird die „Durchnahme" der Musik im Musikunterricht als nicht hilfreich, sondern eher als behindernd beschrieben - so jedenfalls die überwiegende Meinung von Teilnehmern mehrerer an der Volkshochschule Essen durchgeführter Kurse zum Thema „Musik hören, erleben und verstehen".

Was Musik ihnen bedeutet und gibt, ist für sie weniger an dieser selbst festzumachen als vielmehr an den durch sie ausgelösten subjektiven Empfindungs- und Erlebnisprozessen. Die freilich sind naturgemäß nur schwer auf den schulisches Lernen beherrschenden Begriff zu bringen und sperren sich einer unmittelbaren intersubjektiven Vermittlung.

Die Diskrepanz zwischen dem Erklären der Musik, als sei sie ein Gegenstand und dem Erleben von Musik als einem Teil von uns selbst, ist in den letzten Jahren in der Literatur wiederholt angesprochen worden. Vor allem Christian G. Allesch hat immer wieder unter Hinweis auf zahlreiche Beispiele aus der Geschichte der psychologischen Ästhetik auf die Notwendigkeit hingewiesen, den Prozeß des Erlebens und der Sinnfindung durch die Sinne in die Diskussion der Wirkung des Ästhetischen mit einzubeziehen. Christoph Schwabes Konzept des in diesem Band vorgestellten Regulativen Musiktrainings ist ein praktischer Beitrag zur Nutzung von Musik in dieser Absicht.

Ich möchte heute einige Zeugnisse von sog. musikalischen Laien und Fachleuten vorstellen, die für einen sinnerfüllten und subjektorientierten Umgang mit Musik stehen, und auf dem Hintergrund der Erfahrung durch die Sinne reflektieren. Mich interessiert dabei besonders, herauszufinden, was in den Musikhörern konkret abläuft und was daraus möglicherweise für die musikpädagogische Praxis gefolgert werden kann.

II.   Über einige subjektgeleitete Arten, Musik zu hören

1.   Henry David Thoreau oder Die Musik der Natur - eine Schwingung der großen Lyra des Alls

Ich beginne mit einem Text des amerikanischen Existentialisten und Anarchisten Henry David Thoreau, dessen Denken die Lebensphilosophie und Musik von Charles Ives und John Cage maßgebend prägt. Es ist die Beschreibung einer Art Naturkonzert und entstand in der Mitte des vorigen Jahrhunderts während eines über zweijährigen Aufenthaltes Thoreaus als Einsiedler in der Wildnis der Wälder von Massachusetts.

> Manchmal, am Sonntag, hörte ich die Glocken: die Glocke von Lincoln, Acton, Bedford oder Concord, wenn der Wind günstig stand - eine leise, liebliche und gleichsam natürliche Melodie, die es verdiente, in die Wildnis importiert zu werden. Bei genügend Abstand über die Wälder hin bekommt dieser Klang ein vibrierendes Summen, wie wenn die Kiefernnadeln am Horizont die Saiten einer Harfe wären, auf der er spielte. Jeder Klang bringt, hört man ihn aus der größtmöglichen Entfernung, ein und dieselbe Wirkung hervor: eine Schwingung der großen Lyra des Alls - gerade so, wie der Dunstkreis, der zwischen uns und einer fernen Hügelkette

liegt, sie durch den bläulichen Farbton, den er ihr mitteilt, für unsere Augen interessant macht. In diesem Falle kam eine Melodie zu mir, die die Luft gefiltert hatte, die Umgang hatte mit jedem Blatt und jeder Nadel des Waldes, derjenige Anteil des Klanges, den die Elemente aufgenommen, moduliert und von Tal zu Tal zu Tal zurückgeworfen hatten. Das Echo ist bis zu einem gewissen Grade ein ursprünglicher Klang, und darin liegt sein Zauber und sein Reiz. Es ist nicht bloß eine Wiederholung dessen, was an dem Glockenklang wiederholenswert war, sondern zu einem Teil die Stimme des Waldes: dieselben belanglosen Worte und Noten, aber gesungen von einer Waldnymphe.

Des Abends klang das ferne Muhen einer Kuh am Horizont jenseits der Wälder süß und melodisch, und zuerst verwechselte ich es immer mit den Stimmen von ein paar Spielleuten, die mir manchmal ein Ständchen brachten und jetzt wohl über Berg und Tal streifen mochten. Doch es war mir nicht unangenehm, alsbald enttäuscht zu werden, wenn es sich in die kostenlose und natürliche Musik der Kuh verlängerte. Nicht um mich lustig zu machen, sondern um auszudrücken, wie sehr ich den Gesang der jungen Leute schätzte, stellte ich fest, daß ich zwischen ihm und der Musik der Kuh eine entschiedene Ähnlichkeit wahrnahm: beides war letztlich eine einzige Äußerung der Natur. (Thoreau, zit. nach Zimmermann, 1987, 44)

Bemerkenswert an diesem Text finde ich die Selbstverständlichkeit und Mühelosigkeit, mit der Thoreau den Klang der Glocken, die eigentlich nur die Funktion haben, zum Gottesdienst zu rufen und den Sonntag einzuläuten, zu Musik werden läßt und wie er diese gleichsam von ihm geschaffene Musik in das Gesamttableau der Szene einbettet, in seine ganze Wahrnehmung mit allen Sinnen und mit Denken und Fühlen in sein Leben integriert.

Er hört die Glocken als „eine leise liebliche und gleichsam natürliche Melodie ...". In ihr klingen nicht nur die Glocken, sondern die ganze Natur: „eine Melodie ..., die die Luft gefiltert hatte, die Umgang hatte mit jedem Blatt und jeder Nadel des Waldes, derjenige Anteil des Klanges, den die Elemente aufgenommen, moduliert und von Tal zu Tal zurückgeworfen hatten."

Dies entspricht zwar auch der akustischen Realität - jeder Klang wird vom Raum, in dem er erklingt, mitgeprägt - für Thoreau jedoch bedeutet dieser banale physikalische Vorgang der Resonanz weit mehr: Er wird zur Stimme des Waldes: „„...gesungen von einer Waldnymphe", bekommt „ein vibrierendes Summen, wie wenn die Kierfernnadeln am Horizont die Saiten einer Harfe wären, auf der er spielte ... und jeder Klang bringt ein und dieselbe Wirkung hervor: eine Schwingung der großen Lyra des Alls..."

Thoreau schafft eigenschöpferisch aus den ihn umgebenden Klängen seine Musik. Sie entsteht als ein Zusammenspiel der eigentlichen Klangquelle, der Glocke, seiner Wahrnehmung und Vorstellungskraft und der von ihm beseelten Natur. Im zweiten Teil des Zitats wird sogar die Trennung zwischen der Naturmusik der Tiere und dem musikalischen Ständchen der Spielleute aufgehoben. Er erlebt diese „Allklangsmusik" als eine Manifestation der Schöpfung. Der Glockenklang wird zum erlebten Symbol von Thoreaus Erfahrung des Einsseins mit der Welt, und er erhält eine subjektive Bedeutung, die weit über seine Anzeichenfunktion, nämlich des Gottesdienstes, hinausgeht.

2. *Musik hören - sich gestaltend einfühlen und nachempfindend erleben*

Um dem Charakter der Wahrnehmung, die Thoreaus Erleben seiner natürlichen Klangkulisse am Rande der Zivilisation prägt, näher zu kommen, nun einige Kommentare und Texte zu einem Beispiel sog. Kunstmusik, die aus der Arbeit mit musikalischen Laien und Studenten der Musikpädagogik an dem bekannten „Bruder-Martin-Satz" aus Gustav Mahlers erster Sinfonie entstanden.

So was habe ich noch nicht erlebt. Ich fühle mich von Kopf bis Fuß angesprochen. Nicht nur ganzheitlich, sondern differenziert-ganzheitlich.
Ich hörte die Musik und bin mit feierlich gemessenen Schritten mitgeschritten. Ich war im schwarzen Anzug wie die Juden in Arosa. Es war ein schwerer Trauergesang, Friedhofsgesang.
Ich war voll seelisch angesprochen, erlebte zugleich Trauer und Freude. Nicht nebeneinander gespalten, wie Pole manchmal auseinanderfallen, sondern integriert, aber nicht symbiotisch. Differenziert und zugleich integriert. Zum ersten Mal erlebte ich lebendiges Leben und Sterben. Also ein Leben, das den Tod nicht ausklammert.

Die Zitate stammen von einem Psychologen und Therapeuten, der hin und wieder Barockmusik hört, aber weder über musiktheoretische Kenntnisse verfügt noch Noten kennt. Für ihn steht die Erfahrung der Gleichzeitigkeit von Ganzheit und Differenziertheit, die untrennbare Zusammengehörigkeit von im normalem Leben oft getrennten Gegensätzen wie Trauer und Freude, Leben und Tod im Vordergrund seiner Erfahrung. Er hört den Trauermarsch nicht nur, sondern er ist „mit feierlich gemessenen Schritten mitgeschritten... war im schwarzen Anzug wie die Juden in Arosa." D.h.: er hat die Musik, ihre Bewegung in seiner Vorstellung innersensorisch mitvollzogen, war (auch) ein Teil von ihr. Dies unterstreicht auch eine weitere Äußerung zum Charakter seines Umgangs mit Musik:

„Ich nehme die Musik in mich hinein und sehe, was sie mit mir macht. Ich sehe nicht auf die Musik." (Letzeres mit Blick auf die die Musik analytisch beschreibenden Studenten der Musikpädagogik).

Das Vokabular verrät den Fachmann für ganzheitliches Erleben, ein klassisches Beispiel dafür, wie die eigene intellektuelle und psychische Disposition sowie alle unsere Vorerfahrungen unsere Wahrnehmung mitgestalten. In dieser ersten, spürbar von der Intensität des Erlebnisses geprägten und spontanen Äußerung wird seine ganzheitliche Erfahrung noch nicht konkret beschrieben. Dies geschieht erst allmählich im Verlauf der weiteren verbalen Aufarbeitung, die freilich Erfahrungen zutage fördert, die das, was eine traditionelle am Werk orientierte Interpretation und Mahlers weiter unten angeführten Äußerungen zu diesem Satz herausstellen, teilweise mit einschließen.

Die beiden hier ausschnittsweise wiedergegebenen Texte zum ersten Teil des Satzes drücken das Erleben der Musik in einer poetischen Form aus:

„Plötzlich waren sie wieder da.
Wie eine lange, graue
Schlange schritten
die Unglücksboten voran,
gemessen.
Warte nur, warte,
keiner kann entrinnen,
wir kommen, wir kommen,
langsam, keine Eile, Flucht
ist sinnlos,
wie das Wasser,
ruhige, stille Macht..."

„Überdimensionale Körper
große brennende Augen in die Welt
voller trockener Tränen, stummer Schreie
wachsend ins Unermeßliche
mitschwingend, der Traurigkeit zu trotzen.

The goddess is back
Voller Schmerz und Zuversicht."

Beide Texte erklären die Musik nicht, sondern gestalten das Erleben der Musik. Im ersten Text wird eine Szene mit herankommenden Unglücksboten, also eine Art Programm zur Musik entfaltet. Doch hat das, was der Text über die Musik und die Verfasserin mitteilt, nur äußerlich etwas mit diesem Programm zu tun. Entscheidender als der Inhalt, der Zug der Unglücksboten, ist die Gestaltung der Stimmung, des Gefühls, die die Musik in der Schreiberin auslösen. Für die von ihr empfundene Bedrohung findet sie sinnhaltige Bilder und Gestaltungsformen:

„Plötzlich waren sie wieder da..." - „lange, graue Schlange..." - „Wasser, ruhige, stille Macht". Eindrückliche Wiederholungen wie: „warte nur, warte" - „wir kommen, wir kommen."

Der zweite Text, die poetischste Anverwandlung der Musik, ist eine assoziative Folge sinnträchtiger Bilder voller Paradoxa, deren konkrete Körperlichkeit mir besonders auffällt, die für sich sprechen und einer weiteren Interpretation nicht bedürfen:

„Überdimensionale Körper" - „trockene Tränen" - „stumme Schreie" - „wachsend ins Unermeßliche mitschwingend"

Es lohnt, sich in die einzelnen Bilder, ihre emotionale Ausstrahlung und untergründigen Bedeutungen mit seinem ganzen Körper einzufühlen - nicht: sie zu denken -, den Zug der Unglücksboten auch szenisch nachzugestalten, selbst zum stummen Schrei zu werden, ins Unermeßliche zu wachsen, um über das Erleben des Textes auch die Musik wieder neu zu erfahren. (Diese gestaltende Form der Auseinandersetzung mit Musik erinnert mich an John Cages Vorstellung, die einzige für ihn geltende Art der Kritik an einem Musikstück sei, mit einem eigenen zu antworten. (Kostelanetz, 1973, 59))

Zusammenfassend möchte ich die folgenden Gemeinsamkeiten herausstellen, die für die beschriebene Art des Umgangs mit Musik charakteristisch sind:

Alle Hörer suchen und finden einen individuellen Sinn in dem, was sie hören. Der Akt der Wahrnehmung sowie die daraus erwachsenden Kommentare und Gestaltungen erweisen sich als höchst schöpferische Anverwandlungen des Gehörten. Sie erschöpfen sich nicht in der Aufnahme und Verarbeitung von äußeren Sinnesreizen, sondern stellen ein komplexes Zusammenspiel von aufeinander bezogenen subjektiven und objektiven Strukturen dar. Der hier geübte Umgang mit Musik ist ein ganzheitlicher Prozeß, in den der ganze Mensch mit all' seinen Sinnen, mit Fühlen und Denken, Reflektieren und Handeln involviert ist. M.a.W.: nicht das Ohr hört, das Auge sieht, sondern der ganze Mensch. Auffallend, besonders bei Thoreau und den Äußerungen des Therapeuten, die Erfahrung der Verbundenheit mit den Naturklängen bzw. der Musik: In-Beziehungsein als eine grundlegende Erfahrung der Wahrnehmung durch die Sinne. Wer nach einer weiterführenden Begründung für einen derartigen Umgang zumindest mit Mahlers Musik sucht, kann leicht fündig werden: bei Mahler selbst und - was mich besonders überraschte - bei Arnold Schönberg, der ja mit seiner Harmonielehre statt einer schlechten Ästhetik eine solide Handwerkslehre liefern wollte und wie kein anderer das Handwerk des Analysierens beherrschte.

3. Gustav Mahler - Von der „Stimmung" zur „Idee"

Es ist allgemein bekannt, daß Mahler zum „Bruder-Martin-Satz" seiner ersten Sinfonie durch ein parodistisches Kinderbild, „Des Jägers Leichenbegräbnis", angeregt wurde. (s. dazu Eggebrecht, 1986, 16) Auch schwebte ihm, wie er im November 1900 gegenüber Natalie Bauer-Lechner äußerte, so etwas wie ein Leichenzug vor, der an einem Helden vorbeizieht und ihn „das ganze Elend", den ganzen „Jammer der Welt mit ihren schneidenden Kontrasten und der gräßlichen Ironie" erleben läßt. (Bauer-Lechner, in Killian, 1984, 174) Es geht Mahler jedoch nicht um dieses Programm, das für ihn nur äußerlich ist, sondern um das dadurch bei ihm und durch seine Musik bei den Hörern ausgelöste Erleben.

> „An dieser Stelle ist es aber irrelevant, *was* (Hervorhebung von mir) dargestellt wird - es kommt nur auf die *Stimmung* (Hervorhebung im Original) an, welche zum Ausdruck gebracht werden soll." (Mahler 1982, 147)

Und weiter heißt es in einem anderen Brief, daß Mahler zwar bei verschiedenen Teilen einen realen Vorgang sich dramatisch abspielen sah, jedoch durchaus nicht verlangte, daß jeder ihm darin folgen sollte, sondern die Auffassung der Details gerne der individuellen Anschauungskraft des einzelnen überließ. (Mahler 1982, 141)

Hans Heinrich Eggebrecht faßt Mahlers Kompositionsphilosophie folgendermaßen zusammen:

> „Worauf es ihm von Anbeginn seines kompositorischen Schaffens und so auch hier einzig und allein ankam, war das rein als Musik Mitteilbare, das er im Brief vom 20. März 1896 'Stimmung' nennt und an anderen Stellen... besser als 'Empfindung', 'Gefühlsgang' und noch besser als 'Bedeutung', 'Intention', 'Konzeption', 'gedankliche Basis des Werkes', 'Idee' umschreibt

und das ich den intendierten Gehalt nenne, der als solcher zwar als Musik erscheint und gleichwohl begrifflich ansprechbar ist." (Eggebrecht, 16)

Die auch begrifflich benennbare Idee des Satzes ist, wie Eggebrecht unter Bezug auf Mahler herausstellt, Heuchelei und Ekel, der ganze Jammer, die ganze Rohheit, Lustigkeit und Banalität der Welt auf der einen Seite und das Beschwören einer anderen, von der Realität unberührten Naturwelt (Eggebrecht, 17), das „Versinken in die schmerzlich beglückte Traumstimmung" auf der anderen. (Bekker, 1969, 53)

Zur hier nur verkürzt wiedergegebenen Idee des Werkes finden sich konkrete Entsprechungen in der Musik, die an der Partitur nachvollzogen werden können. Sie lassen sich festmachen an dem, was Eggebrecht als „musikalische Vokabeln" bezeichnet, „musikalische Gebilde innerhalb der komponierten Musik, die an vorkompositorisch geformte Materialien anküpfen." (Eggebrecht, 67) Es sind dies tradierte musikalische Gestalten, Wendungen, die sich im Laufe der Musikgeschichte voller - insbesondere konnotativer - Bedeutungen gesogen haben und emotionale und assoziative Bedeutungshöfe mit sich führen. Dazu zählen:

die Quarten der gedämpften Pauken im langsamen Marschrhythmus;
die nach Moll verfremdete Kinderliedmelodie des Bruder-Martin-Kanons;
insgesamt das Wechselspiel mit Dur und Moll;
die gequält in extrem hoher Lage spielenden Baßinstrumente Solo-Kontrabaß, Celli (jeweils mit Dämpfer) und Fagott;
die in hoher Lage plärrend einfallende Oboe;
die „mit Parodie" zu spielende Tanzbodenweise in den Holzbläsern u.ä.

Alle diese Mittel tragen dazu bei, die von Mahler beabsichtigte Wirkung des Befremdend-Unheimlichen und Gepreßt-Gewaltsamen entstehen zu lassen. (Vgl. dazu Bauer-Lechner, 175f.)

Diese kulturell vermittelten, teilweise auch evolutionär begründeten Symbole in der Musik sind freilich nur Angebote an den Hörer, sie mit seiner Lebensgeschichte zu konfrontieren. Was sich im Verlauf der Geschichte sedimentiert hat, zu festen Gestalten, Klischees geworden ist, muß, um für den einzelnen seine Lebenskraft entfalten zu können, gleichsam wieder aufgelöst, verflüssigt werden, um in die eigene subjektive Lebenswirklichkeit eingehen zu können. In der Terminologie C.G. Jungs wären die im Werk liegenden Symbole die allen gemeinsamen, kollektiven Themen, die daraus von jedem immer wieder neu geformten individuellen Symbolisierungen deren Variationen. Es geht also nicht vornehmlich darum, Mahler zu verstehen, sondern durch die Musik Mahlers hindurch, eine Art geronnenen Lebensprozeß, *empfindend, nacherlebend* und *nachgestaltend,* die eigene Erfahrungswelt zu erweitern und sich verstehen zu lernen.

4. *Arnold Schönberg - Fühlen, Empfinden und Spüren statt „Verstehen"*

Genau dies meint Schönberg, wenn er zu Mahlers Musik an den Komponisten schreibt:

> „Verehrter Herr Direktor, um dem unerhörten Eindruck, den mir Ihre Symphonie gemacht hat einigermaßen beizukommen, darf ich nicht wie der Musikant zu Musikanten, sondern ich muß wie der Mensch zum Menschen reden. Denn: ich habe Ihre Seele gesehen, nackt, splitternackt. Sie lag vor mir wie eine wilde, geheimnisvolle Landschaft mit ihren grauenerregenden Untiefen und Schluchten und daneben heitere, anmutige Sommerwiesen, idyllische Ruheplätze. Ich empfand sie wie ein Naturereignis mit seinem Schrecken und Unheil und seinem verklärenden, beruhigenden Regenbogen. Was verschlägt es da, daß, als man mir nachher ihr 'Programm' sagte, dieses zu meinem Empfinden wenig zu passen schien. Kommt es darauf an, ob ich ein guter oder schlechter Zeichendeuter bin der Empfindung, die ein Erlebnis in mir auslöst? Muß ich richtig *verstehen*, wo ich erlebt, empfunden habe? Und ich glaube, ich habe ihre Symphonie empfunden. Ich *fühlte* das Kämpfen um die Illusionen; ich *empfand* den Schmerz des Desillusionierten... ich *spürte* einen Menschen, ein Drama, Wahrheit, rücksichtsloseste Wahrheit." (Hervorhebungen von mir. G. Mahler in A. Mahler, 1949, 335)

Schönbergs sichtlich unter dem Eindruck eines existentiellen Erlebnisses entstandene Mahlerdeutung rührt an ein Tabu aller, die Musik berufsmäßig mit Worten zu erklären versuchen. Offensichtlich ist ihm das richtige Verstehen, im Sinne eines kognitiven Erkennens des Werkes, nicht wichtig, entscheidend vielmehr ist für ihn, zu erleben, zu empfinden und zu fühlen: einen Menschen, ein Drama, rücksichtsloseste Wahrheit zu spüren.

Was macht nun die besondere Qualität der Beziehung zur Musik aus, wie sie in den zitierten Beispielen anklingt? Welche psychischen und physischen Prozesse laufen in den Hörern ab? Welche Rolle spielen dabei der Körper und die Sinne? Handelt es sich um ein Hören in Ausnahmesituationen? Schließlich: Welchen Stellenwert haben die vorgestellten Umgangsweisen mit Musik im Musikunterricht und in der Musiklehrerausbildung?

III. Einige Reflexionen aus rezeptionspsychologischer Sicht

Bereits ein flüchtiger Blick in die wissenschaftliche Literatur zur musikalischen Rezeption belehrt uns, daß es sich bei den behandelten Beispielen keineswegs um Ausnahmen handelt. Im Gegenteil: Selbst Musikstudenten bekennen, daß beim Musikhören körperliche Empfindungen an erster, Gefühle an zweiter und kognitive Momente, die im Zentrum ihrer Ausbildung stehen, erst an letzter Stelle ihrer Werteskala rangieren. (Schneider, 1989) Sie bestätigen damit Erkenntnisse der musikalischen Rezeptionsforschung, nach denen der auditive, auf's Strukturelle gerichtete Wahrnehmungstyp eher als Ausnahme anzusehen ist. Danach sind der motorische Hörer, der Musik insbesondere über die in ihr enthaltenen Bewegungsenergien sich „einverleibt" und der visuell-imaginative Hörer, der bildhafte Assoziationen und Vorstellungen mit der Musik verbindet, der Regelfall. (Rösing, 1981, 258 ff.)

Mein Plädoyer für eine Ergänzung der analyse- und werkorientierten Unterrichtsmethoden durch eine stärkere Berücksichtigung der nicht- bzw. vorbegrifflichen Anteile der Rezeption läßt sich freilich noch weitergehend begründen.

1. Sprache als Medium der Interpretation von Musik

Die von H. Heinrich Eggebrecht ermittelte Begriffsreihe zu Mahlers Musikverständnis erscheint mir wie eine fortschreitende Entwicklung: An ihrem Anfang steht eine vage, unbestimmte „Stimmung", aus der heraus nach und nach die Umrisse der „Bedeutung" sich herausbilden, bis schließlich am Ende die „Idee" des Werkes erscheint, die zwar mit Worten angesprochen, aber nicht in ihrer eigentlich musikalischen Substanz erfaßt werden kann. Dieser Vorgang des Erkennens, genauer des Gewahrwerdens einer existentiellen Erfahrung, aus einem zunächst unbestimmten, oft auch körperlich spürbaren Empfinden begegnet auch in der Therapie. Nach Erich Fromm ist es „für jede wahre Einsicht charakteristisch, daß man sie gedanklich nicht formulieren kann ... Sie beginnt nicht in unserem Gehirn, sondern, um ein japanisches Bild zu verwenden, in unserem Bauch." (Fromm, 1974[4], 168f.)

Eine derartige Vorstellung freilich steht quer zu einer Pädagogik, die einseitig begriffliches Denken und sprachliches Begreifen favorisiert. Mit Sprache jedoch, zumindest der präzisen Sprache der Begriffe, ist der Substanz sinnlichen Wahrnehmens und ästhetisch Gestaltetem nur peripher beizukommen. Sprache als

Agens, des abstrakten Denkens nämlich, birgt bei allen Vorteilen, die sie der Spezies Mensch vor den anderen Lebewesen gebracht hat, auch die Gefahr, sein Denken und seine Vorstellungskraft von seinen Sinnen und Gefühlen und damit auch von der Wirklichkeit zu entfremden. Nach Moshé Feldenkrais dörrt ein Denken, das vom übrigen Menschen getrennt ist und „nicht von Zeit zu Zeit seine Nahrung aus tieferliegenden Quellen schöpft", aus und „wird zum Wörterfabrikat ohne menschlichen Inhalt." (Feldenkrais, 1978, 80 f.)

Fachsprachen - und da macht das Vokabular der Musikwissenschaft und -pädagogik keine Ausnahme - sind sehr oft von genau dieser Machart. Musikalische Formschemata ebenso wie harmonische Verlaufsskizzen sind vom konkreten Einzelfall abstrahiert, sie zielen auf Eindeutigkeit und allgemeine Gesetzmäßigkeiten, in der Regel ist ihnen alles Individuelle ausgetrieben. Es ist vornehmlich ein Denken in vorgegebenen Kategorien.

Demgegenüber plädiert Feldenkrais dafür, „in Empfindungen, in Bildern von Beziehungen und Konfigurationen zu denken, die von der Bestimmtheit der Wörter und der Konventionen hinsichtlich ihres Gebrauchs gelöst sind ..." Dann nämlich, so Feldenkrais, „kann man in sich ungeahnte Möglichkeiten entdecken: die Fähigkeit, neue Muster, neue Verhaltens- und Verfahrensweisen zu bilden und solche Beziehungsmuster oder Konfigurationen von einer Disziplin auf andere übertragen. Kurz, dann denken wir ursprünglich und bahnen uns in die schon bekannte Richtung einen neuen, anderen Weg." (Feldenkrais, 1985^2, 65)

2. *Musikhören als Symbolisierungsprozeß*

Susanne K. Langer sieht in diesem Vermögen des vorbegrifflichen Symbolisierens, das sie zu den Grundbedürfnissen des Menschen wie „Essen, Schauen oder Sichbewegen" zählt, den Ausgangspunkt allen Verstehens (Langer, 1984, 49). Es gründet auf der Fähigkeit unserer frühen Kindheit, auf synästhetischer Grundlage zwischen Sinnesempfindungen Assoziationen zu knüpfen und eigene Gefühle in Gegenstände der äußeren Welt zu projizieren, ein Vermögen, das mit der zunehmenden Entwicklung des rationalen Denkens abnimmt. (ebd., 126) Diese Art der Weltaneignung, des sog. präsentativen Symbolisierens, hat nach Langer nachahmende, vergegenwärtigende Qualitäten, es macht das Wahrgenommene ganzheitlich präsent in all' seinen Dimensionen, d.h. auch mit seinen Widersprüchen, die nicht aufgelöst oder erklärt, sondern erlebbar und erfahrbar werden. Es zielt auf Individualisierung und ist stark von persönlich-biographischen Zügen durchsetzt und widersetzt sich so auch systematisierenden und kategorisierenden Ordnungskriterien.

Da musikalische Kategorien wie Ruhe - Bewegung, Spannung - Entspannung, Übereinstimmung - Unstimmigkeit, Vorbereitung, Erfüllung, Erregung u.ä. innerkörperlichen und innerpsychischen Bewegungsmustern nahestehen, lädt Musik möglicherweise besonders zum symbolischen Belegen mit eigenen Projektionen ein. (ebd. 225) Dazu zusammenfassend Susanne K. Langer:

> „Die Sinnbeilegung ist ein immer wechselndes, kaleidoskopisches Spiel, das vermutlich unterhalb der Bewußtseinsschwelle, sicherlich außerhalb der diskursiven Vernunft vonstatten geht. Die der Musik respondierende Imagination ist persönlich, assoziativ und logisch, gefärbt mit Affekten, durchdrungen vom Rhythmus des Körpers und von Träumen; aber für die Fülle ihres wortlosen Wissens um emotionale und organische Erfahrung, Lebensimpulse, Gleichgewicht und Widerstreit, um das Wie des Lebens, Sterbens und Fühlens steht ihr eine Fülle möglicher Formen zu Gebote ... so besteht die bleibende Wirkung der Musik darin, daß Dinge begreifbar, nicht daß Aussagen gespeichert werden." (ebd., 239)

IV.   Perspektiven für die musikpädagogische Praxis

Die beschriebenen Prozesse, die nach Susanne K. Langer in der menschlichen Natur gründen, dürften somit *eine* Ursache für das große Bedürfnis vieler Menschen sein, Musik mit Körpergefühlen, Bildern und Assoziationen zu verbinden. Musiker und Musikpädagogen allerdings deuten diese verbreitetste Form des Umgangs mit Musik oft als ein Fehlverhalten den Klängen der absoluten Musik gegenüber und wollen es allenfalls als eine Vorstufe des richtigen Hörens gelten lassen.

Nun weist in der Tat das, was Hörer von ihren musikalischen Erlebnissen verbalisieren, sehr oft auf ein klischeehaftes Verstehen der Musik hin. Ich bin jedoch nach meinen Erfahrungen nicht sicher, ob diese formelhaften Äußerungen das wirklich Erfahrene überhaupt wiedergeben. Vielmehr vermute ich, daß die geäußerten Klischees sich zum innerlich Erlebten wie das Etikett einer Weinflasche zu ihrem Inhalt verhalten: Es gibt uns Auskunft über den Jahrgang, die Lage, Qualitätsstufe und Geschmacksrichtung - was wirklich drinsteckt, erfahren wir erst, wenn wir die Flasche öffnen und ihren Inhalt kosten. Außerdem muß ein in vorgeprägten Mustern befangenes Hören nicht dabei stehen bleiben - Klischees können auch aufgelöst, differenziert und auf den persönlichen Erlebnishintergrund hin geöffnet werden.

Genau dies intendierte die Arbeit mit Mahlers Musik, die über die verbalen Äußerungen und Gestaltungen hinaus Reflexionen über die Natur und Inhalte des Erlebten, persönliche und allgemeine Hintergründe musikalischer Rezeption sowie deren Beziehungen zur kompositorischen Struktur und zu den gesellschaftlichen wie biographischen Hintergründen der Musik mit einschlossen. Musikalische Formschemata und Strukturanalysen sowie historische und soziologische Informationen zur Musik werden also nicht überflüssig. Sie werden freilich nur dann sinnträchtig, wenn sie in der beschriebenen Weise mit Leben erfüllt werden bzw. die Verbindung zur persönlichen symbolischen Bedeutung, zur konkreten und aktuellen, emotionalen und leiblichen Gegenwart der Musik nicht verlieren. Nimmt man diesen Zugang zur Musik als *eine* Möglichkeit musikerzieherischer Arbeit ernst, so heißt das, unsere analyse- und werkorientierten Unterrichtsmethoden durch entsprechende Verfahren zu ergänzen.

Dem stehen allerdings drei Schwierigkeiten entgegen:
1. Hemmnisse, die ihre Ursache in der spezifischen Sozialisation und dominierend sachorientierten, leibfernen Ausbildung von Musikern und Musikpädagogen haben.
2. Die äußeren Rahmenbedingungen unserer Ausbildungsstätten. Dazu zähle ich - besonders ausgeprägt in der allgemeinbildenden Schule - die Fixierung auf Sachlernen, den weitgehend unreflektierten Leistungsdruck, bürokratische Zwänge und soziale Probleme.
3. Eine Musikwissenschaft, die Interpretation vornehmlich am musikalischen Objekt, worunter häufig der abstrakte Notentext verstanden wird, und ohne ausreichende Berücksichtigung der Subjekt-Seite betreibt und immer noch analytisch-strukturelle Verfahren vor inhaltlich-semantischen favorisiert.

Alle drei Punkte verlangen eine umfassende und sorgfältige Reflexion, die den Rahmen dieser Studie sprengen würde. So begnüge ich mich in diesem Zusammenhang, in dem es mir vor allem um die bislang vernachlässigte Subjektseite, den Musikhörer, ging, damit, abschließend mögliche Perspektiven für einen sinnerfüllten Umgang mit Musik in Schule und Hochschule vor allem aus dieser Sicht aufzuzeigen. Ich tue dies anhand einiger mir zentral erscheinender Aspekte und auf dem Hintergrund meiner persönlichen Erfahrungen in der Lehrerausbildung.

1. Voraussetzungsloses Hören als Arbeiten mit dem Widerstand

Der Versuch, Musikhören stärker an emotionales Erleben und das Erschließen subjektiver Bedeutung anzubinden, bedingt ein größeres Maß an Freiheit, als es sonst im Unterricht üblich ist. Ermunterung zu individuellem Ausdruck und mehr Offenheit im Umgang miteinander sind auch mit einem Wagnis verbunden, das leicht Ängste auslöst: Wie soll ich bei einer derartig zeitaufwendigen Arbeit die Stoffülle bewältigen? Das läßt sich nicht mit Zensuren beurteilen! Wie werden die Schüler und Kollegen auf ein derart ungewohntes Angebot reagieren?

Es bedeutet, den gesicherten Boden professioneller Kompetenz und sachlich distanzierten Lehrens zu verlassen und sich auf ungesichertes Terrain zu begeben. Konkret: Kein Hören mit gezielten Aufträgen, in der Absicht, etwas Bestimmtes herauszufinden, sondern sich darin üben, mit frei schwebender Aufmerksamkeit in die Klänge der Musik hineinzuhorchen, um erst allmählich den persönlichen Zugang zu erspüren und sich entfalten zu lassen. Dabei ist zumindest für eine gewisse Zeit vieles von dem, was wir gelernt haben, hinderlich, weil es dazu verführt, zu hören, was wir schon wissen, nicht, was wir im Augenblick tatsächlich wahrnehmen und empfinden. Das fällt professionellen, ergebnisorientierten Musikern nicht immer leicht. Es verlangt viel Geduld und das Aufbauen einer gewährenden, warmen Atmosphäre, in der, frei von Leistungsdruck, sich Persönliches angstfrei äußern kann.

Das auf den ersten Blick hin Befremdende dieser Arbeitsweise hat jedoch auch einen motivierenden Stimulus: es läßt in der Regel niemanden unbeteiligt und kann so, falls nicht ausgewichen wird - dazu zähle ich auch zuviele methodische Hilfen, um die Fremdheit schnell zu überwinden - zum Anlaß werden, an den Kern der Erfahrung heranzuführen. Der durch die Fremdheit oft ausgelöste Widerstand erinnert mich an das „Störungskonzept", wie es Ruth Cohn in ihrem Modell der Themenzentrierten Interaktion versteht: Danach sind Störungen keine lästigen, schnell zu beseitigenden Hindernisse, sondern Sensoren für tiefer liegende Probleme und somit für die Arbeit notwendig und förderlich. Insofern gehören sie zur Arbeit und sind eigentlich zu begrüßen, auch wenn dies in der aktuellen Situation schwierig ist. Der Umgang mit dieser Art negativer Motivation verlangt vom Lehrenden gleichermaßen Standfestigkeit wie Einfühlungsvermögen in die aktuelle Situation. Dies allerdings sind Fähigkeiten, die eigentlich ein Studium voraussetzen, in dem die Förderung kommunikativer Kompetenz und persönlichen Wachstums den gleichen Stellenwert wie die sachlich-fachliche Ausbildung einnehmen. Immerhin können sie auch jetzt schon in praktischen Veranstaltungen der pädagogischen Psychologie aber auch in diesem Zusammenhang geübt werden.

2. *Spürend wahrnehmen*

Schönberg spricht im Zusammenhang mit seinem Erleben der Musik Mahlers von „spüren", einem Begriff, der ja auch bei Elsa Gindler und Heinrich Jacoby (s. dazu den Beitrag von Frauke Grimmer in diesem Band) eine zentrale Rolle spielt und das, was beim einfühlenden Hören abläuft, sehr schön beschreibt. „Spur" enthält die Vorstellung von „etwas kaum Merkbaren" - „eine Spur von..." und „spüren" wird synonym für „wahrnehmen", seit dem 18. Jahrhundert auch für „empfinden" verwendet. (Duden, 1963, 666) Es verweist auf das Vage, noch Vorläufige dieses Vorgangs, ein Wissen aufgrund von im wörtlichen Sinne flüchtiger Indizien: ein Hauch, ein Geruch, der einen auf die richtige Fährte bringen kann, die freilich leicht auch wieder verloren geht. Was da weiter führt, ist nicht schnell in Worte zu fassen, sondern verlangt Wachheit im Augenblick und auf den Augenblick hin. „Et fängt am brodeln", wie ein Student diese Phase, in der sich allmählich eine Gestalt herausbildet, in schönstem Ruhrgebietsdeutsch beschrieben hat. Es ist eine Form des Empfindens, die im Anfang noch sehr diffus ist und Denken im Sinne von Einordnen, Beurteilen, Beobachten und Prüfen ausschließt, weil es nämlich nicht nur diesen wortlosen Prozeß behindert, sondern die darin stattfindende Identifikation mit den sinnlichen Gestalten, die es nachzuempfinden und in die es sich einzufühlen gilt, zerstört. Sprachlich ist den hier ablaufenden Prozessen, wenn überhaupt, dann auf eine poetische Weise oder in den eher tastenden Versuchen eines mit vielen Pausen und „Ahs" und „Ohs" durchsetzten Sprechens näherzukommen. Es gilt, Gefühle nicht zu denken, sondern nur wahrzunehmen, keine von außen vorgegebenen Kategorien und Erwartungen zu haben, sondern ganz im Augenblick spürend anwesend zu sein.

In diesem Sinne auf die Signale des Körpers hören, heißt auch: ein Stück Selbstfindung, Vertrauen in die eigenen sinnlichen Fähigkeiten fördern und ist damit nach meiner Meinung ein an den Wurzeln unserer Existenz ansetzender Beitrag zur vielzitierten Erziehung zur Mündigkeit.

3. Im Hier und Jetzt sein

Spürendes und subjektive Erfahrungen zulassendes, ja förderndes Hören verlangt sehr viel Zeit. Tastendes Suchen ist auch mit Stillstand sowie häufigen Pausen verbunden und läßt sich nicht forcieren. Wenn es gelingt, stellt sich die Erfahrung von absoluter Gegenwart ein - die Zeit steht still, man schaut nach einiger Zeit auf die Uhr und wundert sich, wieviel Zeit inzwischen vergangen ist. Dies ist freilich nur auf Kosten anderer Lerninhalte möglich, eine Entscheidung, die jeder Pädagoge in eigener Verantwortung fällen muß. Deren Beantwortung hängt freilich nicht nur, wie oft behauptet, von den Vorgaben der Lehrpläne und Studienordnungen ab, sondern auch von der persönlichen Eigenständigkeit, diese entsprechend zu interpretieren oder sich darüber hinwegzusetzen.

4. Mit allen Sinnen

Musik einfühlend nacherleben und nachvollziehen, spielt sich zwar in erster Linie innersensorisch ab, legt es jedoch nahe, sie auch in anderen Medien, besonders natürlich mit dem Körper nachzugestalten. Dabei geht es nicht in erster Linie darum, sich zur Musik adäquat zu bewegen, sondern darum, sich in sie insgesamt, aber auch in einzelne Gestalten nachahmend einzufühlen und im anderen Medium die eigenen Symbole für die persönliche Erfahrung zu finden. Dies kann unmittelbar zur Musik geschehen, aber auch sie erinnernd, etwa in Standbildern oder -figuren, die einzelne Passagen oder, wenn das möglich ist, ganze Sätze ausdrücken. Ähnlich kann mit Malen und dem Schreiben von poetischen Texten verfahren werden. Wichtig ist dabei, aus dem augenblicklichen Erleben heraus zu handeln und sich zu artikulieren, vorerst nicht planend zu denken. Gerade für Laien erscheint dieser Weg, sobald die anfänglichen Hemmungen überwunden und der Mut zum eigenen Gestalten und Gestalteten gewachsen sind, als ein natürlicher Zugang zur Musik. Dabei ist gerade die zeitweise Entlastung vom Wort sehr hilfreich, zumal bei unbekannter, spontan Widerstand auslösender Musik.

5. Und wo bleibt die Theorie?

Ein schwieriges, weitgehend noch ungelöstes Problem ist die Verbindung dieses Zugangs zur Musik mit der im Unterricht geforderten theoretischen Reflexion. Eigentlich müßte sie, nachdem eine affektive Beziehung zur Musik hergestellt ist, besser als im normalen, einseitig objektorientierten Unterricht gelingen. In der Praxis ist dies jedoch nicht immer der Fall. Oft ist gerade nach sehr intensiven Erlebnissen das Bedürfnis nach einer auch theoretischen Begründung nur sehr gering, vielleicht aus Furcht, eine schöne, ganzheitliche Erfahrung durch Analysieren zu zerstören. Andererseits kann der durch intensives Erleben gestiftete Bezug zur Musik Motor sein, auch etwas über deren Struktur, historische und gesellschaftliche Bedingtheiten, über das, was die Wirkung in uns auslöste, erfahren zu wollen. Es geht offensichtlich dann am besten, wenn aus dem Augenblick heraus die theoretischen Befunde zum Erlebten in Beziehung gesetzt werden können - das ist jedoch nicht immer das, was in fein auszisielierten, abstrakten Analysen zu finden ist, sondern verlangt nach persönlichen Begründungen, dem Aufzeigen von Querverbindungen und außermusikalischen Bezügen, auch Mut, analytisch sich auf noch ungesichertes Gelände zu begeben.

Dies verlangt allerdings neue Akzentsetzungen in der um's Werk bemühten musikwissenschaftlichen Forschung, die sich ja gerne als ein unersetzliches Fundamentum der Musikpädagogik versteht. *Ein* noch wenig erprobter, nach meiner Meinung jedoch ergiebiger Interpretationsansatz zur Erschließung des inhaltlich-semantischen Aspekts von Musik könnte in der musikalischen Symbolforschung liegen. Die Entschlüsselung musikalischer Symbole, Topoi oder „musikalischer Vokabeln" im Sinne Eggebrechts, ihrer Verwendung und Wandlung im Laufe der Musikgeschichte bieten vielfältiges Spielmaterial, Musikerleben und -verstehen auch zur kompositorischen musikalischen Faktur in Beziehung zu setzen und den für die Interpretation von Musik notwendigen Austausch zwischen subjektiven und objektiven Anteilen in Gang zu setzen. Eggebrechts Verfahren, in diesem Sinne musikwissenschaftliche Fakten vorsichtig zu deuten und mit seiner persönlichen Sichtweise zu verknüpfen, weisen ebenso wie Peter Schleunings Versuch, die in der französischen Revolutionsmusik gründende Semantik von Beethoven's Eroica zu erschließen, in diese Richtung.

Von diesen und wenigen Ausnahmen abgesehen freilich erweist sich mancher intellektuell wohl durchdachte und begründete Interpretationsansatz angesichts der durch die Musik ausgelösten Erfahrungen und Prozesse als ein Erklärungsversuch in einer fremden Sprache. Ich bin sicher, in diesem tabuierten Bereich musikalischer Ausbildung und Erziehung, der hinsichtlich seiner Bedeutung für einen sinnerfüllten Umgang mit Musik weit überschätzt wird, ist noch manche heilige Kuh zu schlachten.

Literatur

Allesch, Ch.G.: Die Einheit der Sinne. Über Querverbindungen zwischen Psychologischer Ästhetik und Polyästhetischer Erziehung, in: Polyaisthesis. Beiträge zur Integration der Künste und Wissenschaften und zu ihrer Umsetzung in die pädagogische Praxis, 1986, H. 1, S. 17 ff.

Bekker, P.: Gustav Mahlers Sinfonien, Tutzing 1969

Drosdowski, G. u.a.: Etymologie. Handwörterbuch der deutschen Sprache, Duden Bd. 7, Mannheim/Wien/Zürich 1963

Eggebrecht, H.H.: Die Musik Gustav Mahlers, München 1986^2

Feldenkrais, M.: Bewußtheit durch Bewegung. Der aufrechte Gang, Frankfurt/M. 1978

ds.: Die Entdeckung des Selbstverständlichen, Frankfurt/M. 1985^2

Fromm, E. und Suzuki, D.T., Martino, R. de: Zen-Buddhismus und Psychoanalyse, Frankfurt 1974^4

Geck, M./Schleuning, P.: „Geschrieben auf Bonaparte". Beethovens „Eroica": Revolution, Reaktion, Rezeption, Hamburg 1989

Killian, H.: Gustav Mahler in den Erinnerungen von Natalie Bauer-Lechner, Hamburg 1984

Kostelanetz, R.: John Cage, Köln 1973

Langer, S.K.: Philosophie auf neuem Wege. Das Symbol im Denken im Ritus und in der Kunst, aus dem Amerikanischen von Ada Löwith, Frankfurt 1984

Mahler, A.: Gustav Mahler. Erinnerungen und Briefe, Amsterdam 1949

Mahler, G.: Briefe, Neuausgabe erweitert und revidiert von Herta Blaukopf, Wien-Hamburg 1982

Rösing, H.: Die Bedeutung musikalischer Ausdrucksmodelle für das Musikverständnis, in: Zeitschrift für Musikpädagogik, 1981/16, S. 258 ff.

Schneider, E.K.: Lebenswirklichkeit und Hochschule, in: Ad notam. Rückblick - Ausblick 1989. Hochschule für Musik Detmold

Thoreau, H.D.: Walden, in: Essays, Journals and Poems, hg. v. Dean Fowler, Greenwich (Conn.) 1975, S. 277 f., zit. nach M. Zimmermann: Was ist Musik?, in: Funkkolleg Musikgeschichte, Weinheim 1987, S. 44

Prof. Dr. Werner Pütz
Neckarstr. 33
4300 Essen 18

Zur elementaren Erfahrung leib-haften Musizierens

BARBARA HASELBACH

Dem Phänomen „Musik und Körper" kann man sich auf vielfältige Weise fragend, forschend, vergleichend, beobachtend und reflektierend nähern. Doch blieben alle Untersuchungen und alles Nachdenken nur einseitige Beziehungen des Forschers zu einem von ihm zu erforschenden Objekt, wenn nicht das eigene Erlebnis von „Musik und Körper", in einer der unzähligen Varianten, in denen Körper und Musik einander bedingen, Wahrnehmungen an sich selbst und anderen und damit konkrete, sinnliche und sinnhafte Erfahrungen bewirken würde.

Diese subjektiven Erfahrungen lehren uns möglicherweise, daß unser Körper unser erstes und angeborenes Musikinstrument ist, daß aus diesem Instrument Ausdrucksformen entstehen, die zunächst der psychophysischen Augenblickssituation entsprechen, bis auch auf diesem „Klang-Körper" eine differenzierte „Technik" vokalen und rhythmischen Musizierens entdeckt und geübt wird (Modelle solchen Musizierens finden sich keineswegs nur in Primitivkulturen, sondern auch in vielen Beispielen europäischer und außereuropäischer Musikkultur, von den raffinierten Rhythmen des Steptänzers, über das Singen mit Klatschbegleitung beim Flamenco bis hin zur faszinierenden „body-percusssion" eines Bobby McFerrin).

Vielleicht lehren sie uns aber auch, daß Musik nicht nur über den physiologischen Prozeß des hörenden Wahrnehmens mit unserem Körper zu tun hat, sondern daß Musik aus der Bewegung entsteht, daß sie nicht nur die Materie unsres Körpers braucht, sondern erst zum Klingen kommt in und durch den „Leib, der wir sind" (Dürkheim).

Musik übt eine ausgeprägte Wirkung auf den Körper aus (wie etwa das Auslösen von Bewegungen bis hin zum Tanz, und durch diesen auch auf unsre Psyche). Nicht nur Musik- und Tanzerziehung oder Musik- und Tanztherapie machen sich diese Erkenntnis zu eigen, seit Jahrhunderten schon wird die Wechselwirkung von Musik und körperlichem Verhalten bewußt und gezielt eingesetzt, nicht selten auch zur Manipulation des Menschen zu verschiedensten Zwecken (die beabsichtigte Beeinflußung reicht vom einschläfernden Wiegenlied bis zu mitreißenden Kampfliedern, von kultischen Gesängen bis zur Reduktion auf den Dacapo-heischenden, rhythmisierten Schlußapplaus bei einem Konzert).

Wirkungen und Reaktionen solcher Art sind durch verbale Sprache nur unzureichend beschreib- und erfaßbar. Und doch sind solche Erfahrungen die Basis dessen, was in vielen theoretischen Abhandlungen zu dem Thema Musik und Körper ent-sinn-licht und „verbegrifflicht" erörtert wird. Aus diesem Grunde schien es mir wichtig, ein gemeinsames „Musik- und Körper-Erlebnis" in Form einer einfachen, geleiteten Gruppenimprovisation anzubieten. Im Idealfall könnten alle Teilnehmer beteiligt sein, so daß wir alle aus der gleichen Perspektive des Handelnd-Wahrnehmenden im Nachhinein unsre Eindrücke reflektieren könnten. Vermutlich wird aber einer kleinen Gruppe von aktiv Improvisierenden eine größere Gruppe von passiv Beobachtenden gegenüberstehen.

In dieser Situation möchte ich das „Publikum" bitten, sich nicht als solches zu fühlen. Es geht um Identifikation mit der Improvisationsgruppe, soweit dies aus der Passivität des Sitzens heraus möglich ist, nicht um indiskreten „Operngläsvoyeurismus" oder distanziert-analytische Versuchskaninchenbeobachtung. Wir wollen versuchen, innerhalb einer von außen gegebenen Strukturierung eigene Erfahrungen leib-haften Musizierens in der Begegnung mit anderen zu gestalten und im Anschluß daran unsre eigenen Wahrnehmungen im Gespräch reflektieren.

Was kann leibhaftes Musizieren bedeuteten?

- Funktion der Erzeugung von Tönen und Geräuschen mittels bestimmter Körperteile (Stimmbänder, Mund, Hände und Füße)?
- Musizieren aus einer „inneren Bewegtheit", aus der Ganzheit der körperlich-geistig-seelischen Existenz heraus?
- Forderung nach einer Renaissance der „musiké", also der Verbindung von Musik, Tanz und Sprache nach dem Vorbild der griechischen Antike und ihrem Verständnis von „darstellender Kunst"?
- Elementare, vorgeistige Art des Musizierens,
- „Conditio, sine qua non" musiziert werden kann?
- Musizieren in bestimmten „körpernahen" Stilen, etwa in Folklore oder Jazz?

Lassen Sie uns aus der konkreten Erfahrung die Antwort suchen, Sie sind alle herzlich zum Mitmachen eingeladen:
(Im Folgenden soll versucht werden, Anleitung und Ablauf der nonverbalen Gruppenimprovisation kurz und in einer wesensfremden Sprache, nämlich der verbalen, zu beschreiben).

Gruppenimprovisation zum Thema „Leib-haftes Musizieren oder musizierendes Tanzen"

Einstimmung - Warm up:
Umhergehen - den anderen begegnen - sich selbst, seinen Atem, den zur Verfügung stehenden Raum wahrnehmen (auch das Publikum) - sich dehnen und zusammensinken - schütteln - lockern - alles mit der eigenen Stimme begleiten - stampfen - immer schneller und schneller die eigenen Wege und Bewegungen ausführen - Atemlosigkeit - Stehenbleiben - Pause - Atmung und Kreislauf nachspüren

Entwicklung rhythmisierter Bewegung aus dem Puls:
Mit geschlossenen Augen stehen - den Herzschlag oder Puls fühlen - wieder zur Ruhe kommen - Atem beruhigt sich - Konzentration auf den Puls als motorischen „Im-puls" - Tempo des Pulses durch Bewegung sichtbar machen - Augen öffnen - trotz Wahrnehmung der verschiedenen Tempi und Bewegungen der anderen das Eigene nicht verlieren - den Grundschlag wie mit Schlägeln nach allen Seiten in die Luft trommeln - auch Stimme übernimmt Grundschlag, dieser wird akustisch wahrnehmbar - Veränderungen, Rhythmisierung des Grundschlags in Trommelbewegung und Stimmbegleitung - Fortbewegung entsteht - zunächst im Grundschlag, dann in frei rhythmisierten Schritt- und Tanzmotiven

Klangteppich aus verschiedensten rhythmischen Motiven in unterschiedlichen vokalen Klangfarben entsteht über einem sich langsam durchsetzenden Grundschlag

Aus Kontakten entstehen rhythmische Bewegungsdialoge und Gruppenaktionen:
Rhythmische Bewegungsmotive anderer beobachten - übernehmen - kontrastieren - Partner finden sich - bewegen sich eine Weile gemeinsam - trennen sich - suchen neue Gruppierungen mit neuen Motiven - gemeinsame Raumwege und Gruppenformationen entstehen - großes crescendo baut sich auf - decrescendo bis zur Stille - alles verharrt am seinem Platz

Vokalimprovisation - Cluster - Duette:
Aus der Ruhe des Stehens Aufmerksamkeit auf Ausatmung - Ausatmung zur Fortbewegung - Einatmung am Platz - Ausatmung auf langströmendem Vokal - Begegnung und Lauschen - Cluster entsteht in der Gruppe - durchbrochen von Atempausen - Wahrnehmen des Gruppenklangs und der Gruppenbewegung durch jeden Einzelnen - Partner finden sich - suchen gemeinsamen Ton im Ste-

hen - Zweistimmigkeit erwächst bei der Bewegung „auseinander und wieder zusammen" - Einklang und Zweistimmigkeit erwachsen aus Ruhe und Bewegung - wiederholen sich mehrfach - jedes Paar hat eigenes Tempo, eigene Bewegungen, eigene Phrasierung, eigene Töne - Verklingen - Ruhe

Rhythmisch-bewegter A-Teil und vokal-ruhiger B-Teil wechseln mehrmals. Ende „à la Abschiedssymphonie", ein Paar nach dem anderen hört auf, bleibt lauschend stehen - bis alle zur Ruhe gekommen sind

Reflexionsgespräch:

Im Anschluß an die etwa 30 Minuten dauernde Improvisation fanden sich Teilnehmer und Zuschauer zur Diskussion des Erlebten/Beobachteten zusammen. Nur stichwortartig können wichtige Argumente aufgeführt werden:
- Starke Strukturierung durch die Leiterin (Wahrnehmung der Zuschauer, Beteiligte empfanden genügende individuelle Freiheit innerhalb der „Rahmenhandlung")
- Mögliche Gefahr unkontrollierbarer psychischer Reaktionen, Regression in „archaische" Ausdrucksformen? Wieweit gehören solche Inhalte und Arbeitsweisen in die Therapie?
- Getragenwerden durch den Klang der Gruppe (besonders im gesungenen Teil) Zunächst Schwierigkeiten einzusteigen, da ungewohnte Aufgabenstellung, nach der Überwindung dieser Hemmungen später überbordende Improvisationslust
- Wieweit sind solche Prozesse als „Musik" (oder als „Tanz") zu bezeichnen?
- Unerwartete Kommunikationserfahrung im miteinander Musizieren, Tanzen, Spielen, Gestalten

Prof. Barbara Haselbach
Gfalls 5, Hengsleiten
A 5061 Elsbethen

Alexander-Technik als Basis-Technik für Musiker

RUDOLF KRATZERT

Meine Scheu, die Alexander-Technik theoretisch darzustellen, beruht vor allem auf der Tatsache, daß die von F.M. Alexander (1869-1955) entwickelte und nach ihm benannte Technik von Anfang an reine Praxis gewesen ist - so praktisch wie Gartenarbeit oder Klavierspiel, nur eben noch viel umfassender.

Als umfassend kann die Alexander-Technik deshalb gelten, weil sie auf einer Entdeckung von universeller Bedeutung beruht. Alexander ist es nämlich gelungen, durch jahrelange minutiöse Selbstbeobachtung und den daraus logisch abgeleiteten Schlußfolgerungen auf ein *universelles Prinzip aller Wirbeltiere* zu stoßen, das er selbst mit *„primary control of the working of all the mechanisms of the human organism"* bezeichnete und das heute auch als solches in die offizielle Physiologie bzw. Anatomie aufgenommen ist. Gemeint ist die Qualität der Verbindung von Kopf und Hals und damit zum übrigen Körper.

Für uns Menschen hat dieses Prinzip aber eine über die tierischen Funktionen hinausgehende Bedeutung, da auch *unser Bewußtsein von uns selbst*, das die Tiere nicht in gleicher Weise von sich haben, und nicht nur unsere Körperfunktionen und unsere Wahrnehmungsmechanismen davon beeinflußt werden. Alle unsere Kontroll- und Steuerungsmechanismen und ihre Interaktion, ja unsere gesamte Art, mit uns selbst umzugehen, sind in ihrer Qualität abhängig von der Qualität dieser Primär-Kontrolle. Wie kann ich dieses Prinzip und die von Alexander daraus entwickelte Technik als universell bezeichnen, wenn es sich doch scheinbar um eine rein physische Angelegenheit handelt?

Ich kann dies nur, wenn ich zugleich mit Alexander in der wichtigsten Prämisse seines Menschenbildes übereinstimme, nämlich der, daß wir eine psychophysische Einheit sind. Das heißt: Nicht nur unsere Psyche ist eine Einheit, nicht nur unser Körper als Gesamtorganismus ist eine Einheit, sondern beide zusammen bilden eine Einheit, die, solange wir leben, absolut unauflöslich ist.

An diejenigen, die diese psychophysische Einheit bezweifeln, stellt Alexander in seinem Buch „The Use of the Self" schon im 1. Kapitel die Frage, ob es irgend einen Beweis dafür gibt, daß einfache Tätigkeiten wie z.B. das Heben eines Armes, das Gehen, das Sprechen, das Einschlafen, das eine Entscheidung treffen, das einem Wunsch Nachgeben oder ihm Widerstehen etc. ein rein physischer oder ein rein psychischer Akt seien. Ich möchte dem hinzufügen: Schon seit Jahrtausenden hätten die Philosophen, statt sich die Frage zu stellen, wo denn der Sitz der Seele sei, besser daran getan, sich zu fragen, wo im Menschen die Seele *nicht* vorhanden ist.

Wenn es also keinen Moment in unserem Leben gibt, in dem wir rein physisch oder rein psychisch existieren, so wird jede Tätigkeit, ja jeder Gedanke und jede Empfindung eine Auswirkung auf unsere ganze Person haben. Bisher haben wir aber unsere eigenen Tätigkeiten fast immer nur in ihrer Wirkung auf andere und anderes betrachtet, und wir haben umgekehrt fast ausschließlich immer nur die Wirkung von anderem und anderen auf uns berücksichtigt, wir haben aber viel zu wenig oder sogar niemals uns bewußt gemacht, wie der Gebrauch unseres Selbst - also unserer Seele und unseres Körpers - sich auf uns selbst auswirkt.

Besonders wichtig ist diese Rückwirkung auf uns selbst bei dauerhaftem und gewohnheitsmäßigem Denken und Handeln. Sehr häufig sind nämlich unsere sogenannten spontanen oder instinktiven Reaktionen auf äußere oder innere Reize nichts anderes als gewohnheitsmäßige, unseren bewußten Absichten oft sogar zuwiderlaufende Handlungen; aber auch ein beträchtlicher Teil unserer absichtlichen und bewußten Handlungen ist fehlgeleitet und vom Ergebnis her nicht wünschenswert.

Aus den verschiedensten psychologischen Disziplinen ist uns bekannt, daß wir dann die Neigung haben, unsere offenkundigen Fehlhandlungen auf andere zu projizieren und sie ihnen anzulasten.

Die Fähigkeit ganzer Nationen, andere Menschen im Krieg töten zu können, läßt sich nur daraus erklären, daß eine Unzahl von Individuen sich fernsteuern läßt. Nicht umsonst wird in allen Armeen der ganzen Welt der Soldat einer psychosomatischen Entselbstung unterzogen, indem er nicht nur einer engstirnigen und fixierten Ideologie unterworfen wird, sondern indem ihm auch das Fixieren von Gelenken im ganzen Körper, besonders aber im Nacken, systematisch antrainiert wird. Körperliche und psychische Äußerungen des Protests dagegen werden von Anfang an unterdrückt und unter Strafe - bis hin zur Todesstrafe - gestellt. Man muß den boshaften Satz Albert Einsteins schon fast wörtlich verstehen, wenn er sagt, daß Menschen, die auf Befehl im Takt zu Marschmusik in Zweierreihen marschieren, eigentlich nur ihres Rückenmarks und nicht ihres Gehirns bedürften. Der von der Aufklärung geforderte autonome (der im Kantschen Sinn mündige) Mensch scheint heute nicht weniger eine Vision zu sein als damals. Wenn z.B. unsere aufgeblähten Politiker ständig ungefragt versichern, sie hätten (oder das Deutsche Volk hätte) die Lektionen aus der Geschichte gelernt, ein zweites Auschwitz könne und dürfe sich nicht wiederholen, so muß man bei nüchterner und ehrlicher Betrachtung feststellen, daß viele Menschen bestenfalls ein paar nichts kostende intellektuelle Einsichten des Hinterher-Erkennens gewonnen haben, aber keineswegs fähig sind, ihre Gegenwart präziser und kritischer wahrzunehmen als die „anständigen" Deutschen ihre Realität in den Jahren 1933-1945.

Autonom sein heißt aber, für alles, was man denkt und tut, für alles, was man nicht gedacht und unterlassen hat, die Verantwortung zu übernehmen. Und dies gilt keineswegs nur für wichtige, konfliktbeladene Situationen im Leben, sondern dies gilt in jedem Augenblick. Wenn wir wenigstens in der Lage wären, die Situationen, die wir überschauen können, etwas zuverlässiger zu meistern, so wäre das schon sehr viel. Unsere Seins-Qualität ist niemals unabhängig davon, wie wir Gebrauch von uns selbst machen. Alles: unsere Art uns zu bewegen, zu denken, zu fühlen, wahrzunehmen und zu handeln wirkt auf uns zurück und beeinflußt damit wiederum unsere Körperfunktionen, unsere geistigen Fähigkeiten, unser seelisches Befinden und unsere Gedanken und Handlungen. Leider aber legen wir uns darüber - wenn überhaupt - allenfalls dann Rechenschaft ab, wenn es uns schlecht geht oder wenn wir versagen. Ärzte und Therapeuten, schlaue Bücher, Diäten etc. sollen uns dann gefälligst wieder fit machen - und damit schlagen wir wieder den selben Weg wie bisher ein und haben aus unseren Leiden nichts gelernt.

Die Alexander-Technik zeigt uns da einen prinzipiell anderen Weg. Freiwilliges, autonomes und verantwortliches, also „selbst-bewußtes" Denken und Handeln setzt vor allem voraus zu wissen, was ich *nicht* in Gang setzen darf, wenn ich ein bestimmtes Ziel erreichen will.

Das methodische Vorgehen in der Alexander-Technik besteht daher hauptsächlich im Unterlassen und nicht im Korrigieren eingefahrener Gewohnheiten. Wie kann dieses Unterlassen aber gelernt werden? Zunächst nur dann, wenn ich mir klar mache, daß es auf diesem Weg immer nur auf *einen*, nämlich den jeweils *nächsten* Schritt ankommt. Dieses Unterlassen des Korrigierens von Fehlern, dieser Verzicht auf den Ehrgeiz, etwas unbedingt richtig machen zu wollen, ist aber schwer zu verstehen und noch schwerer zu akzeptieren. Es ist das einzig wirklich Schwierige beim Erlernen der Alexander-Technik.

Vielleicht ist es daher zu einem besseren Verständnis nützlich, wenn ich hier kurz daran erinnere, wie Alexander selbst zu seinen Erkenntnissen und seiner daraus entwickelten Technik gelangt ist.

Als junger, vielversprechender Rezitator litt er unter zunehmender Heiserkeit während seiner Auftritte, einer Heiserkeit, die sich bis zum Verlust der Sprechstimme steigern konnte - allerdings immer nur bei Auftritten. Seine Vermutung, daß es sich dabei nicht um eine organische Krankheit handele, wurde ihm von Ärzten bestätigt, und als er fragte, ob er wohl beim öffentlichen Sprechen etwas grundlegend falsch mache, das dieses Symptom hervorrufe, so bekam er zur Antwort: „Ja, offenkundig." Worauf Alexander fragte: „Was denn?" Und als dann der Arzt ihm sagte, das wisse er leider auch nicht, sagte Alexander einfach: „Dann muß ich es für mich selbst herausfinden".

Hier sehen wir also schon ganz zu Anfang Alexanders zwar logisch gebotene und sinnvolle, ja „selbst-bewußte", aber leider auch sehr unübliche Reaktion - bedeutet sie doch den Verzicht, die Verantwortung für eigene Schwierigkeiten an andere zu delegieren.

Nachdem er nun bei seinen Selbstbeobachtungs-Experimenten herausgefunden hatte, daß er jedesmal, wenn er die Pose des öffentliche Rezitierens einnahm, den Kopf auf eine für ihn charakteristische Weise zurückzog, konnte er durch bewußtes Unterlassen dieser Gewohnheit eine Besserung in seinem gesamten Befinden - einschließlich seiner Sprech- und Atemfunktionen - erreichen. Diese positive Erfahrung (ver)führte ihn zu der Annahme, daß er seine bisherige Gewohnheit, den Kopf nach hinten zu ziehen, am besten dadurch beseitigen und einen dauerhaft besseren allgemeinen Zustand erreichen könnte, daß er willentlich seinen Kopf - über das nach vorne Loslassen und die Schwerkraft einwirken Lassen hinaus - nach vorne bringen würde. Daß er dies nur konnte, indem er seinen Hals nach vorn und unten zog, war ihm damals freilich noch nicht bewußt. Wie groß war daher seine Enttäuschung, als er bei dieser Prozedur erkennen mußte, daß sie sofort wieder die gleichen, ja noch größere Schwierigkeiten beim Atmen und Sprechen hervorrief wie das gewohnheitsmäßige, als falsch erkannte Zurückziehen des Kopfes. Die wichtigsten Schlußfolgerungen aus diesen beiden gegensätzlichen Erfahrungen waren die: 1.) Es ist nicht möglich, einen Teil des Körpers zu verändern, ohne daß dadurch die ganze Person sich verändert. 2.) Durch willentliches Korrigieren wird kein Problem gelöst - es kommen allenfalls neue hinzu. Dies brachte ihn zu der Einsicht, daß einzig das *Unterlassen* von falschen Gewohnheiten eine Verbesserung des Gebrauchs nach sich zieht und daß das bessere Tun im *Nicht-Tun* des Fehlers und nicht im Hinzufügen des Gegenteils eines Fehlers besteht. (Ich möchte dabei den schönen Satz von Karl Kraus erwähnen: „Es gibt Dinge, die so falsch sind, daß auch ihr Gegenteil nicht richtig ist.")

Außerdem erkannte Alexander, daß jedes Trainieren im Sinne einer Korrektur den *Stimulus zur Rückkehr in den gewohnten Fehler* enthält und daß nur bei Verhinderung des Stimulus zu einer Handlung der gewohnheitsmäßige Fehler ausbleiben kann, da ja ein einmal gegebener Nervenimpuls irreversibel ist.

Die Rückschlüsse für die Praxis eines besseren Selbst-Gebrauchs liegen auf der Hand: Ein besserer Selbst-Gebrauch ist nur durch ein vor einem Tun Innehalten und die Mittel genau Bestimmen erlernbar.

Das Unterlassen von Gewohnheiten kann aber niemals durch bloße Absicht oder durch psychologische Verhaltenstricks erreicht werden.

Denn wir wollen ja nicht - wie z.B. bei der Hypnose - nur irgend ein Symptom loswerden, sondern die Fähigkeit lernen, uns generell von schädlichen Gewohnheiten und Zwängen und deren Folgen zu befreien.

Dies setzt das Wissen voraus, daß jede Handlung, z.B. eine scheinbar so einfache Bewegung wie das Erfassen eines vor mir liegenden Gegenstands, bereits ein sehr komplexer Vorgang ist, zu dessen Erreichung in meinem Gehirn eine große Zahl von „Ja"-Anweisungen und eine Unzahl von „Nein"-Anweisungen an meine Muskeln gesendet werden muß via Nervensystem. Um eine zuverlässige und leichte Bewegung zu erreichen, müssen aber vor allem die „Nein"-Anweisungen klar sein. Das heißt: Wenn ich zu viel (positiv) will, erreiche ich zu wenig.

Eine sinnvolle und immer bessere Auswahl meiner Anweisungen treffen kann ich aber nur, wenn meine Sinnesorgane mir die dazu nötigen Informationen *zuverlässig* übermitteln. Zuverlässig aber sind meine Informationen und meine Kriterien für Entscheidungen nur, wenn ich in einem psychophysischen Gleichgewicht bin, da mich sonst meine Sinneswahrnehmungen täuschen.

Und da muß man leider feststellen, daß die meisten Menschen - mindestens was ihren eigenen Zustand betrifft - permanent von ihren Sinnesorganen getäuscht werden, d.h. daß sie sich auf ihr sogenanntes Körpergefühl überhaupt nicht verlassen können. Woher kommt das?

Alexander entdeckte, daß die Qualität unserer Wahrnehmungen sehr von der Qualität unserer Primär-Kontrolle und damit unserer gesamten Koordination abhängt - und nicht nur umgekehrt. *Wahrnehmung und Koordination bedingen einander in ihrer Qualität.*

Wie aber können wir beides verbessern? Wie kommen wir in ein besseres psycho-physisches Gleichgewicht?

Jedenfalls nicht durch Gymnastik-Übungen, meditative Entspannungsübungen oder überhaupt durch Übungen. In allen Fällen von Übungen werde ich nämlich die angestrebten Verbesserungen - ganz entgegen meiner Absicht - wieder mit den gleichen Mitteln zu erreichen suchen, die mir gewohnheitsmäßig eigen sind, die für mich charakteristisch sind, und das sind genau die Mittel, die mich in meinen gegenwärtigen Zustand geführt haben, den ich aber ja ändern will und der mir ein trügerisches Bild von mir selbst vermittelt hat.

Wenn ich dies erkannt habe, nämlich daß ich mich nur ändern kann, wenn es mir zuvor gelingt, unter allen Umständen die Mittel auszuschalten, mit denen ich bisher gehandelt habe, so muß ich eine Methode finden, die dieses gewährleistet.

Alexander hat diese Methode, die vor allem eine mentale (was Schüler und Lehrer betrifft) und eine manuelle (was den Lehrer betrifft) ist, im Laufe seines langen Lebens entwickelt und an seine Schüler weitergegeben - sie ist nicht etwas Abgeschlossenes, sondern prinzipiell immer verbesserbar (was ja ihrer Ansicht über jedes Handeln inhärent ist!). Jeder Alexander-Lehrer wird sie auf eine andere Weise anwenden und weitergeben. Aber die Prinzipien sind immer die gleichen: nämlich, daß es nicht darauf ankommt, ein Ziel irgendwie (und meistens möglichst schnell) und ohne Rücksicht auf den Preis, den seine Erlangung kostet, zu erreichen, sondern daß es vielmehr darauf ankommt, die günstigsten Mittel zu diesem angestrebten Ziel dadurch herauszufinden, daß ich, bevor diese überhaupt wirksam werden können, alle störenden Stimuli und die Reaktionen darauf zuvor beseitigt habe.

Technisch sieht das so aus, daß ich mich zunächst in den Alexanderlektionen, später immer häufiger im Alltag, in eine modellhafte Versuchssituation (die dann sich immer mehr zur normalen Realität hin entwickelt) begebe, in der ich die Primär-Kontrolle verbessern lerne. Bevor ich mir dabei irgendeine alltägliche Aufgabe stelle, bevor ich überhaupt entscheide, welches Experiment ich machen möchte, vergewissere ich mich, daß ich denke, daß mein Kopf frei auf dem Hals balanciert. Dies kann ich durch keine Muskeltätigkeit erreichen, sondern ganz im Gegenteil nur dadurch, daß ich die Schwerkraft meinen Kopf (nicht meinen Hals!) nach vorne fallen lasse in die ihm von der Natur vorgesehene Balance. Durch ein Tun ist dies also nicht erreichbar, aber das dazu nötige *Lassen* ist am besten durch das Denken in Richtungen erreichbar, nämlich indem ich denke, daß mein Kopf nach vorn und oben strebt (vom höchsten Punkt des Kopfes aus gesehen).

Ich *denke* dies, ich *tue* nichts - ich bewege also nicht etwa willentlich meinen Kopf, um herauszufinden, wie frei er ist. Die Qualität der Beweglichkeit eines Gelenks kann ich nämlich nicht herausfinden, indem ich selbst mit meinen ihm zugehörigen Muskeln spiele, sondern nur indem ich eine Kraft von außen auf es wirken lasse - in diesem Fall die Schwerkraft, die meinen Kopf nach vorne fallen läßt und damit gleichzeitig meine Nackenmuskeln und meine Wirbelsäule dehnen hilft.

Nun kann ich entscheiden, was ich als Experiment wähle. Zum Beispiel kann ich folgendes denken - immer indem ich primär meine ganze Person unter die Primär-Kontrolle stelle -: „Ich werde jetzt aufstehen."

Der Gedanke an das Aufstehen ist also ein sekundärer, der Primär-Kontrolle untergeordneter Gedanke. Gelingt mir diese ganz ungewöhnliche und ungeübte Form der Prioritäten-Setzung, so wird das Aufstehen völlig ungehindert von störenden gewohnheitsmäßigen Stimuli (wie etwa dem bekannten Ruck von den Beinen in die Wirbelsäule aus) sich vollziehen können. Ist mir aber das Ziel *Aufgestanden-Sein* das wichtigste bei diesem Experiment, so wird mein guter Vorsatz, an meinen Kopf und Hals zu denken, nichts nützen, da ich dann zwei sich widersprechende Stimuli zur gleichen Zeit auslöse, nämlich 1.) mich unter neuen Denkvoraussetzungen und 2.) doch wie gewohnt, nämlich mit dem unbedingten Willen, mein Ziel zu erreichen, zu bewegen.

Unsere Muskulatur reagiert aber konfus, und unsere Nerven melden uns unklare oder falsche Informationen, wenn wir den Versuch machen, „Jein" als Anweisung zu geben. Es gibt im Gehirn und im Nerven- und Muskelsystem nur Ja oder Nein. Muskeln können keine Fragen stellen, sie können aber bereitwillig agieren oder in Ruhe verharren, wenn sie dafür jeweils klare Anweisungen bekommen.

Das „Ja" zu einer neuen Bewegungsweise bewußt kann ich aber erst geben, wenn ich oft genug im Experiment erfahren habe, was die Folge des *„Nein" zu gewohnten Bewegungen* bewirkt. Ich muß also zunächst meine *Zustimmung* zum Aufstehen-Wollen *verweigern* lernen, bevor ich hoffen kann, mit einer neuen und besseren Koordination meiner Muskulatur und meiner Sinneswahrnehmungen, meiner Gedanken, ja meines ganzen Selbst aufstehen zu können. Ich lerne dann, daß zu einer Tätigkeit wie Aufstehen wesentlich weniger Zielstrebigkeit, Absicht und Energie nötig ist, als ich es mir bisher habe träumen lassen. Die Bewegung kann dann so leicht und mühelos werden, daß ich fast nichts von ihr merke. Dies gilt ganz allgemein für gut koordinierte Bewegungen. Dann bin ich in dem vorhin angesprochenen psycho-physischen Gleichgewicht. Je besser dieses aber ist, desto weniger stark ist mein *Gefühl* von mir selbst. Um besser koordinierte Bewegungen lernen zu können ist das *Etwas-Fühlen-Wollen* nicht hilfreich, denn Gefühl setzt immer Erfahrung voraus, ist immer ein Hinterher. Wie aber kann ich eine spezifische Erfahrung von etwas noch nie Getanem haben?

Ich werde also, wenn ich etwas neues lernen und erfahren möchte, mich auf mein Denken verlassen müssen. Natürlich begleiten mein Tun auch Gefühle, und *nach* dem Experiment kann ich manchmal auch mir klar darüber werden, was und wie ich mich während des Schrittes ins Unbekannte gefühlt habe (falls ich ein bewußtes Gefühl dabei hatte); aber bis ich mich dann auf diese neuen, viel subtileren, mit der neuen Art, etwas zu tun, verbundenen Gefühle wirklich als Wegweiser oder Meßinstrumente verlassen kann, muß die neu koordinierte Bewegung bereits zur Gewohnheit geworden sein. Dies kann sie aber erst, nachdem die alte Gewohnheit *als Gewohnheit* (nicht als Möglichkeit, denn die besteht prinzipiell immer) völlig eliminiert worden ist.

Alexander-Lektionen sind also weitgehend freiwillig-künstliche Experimentalsituationen, in denen der Schüler mehr und mehr Bekanntschaft mit der *Methode des indirekten Wegs, etwas zu erreichen,* macht.

Wenn mir das Prinzip des indirekten Vorgehens etwas vertrauter geworden ist, wenn ich mit leichteren, weil besser koordinierten Bewegungen, mit den damit einhergehenden vermehrten und präziseren Wahrnehmungsmöglichkeiten und dem insgesamt neuen Bewußtsein, das mir dieser Weg eröffnet, etliche Erfahrungen gemacht habe, dann wird sich mein Leben qualitativ in Richtung Autonomität deutlich verändert haben. Ich verfüge dann über mehr Auswahlmöglichkeiten; mein Mut und meine Fähigkeit, mich zu entscheiden, wird zunehmen, aber auch meine Phantasie bei Problemlösungen.

Als Alexander-Lehrer begleite ich meine Schüler ein Stück auf diesem Weg, weniger mit Worten und Anweisungen bei Experimenten, als vor allem mit den dafür günstigen Stimuli meiner Hände. Mehr und mehr soll dann aber der Schüler diese Stimuli in sich selber finden. Also auch hier gelten zwei wichtige Grundsätze, die für jeden guten Unterricht unerläßlich sind: 1.) Der Lehrer muß immer entbehrlicher werden. 2.) Lernen muß mehr und mehr ein Sich-Selbst-Unterrichten werden.

Die eigentliche *manuelle* Praxis des Alexander-Lehrers kann ich hier in Kürze leider unmöglich darstellen.

Nun zu meinem eigentlichen Thema: wenn wir über einen Musiker das Urteil hören, zu wirklicher Meisterschaft fehlten ihm noch die letzten 10 % des Könnens, so stellt sich bei genauerem Nachdenken die Frage, ob dies wahrscheinlich ist. Ich halte eine solche Annahme für ganz absurd. Denn warum sollte jemand, der einen so langen und mühsamen Weg zu 90 % zurückgelegt hat, der Ehrgeiz und Talent hat, warum sollte der ausgerechnet die letzten 10 % nicht mehr schaffen?

Ich bin überzeugt, daß es fast immer die ersten 10 % sind, die jemanden behindern. Es fehlt an der Basis. Wenn es aber an ihr fehlt, so läßt sich wirkliche Meisterschaft - jedenfalls auf Dauer - nie erreichen. Die Basis ist aber keineswegs ein Problem des Anfänger-Stadiums; man stößt auf sie überhaupt erst nach längerer Erfahrung. Sie muß täglich neu gewonnen werden.

Mein sehr verehrter Lehrer Gerhard Puchelt sagte mir in meiner letzten Klavierstunde bei ihm: „Denken Sie immer daran, wenn Sie Schwierigkeiten haben, zu den elementaren Dingen zurückzugehen. Nur dort werden Sie die Lösung komplizierter Probleme finden."

Meine Erfahrungen der letzten Jahre, namentlich meine Klavierkurse und die Fortbildungskurse für Musikschullehrer haben mir gezeigt, daß die Basis-Probleme bei allen Musikern - unabhängig von ihrem Fach - erstaunlich ähnlich sind. Je spezifischer aber die Lösungsversuche, desto schlechter.

Es herrscht da ein ungeheurer Aberglaube über „richtige Haltung", „richtiges Atmen", über „Konzentration" und „Entspannung" etc., als ob es dies alles als anzustrebenden Zustand oder als Ideal geben könnte.

Es wird dabei nicht gesehen, daß dies alles dynamische, sich permanent ändernde Dinge sind, komplexe Bewegungs- und Denkvorgänge, die nur dann gut sind, wenn sie sich den jeweiligen Verhältnissen schnell, leicht und zuverlässig anpassen können.

Alle diese vielen wohlgemeinten Ratschläge und Bemühungen um bessere Haltung, besseres Atmen etc. haben eines miteinander gemeinsam: sie führen den, der sie befolgt, tiefer in seine Probleme hinein (ja manchmal schaffen sie sie überhaupt erst), als daß sie helfen könnten, aus ihnen heraus zu kommen.

Wir vergessen zu oft, daß wir die eigentliche Basis für unsere Möglichkeiten und Fähigkeiten und damit für alles, was wir tun, nicht erfinden und erzeugen können, sondern daß wir sie entdecken müssen. Sie liegt in uns, in unserer Natur. Das einzige, was wir tun bzw. ändern können und sollten ist: das, was uns an diesen Möglichkeiten und Fähigkeiten hindert, zu erkennen und zu eliminieren. Denn wir können in uns nichts erschaffen, was nicht in uns ist, aber wir können lebenslang einen immer besseren Gebrauch von uns machen lernen.

Nicht optimale „Zustände", nicht „Positionen" sind das, was wir anstreben sollten, sondern Tendenzen. Die richtige Richtung und ihre Wirkungen sind entscheidend.

Ein Pianist, der vor einem Jahr noch fähig war, eine Chopin-Etüde bravourös zu spielen, jetzt aber trotz fleißigem Üben dies nicht mehr kann, jedoch es noch fertig bringt, die Sonate op. 13 von Beethoven anständig zu spielen, ist sicher problematischer als einer, der noch vor einem Jahr gerade die erste zweistimmige Invention von Bach bewältigt hat und jetzt bereits die Sonate op. 13 von Beethoven spielen kann.

Für uns als Musiker kommt es darauf an, daß wir durch einen immer besseren Gebrauch von uns selbst lernen, bisher ungeahnte Möglichkeiten in uns zu nutzen und mehr und bessere Fähigkeiten zu entwickeln.

An unserer ganzen Person müssen wir arbeiten, wenn wir besser musizieren wollen - sind wir doch immer derselbe Mensch, ob wir nun musizieren, frühstükken oder fernsehen.

Aber natürlich werden wir unsere Hauptaufmerksamkeit auf das Musizieren und seine Verbesserungen richten, denn natürlich wollen wir dort den Erfolg sehen.

Wir müssen dabei aber wissen, daß gerade darin zugleich auch eine große Gefahr liegt. Denn je zielstrebiger wir an eine Sache herangehen, ohne die Mittel zu verstehen und zu bestimmen, desto schädlicher für die Sache - jedenfalls aber für uns selbst.

Wenn es mir aber gelingt, gerade dort, wo normalerweise mein Ehrgeiz und meine Gewohnheiten besonders stark sind - also beim Musizieren - die „inhibition" (wie Alexander das Unterbinden gewohnheitsmäßiger, automatischer Stimuli nennt) zu praktizieren, dann werde ich nicht nur für so elementare Dinge wie das Sitzen bzw. Stehen beim Musizieren, das Halten eines Instruments, das Atmen beim Spiel etc. etwas gewinnen können, sondern ich kann dann die Alexander-Technik als Basis-Technik für jeden Übe- und Spielvorgang benutzen. Denn ob ein Übe-Vorgang nützlich oder schädlich ist, entscheidet allein *meine Art*, ihn auszuführen bzw. ausführen zu können.

Alexander-Technik für Musiker heißt - egal, ob wir üben oder einen Schüler unterrichten: Die Hindernisse beim Lernen sind nicht die „schwierigen Stellen" eines Stücks, sondern unser falscher Ehrgeiz, Probleme um jeden Preis lösen zu wollen und ohne zu wissen, was in uns selbst bei der Lösung eines Problems im Wege steht.

So ist zum Beispiel ungleichmäßiges, bzw. unrhythmisches Spiel nicht unbedingt nur das Produkt ungenauen Hörens oder schlampigen Übens, sondern es ist immer auch Folge fehlender Balance im ganzen Körper, ja in der ganzen Person. Eine bessere Balance jedoch führt nicht nur zu gleichmäßigeren Bewegungsabläufen, sondern auch zu besserem Hören. Allerdings: Gewissenhaftes Üben wird durch keine noch so gute Balance ersetzt!

Nicht nur Kontinuität und Leichtigkeit von Bewegungen oder rhythmische Klarheit, auch dynamische Differenzierung, z.B. ein voluminöses Piano oder ein weiches Fortissimo sind ohne gute Koordination kaum möglich.

Schließlich ist auch die Intonation auf Melodieinstrumenten und beim Singen nicht nur eine Frage der Hörfähigkeiten - und diese selbst sind wiederum abhängig von Balance und Koordination.

Machen wir uns klar: Keine noch so rational begründete Instrumental- oder Gesangstechnik ist als solche schon richtig, sondern sie bedarf bei ihrer Anwendung *eines Subjekts, das sich selbst bewußt zu steuern vermag*, indem es die dazu nötigen Kontrollmechanismen einsetzen kann, während es sich verändert. Denn bei jedem Lernvorgang verändern wir uns. Die Frage ist aber auch hier: in welche Richtung?

Wenn ich - im Sinne der Alexander-Technik - beharrlich insistiere, nichts mit Gewalt erreichen zu wollen, sondern die Mittel jedesmal zu bestimmen, die ich garantiert nicht einsetzen werde, so wird aus jeder noch so mühevollen Übe-Situation schließlich ein Befreiungsakt: Meine intuitiven Fähigkeiten, das was wir als Inspiration bezeichnen, kann endlich freigesetzt werden. Es gelingt mir dann mehr und mehr, beide Gehirnhälften miteinander kooperieren zu lassen.

Denn auch der musikalische Vortrag ist keineswegs nur eine Frage der musikalischen Phantasie und Intelligenz. Durch unzureichende Koordination und Balance verschieben sich nämlich auch die musikalisch-ästhetischen Wahrnehmungsmöglichkeiten, und oft sind dann Manierismus, falsche Deklamation, falsche Rubati, sinnlose Tempi etc. die Folge. Je häufiger aber so musiziert wird, desto eher neigt der jeweilige Musiker dazu, diese Verzerrungen und Verschrobenheiten als seine persönliche Ästhetik auszugeben, oder aber er ist, wenn er sich selbst z.B. auf Band hört, ungeheuer überrascht und enttäuscht über Mängel, die ihm bis dahin gar nicht bewußt gewesen waren, da seine bewußten Intentionen ganz andere waren.

Was sich nämlich durch die Alexander-Technik beim Musizieren wohl am allermeisten verändert, ist die Spiel-Kontrolle. Ich kann dann lernen, nicht mehr unbedingt in den Prozeß des Spielens eingreifen zu müssen, sondern nur noch - mit allen Sinnesorganen - zu beobachten und dadurch mein Spiel viel freier werden zu lassen.

Die richtige Reihenfolge bei Lernschritten muß nämlich heißen: Denken - Handeln - Kritisieren (und nicht: gleichzeitig Handeln und Kritisieren und hinterher Denken). Durch dieses einen Prozeß ungehindert Ablaufen-Lassen entdecke ich dann, was ich an *positiven* Möglichkeiten in mir habe. Sie können dann endlich zur Entfaltung kommen. Und - was auch nicht zu verachten ist - sie motivieren mich beim nächsten Übe-Schritt, die nächste „inhibition" als Frustration zu ertragen.

So kann und muß sich mein Lernen mit der Selbstbestimmung dessen, was ich tun und lassen will (und *wie* ich etwas tun will), von meinem Metier als Musiker und von meinem Leben im sogenannten Alltag her immer mehr gegenseitig durchdringen und bedingen. Es ist dies dann im wörtlichen Sinn ein beständiges Training hin zu mehr *Autonomität*.

Natürlich finden und fanden zu allen Zeiten immer wieder einzelne Menschen diesen Weg auch ohne die Alexander-Technik. Sie haben dieselben Prinzipien, ohne sie - wie Alexander - „auf den Begriff bringen" zu können, in sich selbst wahrgenommen und angewandt. Aber es sind und waren immer Ausnahmen.

Es müßten aber immer mehr Menschen autonom sein können, denn unsere heutige Welt braucht solche Menschen viel nötiger als je. Leider scheint eher das Gegenteil erkennbar: weil unsere Realität heute viel komplizierter und gefährlicher ist, kommen immer weniger Menschen mit ihr zurecht - und umgekehrt!

Hier könnte Alexanders Entdeckung und die daraus entwickelte Technik eine wirkungsvolle, weltweite Gegenbewegung einleiten. Diese ist absolut nötig für unser Überleben als Spezies.

Literatur

F.M. Alexander: Die Grundlagen der F.M.-Alexander-Technik, Heidelberg 1985
ders.: Der Gebrauch des Selbst, München 1988
M. Gelb: Körperdynamik, Frankfurt 1986

Rudolf Kratzert
Hans-Leistikowstraße 20
3500 Kassel

Die Feldenkrais-Methode im Instrumental- und Gesangsunterricht

PETER JACOBY

Die Feldenkrais-Methode wurde von Dr. Moshé Feldenkrais entwickelt und gelehrt. 1904 in Rußland geboren, verließ er mit 15 Jahren seine Eltern und begab sich allein auf die Wanderschaft nach Palästina, wo er zuerst als Arbeiter und Landvermesser arbeitete. Mit 20 entschloß er sich, die Gymnasialbildung nachzuholen mit besonderem Interesse an Psychologie und Pädagogik. Daneben betrieb er Jiu-Jitsu und wurde Lehrer in dieser Kunst der Selbstverteidigung bei der Haganah, der jüdischen Verteidigungsorganisation. 1929 erschien in Tel-Aviv sein erstes Buch: „Jiu-Jitsu and Self Defense", das bereits ein Zentrum seines Denkens umkreist: die *Erziehung zur Autonomie*; gleichzeitig beschäftigte ihn die autosuggestive Psychotherapie und die Gedankenwelt Émile Coués, dessen Buch über Autosuggestion er ins Hebräische übersetzte. Außerdem arbeitete Feldenkrais als Erzieher von Kindern mit besonderen Lernschwierigkeiten. Er arbeitete mit ihnen nach einem Prinzip des Jiu-Jitsu: niemals gegen den Widerstand des Gegners angehen, sondern ihn benutzen, um das zu erreichen, was man möchte.

Seine Erfolge brachten ihm ein Stipendium für ein Studium in Europa ein, und er entschloß sich, an der Universität von Paris Ingenieurwissenschaften zu studieren. 1933 diplomiert, wurde er Mitarbeiter der Atomphysiker Frédéric und Irène Joliot-Curie, die 1935 den Nobelpreis erhielten. Feldenkrais studierte dann weiter an der Sorbonne Physik und schrieb seine Doktorarbeit.

Die Begegnung mit Dr. Jigoro Kano, dem Begründer des Judo, führte zu einer intensiven freundschaftlichen Zusammenarbeit: das Ziel, den Gegner durch Ausspüren seiner schwachen Punkte und Imbalancen kampfunfähig zu machen und dies mit minimaler Kraftanwendung und maximaler Effizienz, mußte für den Physiker, der täglich mit den Gesetzen der Thermodynamik beschäftigt war, doppelt interessant sein. Hier finden wir die *physikalische Seite* der späteren Methode: die Struktur des Skeletts als Antwort des Organismus auf die Schwerkraft der Erde, mit der Bewegungsmechanik des Körpers unter dem Gesichtspunkt der Optimierung von Bewegung: maximale Effizienz bei minimaler Kraftanwendung.

Feldenkrais wurde 1936 der erste europäische Judoka mit schwarzem Gürtel und schrieb in der Folge mehrere sehr erfolgreiche Bücher über Judo. Ein entscheidendes Erlebnis in dieser Zeit war eine Knieverletzung, die ihn gehunfähig machte und die er durch Selbstbeobachtung und Anwendung von Bewegungen heilte.

Die deutsche Invasion Frankreichs 1940 zwang Feldenkrais, nach England zu gehen, wo er in den Labors der Marine bei der Entwicklung des Radar mitarbeitete. Für sich studierte er Psychoanalyse, Anatomie und Nervenphysiologie, beschäftigte sich mit der Arbeit von Frederick Mathias Alexander, dem Begründer der Alexandertechnik, dem er auch persönlich begegnete, und der Philosophie von Gurdjeff. Alexander war der erste, der zeigte, daß man seine Körperhaltung durch geeignete Übungen ändern kann; von Gurdieff übernahm Feldenkrais den Gedanken, daß persönliche Entwicklung durch Veränderung und Erweiterung des körperlichen und geistigen Bewußtseins geschieht. Nach dem Krieg verbrachte Feldenkrais einige Wochen bei Heinrich Jacoby in fruchtbarem Gedankenaustausch, Jacoby lehrte ihn Zeichnen.

1949 veröffentlichte Feldenkrais sein grundlegendes Buch: „Body and Mature Behaviour. A Study of Anxiety, Sex, Gravity, and Learning". Er geht davon aus, daß die Urangst des Menschen auf den unkonditionierten (angeborenen) Fallreflex des Säuglings zurückgeht, der die Kontraktion aller Beugemuskeln und die Hemmung der Streckmuskeln auslöst. Alle späteren Ängste sind konditionierte (gelernte) Ängste, die diese Urangst einschließen, ein Neurotiker somit ein Mensch, dessen Beugemuskeln gewohnheitsmäßig kontrahiert sind und dadurch sein Funktionieren, seine Anpassungsfähigkeit beeinträchtigen. Der Ausweg liegt nicht nur, wie bei Freud, im Bewußtmachen, sondern wie bei Wilhelm Reich und Alexander im Ändern des physiologischen Habitus, der „Haltung", der gewohnten Bewegungsmuster. Dies ist, wie es schon Coué postuliert hatte, ein unbewußter Lernvorgang.

Zuerst arbeitete Feldenkrais wie Alexander mit seinen Händen: Indem er den Körper seiner Schüler bewegte, Muskeln verkürzte und verlängerte, veränderte er Tonus, Haltungs- und Bewegungsmuster und damit die gesamten psychosomatischen Verhältnisse. Diese Arbeitsweise erhielt später - wohl auch mit einem Seitenblick auf die Strukturelle Integration von Ida Rolf („Rolfing") - den Namen *Funktionelle Integration (functional integration)*.

1949 entschloß sich Feldenkrais, einem Ruf des jungen Staates Israel zu folgen, wo er als Leiter der Elektronikabteilung des Verteidigungsministeriums wirkte und seine Methode unterrichtete. Sein prominentester Schüler war Premierminister Ben Gurion, der noch in hohem Alter eine erstaunliche Leistungsfähigkeit entwickelte. Feldenkrais kam hier auf den Bewegungsunterricht des Judo zurück und unterrrichtete seine Methode nun auch verbal in Klassen. Der Name für diese Unterrichtsform ist *Awareness Through Movement (Bewußtheit durch Bewegung)* nach seinem 1972 veröffentlichten Buch. Er bildete Assistenten aus, die jetzt die Ausbildungskurse in aller Welt leiten und unterrichtete 1975-81 auch in den USA. 1977 veröffentlichte er: The Case of Nora, dt.: Abenteuer im Dschungel des Gehirns, und 1981: The Elusive Obvious, dt.: Die Entdeckung des Selbstverständlichen.

1984 ist Feldenkrais in Tel-Aviv gestorben. In New York erschien 1985 „The Potent Self", dt. „Das starke Selbst", das Zwillingsmanuskript zu „Body and Mature Behaviour" ebenfalls aus dem Jahr 1949, das seine Arbeit von der psychischen Seite beleuchtet und das er damals nicht zu veröffentlichen gewagt hatte.

Es liegt auf der Hand, daß es unmöglich ist, die Feldenkrais-Methode einigermaßen umfassend zu beschreiben - sie muß erfahren werden. Aber zusätzlich zum bisher im Lebenslauf Angedeuteten lassen sich vielleicht bestimmte Perspektiven und Querverbindungen aufzeigen, bevor ich auf die Anwendung im Musikunterricht eingehe.

Lange vor dem Neurologen Sperry erkannte Feldenkrais, daß unser Gehirn von der Natur als ein Aktionsinstrument konzipiert ist und daß der Bewegungscortex nicht umsonst eine zentrale Stelle in unserer Hirnrinde einnimmt. Die Arbeit mit der Bewegung beeinflußt den Organismus daher grundlegend. Aber - wie die moderne Neurologie gezeigt hat - dieser motorische Cortex hat eigentlich auch einen eher sensorischen Charakter, denn wir steuern unsere Bewegungen indirekt über das Registrieren von Tonus- und Längenänderungen der Muskulatur. Es gehen keine direkten Kontraktionsbefehle vom Gehirn zur Muskulatur, wie man lange annahm. Die Speicherung von Bewegungsmustern ist daher auch keine Speicherung von Muskelkontraktionen, sondern höchstwahrscheinlich eine Darstellung von Gelenkbewegungen in ihrem Umweltbezug. Wie die Forschungen von Pribram ergeben haben, ist sie wie alle unsere Wahrnehmung in Frequenzform niedergelegt, ähnlich dem Hologramm in der Fotografie.

Dies bedeutet für die Praxis, daß die Bewegungsfähigkeit eines Individuums von seiner Wahrnehmungsfähigkeit bestimmt ist. Der kinästhetische Sinn, das über den Tast-, Temperatur- und Schmerzsinn tiefer hinabreichende Körperfühlen mit seinem Muskel- und Gelenkssinn, ist ja unsere erste und grundlegende Wahrnehmungsfähigkeit überhaupt und auf das Innigste mit unserer

Selbstidentität verknüpft. Diesen Sinn, das eigene *Körperbild*, wie man auch sagen könnte, umfassend, plastisch und lebendig zu entwickeln, ist das erste Ziel der Feldenkrais-Methode.

Gleichzeitig ist es die Schaffung eines Eutonus. Auch hier hat die Physiologie Feldenkrais inzwischen recht gegeben: *den* Tonus gibt es nicht, sondern ein *Tonusmuster*, das dann optimal ist, wenn es die größte Aktions- und Reaktionsbereitschaft liefert („Bereitschaftstonus").

Die Entwicklung des kinästhetischen Sinns geschieht in der Verbindung mit den anderen, späteren Sinnen als eine Entwicklung der Orientierung des Individuums in seiner Umwelt, von der wir uns niemals getrennt denken können: Schwerkraft, Raum, Zeit, Mitmenschen. Die Neuerziehung (reeducation) und Selbstneuerziehung des Einzelnen durchläuft so die eigene Ontogenese (die Bewegungsübungen sind tatsächlich an der Entwicklung des Kindes orientiert), aber auch die Phylogenese: differenzierte Bewegungen lassen sich optimieren, wenn wir ihre ursprünglichen Grundlagen, ihre Primärfunktionen, wieder entdeckt und uns mit ihnen vereinigt haben. Lernen bekommt so einen quasi religiösen Aspekt, aber auch den des Spiels. Hier gibt es Verbindungen zur Arbeit von Jean Piaget, Heinrich Jacoby und Emmi Pikler.

Die verbesserte Kommunikation innerhalb des Gehirns betrifft nicht nur die horizontale der beiden Großhirnhemisphären, also eine bessere Zusammenarbeit von Analyse- und Synthesefähigkeiten, sondern ist auch vertikal spürbar: so wie Sprache nicht mehr als Wirklichkeitsersatz sondern als Kommunikationsmittel erlebt wird, so ist das eigene Bewußtsein nicht mehr eine isolierte Insel im Unbewußten, sondern ein Instrument des Handelns aus dem unerschöpflichen, warmen und vertrauten Urgrund des eigenen Daseins. Das Lernen geschieht auf allen Ebenen und besonders effektiv unbewußt. Das Bewußtsein nimmt daran teil, wenn es an der Zeit und notwendig ist. Man lernt an Bewegungen, etwas geschehen zu lassen, aber auch etwas anzufangen, anzuhalten, umzukehren, Ziele, Wege und Geschwindigkeit zu ändern: *Kontrolle* über das eigene Tun und damit Autonomie wird so keine hart erarbeitete Disziplin, sondern die natürliche Folge eines spielerischen Entwicklungsweges. Wille und Spontaneität erscheinen dann nicht mehr als Gegensätze; Leichtigkeit als Abwesenheit von Widerständen wird zum Kriterium der Harmonisierung der Hirnfunktionen. Hier ist Feldenkrais eng verbunden mit der Hypnotherapie Milton H. Ericksons und Erfahrungen moderner Lernsysteme wie etwa dem Superlearning Lozanovs.

Die Praxis des Unterrichts kennt die schon oben erwähnten zwei Vermittlungsformen: im Gruppenunterricht (ATM = Awareness Through Movement) erforscht jeder für sich aktiv seine Bewegungen nach den Anweisungen des Lehrers, im Einzelunterricht (F.I. = Functional Integration) bewegt der Lehrer den Schüler, der sich dadurch erfährt. Die Bewegungen sind zumeist leicht, klein, sanft und fließend: nach dem Weber-Fechnerschen Gesetz ist der fühlbare Unterschied proportional zur angewandten Kraft (etwa 1 : 40). Wohlbehagen in der Sicherheit gewinnt der Schüler durch Bestätigung seiner gewohnten Bewegungsmuster, dies befähigt ihn zum Ertragen des Abenteuers der ungewohnten Bewegungsmuster, die sein Organismus dann als willkommene Erleichterung in sein Repertoire integrieren wird.

Feldenkrais hat seine Arbeit nicht als esoterisches Tun verstanden, sondern als praktische Lebenshilfe, als Hilfe zur Selbsthilfe, Erziehung zur Selbsterziehung, Lernen zu lernen. Im Musikunterricht wie in jeder Art von Unterricht ist dies zunächst auf beide Partner einzeln anzuwenden: auf den Lehrer wie auf den Schüler. Dann wird sich auch das gemeinsame Handeln, der Unterricht, verändern.

Ganz allgemein wird man gemeinsam die Beweglichkeit von Denkweisen erforschen: Welche sind der heutigen Situation, dem gewählten Gebiet (Stoff, Thema) und den beteiligten Menschen angepaßt und welche sind überlieferte Denkgewohnheiten, die aus früheren Situationen stammen? Kann das Verhältnis von Lehrer und Schüler so beweglich gestaltet werden, daß sich keine festen Abhängigkeiten ausbilden, sondern im gegenseitigen Respekt vor der menschlichen Würde und der Individualität des anderen ein Gleichgewicht umspielt wird, das die Entwicklung des Schülers zur Autonomie fördert? Denken Lehrer und Schüler daran, daß ihre Kommunikation keine einseitige ist, sondern ein ständiger gegenseitiger Informationsfluß, durch den der Lehrer genau so lernt, wie der Schüler? Kann man das Lernen nach äußeren (gesellschaftlichen) Normen, Werten, Maßstäben für Leistungen aufgeben zugunsten des Lernens aus innerem Bedürfnis, aus Interesse, Neugier und Freude?

Im Musikunterricht wird die Entwicklung zum differenzierten musikalischen Hören untrennbar verbunden sein mit der des Musizierens, Musizieren hier verstanden als ein elementarer ganzkörperlicher Vorgang, der alle Mittel einschließt. Eine solche Allgemeine Musik-Erziehung ist die gesunde Basis für jede spätere Spezialisierung auf ein Instrument. In der Praxis erleben wir, daß wir oft auf solche Erfahrungen zurückgehen müssen, um spezielle Schwierigkeiten aufzulösen.

Im Instrumentalunterricht erforschen Lehrer und Schüler gemeinsam das Verhältnis des Spielers zum Instrument. Wir erzeugen durch Bewegungen Musik. Das Instrument setzt durch seine Konstruktion dem Spieler bestimmte Bewegungsregeln; dies gilt allgemein wie auch für das einzelne Instrument. Der Spieler wird mit seinem Instrument eine Einheit: das Zentralnervensystem kann die kinästhetische Wahrnehmung auf die Dimensionen und die entscheidenden Berührungs- und Bewegungszonen des Instruments ausdehnen (für jeden Autofahrer eine alltägliche Erfahrung!).

Durch das spielerische Umgehen mit dem Instrument werden Bewegungsabläufe koordiniert und optimiert. Diese sollten einerseits immer den ganzen Menschen einbeziehen (z.B.: „kann ich dabei noch frei atmen?"), andererseits sollten sie die größte Wahlmöglichkeit in der Hervorbringung musikalischer Klänge anstreben. Es ist einengend, vor der Erlangung optimaler Kontrolle im Umgang mit dem Instrument soziokulturelle Kriterien wie „schöner Ton" einzuführen. Besser ist die Entwicklung zur Sensibilität, zum Unterscheidenkönnen minimaler Unterschiede im Verein mit der Entwicklung gesunder Dynamik, d.h. der Bewältigung immer größerer Umfänge. Optimale Bewegungsmuster ermöglichen anstrengungslose Kraftanwendung. Dann wird der Musiker fähig sein, nach seinem eigenen Ausdrucksbedürfnis und seiner eigenen Entscheidung in dem von ihm gewählten soziokulturellen Umfeld „schön" zu spielen, weil er mit seiner eigenen Realität vertraut ist. Feldenkrais: „Wenn du weißt, was du tust, kannst du tun, was du willst."

Für den Gesang gilt das gleiche, nur mit dem Unterschied, daß hier der Körper das Instrument darstellt, das sich entwickelt und entfaltet, während das „Spiel" mit ihm geübt wird. Die Stimmfunktion ist eine späte Funktion des Kehlkopfs, der ursprünglich einen Ventilverschluß der Atemorgane zu ihrem Schutz und für bestimmte körperliche Tätigkeiten darstellt. Das Gefühl der „Stütze" hat hier seine Wurzel. Wir können spezielle Übungen zum Erfahren der ursprünglichen Funktionen entwickeln, die das Stützgefühl wecken und die Leistungsfähigkeit der Stimme verbessern.

Die Kontrolle des Singens ist - wie Experimente bewiesen haben - bei Berufssängern gegenüber Laien mehr eine kinästhetische als eine durch das Gehör. Das Hören der eigenen Stimme, das vor allem innen durch Knochen- und Gewebeleitung geschieht, kann durch unphysiologische Muskelaktivitäten scheinbar „verbessert" werden. Auch Vibrationsempfindungen („Stimmsitz", „Resonanz") sagen nichts über die Realität, die Art der Stimmerzeugung aus. Das, was traditionell fälschlicherweise Resonanz genannt wird, ist in Wirklichkeit die Empfindung des eigenen Atemraums und der Atemfunktion, die das Arbeiten des Kehlkopfs verändert. Daher ist das Fühlen des eigenen Tuns beim Gesang besonders wichtig: das Sich-Einlassen in die eigene Stimmbewegung als Erfahren des eigenen Rhythmus, der eigenen Spontaneität und das Erfahren des Singens als Aufrechterhalten einer Balance. Dies ist der eigentliche Stimm„sitz".

Die Funktion der Stimme als Kontaktinstrument, als Ausdruck unserer Stimmungen, Gefühle, Absichten und als Träger der Sprache gibt ihr eine zentrale Rolle in der Persönlichkeitsentwicklung. Der Lehrer erhält dadurch eine Vielzahl von Mitteln, um die Stimme des Sängers zur selben Beweglichkeit, Wahlmöglichkeit, Sensibilität und Dynamik zu entwickeln wie seinen Bewegungsapparat.

Singen als Mit-der-Stimme-Musizieren erfordert dann die Differenzierungsmöglichkeit zwischen den Funktionen des Sängers und des Musikers. Ein Sänger sollte das, was er singen will, zuerst in seiner musikalischen Vorstellung lebendig hören können, bevor er es mit der Stimme ausprobiert. In dieser Weise werden dann Hören und Fühlen miteinander verbunden.

Zusammenfassend kann man sagen, daß die Feldenkrais-Methode, die keine Therapie, sondern eine Lernmethode sein will, zu den neuen Perspektiven gehört, die sich im Paradigmenwandel unserer Zeit eröffnen. Sie entspringt aus einer ganzheitlichen systemischen Sicht, die den Menschen als Organismus in seiner Umwelt begreift, der sich durch eine besonders hohe Anpassungsfähigkeit und durch lebenslanges Lernenkönnen auszeichnet.

Lernen geschieht durch Unterscheiden von Qualitäten, daher ist der Weg wichtiger als das Ziel. Lernen kann nur in einer „Luxus"situation erfolgen, weil hier das Gehirn in sich frei kommunizieren kann. In Notsituationen werden Hirnverbindungen unterbrochen, damit niedrigere Niveaus reflexmäßig lebensrettend arbeiten können (Pribram).

Lernen führt zu Wahlmöglichkeiten, der Umwelt und sich selbst gegenüber, zu Differenzierung.

Jedes Leben besteht aus Homöostasen, Gleichgewichten; diese in jeder Situation optimal balancieren zu können, ist nur bei Sensibilität und Beweglichkeit möglich. Sinngemäß gilt alles auch für das Zusammenleben von Menschen untereinander: Kommunikation statt Abgrenzung, Zusammenwirken durch Selbständige, Zusammenarbeit als äußerste Differenzierung. Diese neuen Perspektiven auch in den Instrumental- und Gesangsunterricht einzuführen, in ihnen zu leben, wird für alle, die es probieren wollen, interessant und vielleicht auch befriedigend sein.

Literatur

Feldenkrais, Moshé: Body and Mature Behaviour, Neudruck, Alef Publications, Tel Aviv 1989³
ders.: Bewußtheit durch Bewegung (Der Aufrechte Gang), Suhrkamp Taschenbuch 429, Frankfurt/M 1978
ders.: Abenteuer im Dschungel des Gehirns: Der Fall Doris, Suhrkamp Taschenbuch 663, Frankfurt/M 1977
ders.: Die Entdeckung des Selbstverständlichen, Insel-Verlag, Frankfurt/M 1985 und Suhrkamp Tb.
ders.: The Potent Self: A Guide to Spontaneity, Harper & Row, New York 1985; dt.: Das starke Selbst. Anleitung zur Spontaneität, Insel, Frankfurt/M 1989
Hanna, Thomas: Moshé Feldenkrais: The Silent Heritage, in: Somatics 4, Heft 3, Herbst/Winter 1984/85, S. 22-30
Jacoby, Peter: Die Doppelventilfunktion des Kehlkopfs und ihre Bedeutung für die Phonation, in: Gundermann, H. (Hrsg.): Aktuelle Probleme der Stimmtherapie, Fischer, Stuttgart, New York 1987, S. 109-115
ders.: Funktionale Stimmtheorie - Versuch einer Anweisung zur naturgemäßen Stimmbildung, in: Flöte Aktuell, Frankfurt/M 1989
Pribram, Karl H.: Languages of the Brain: experimental paradoxes and principles in neuropsychology, Prentice-Hall, Englewood cliffs, New Jersey 1971
Rywerant, Jochanan: Die Feldenkrais Methode, Kübler & Akselrad, Heidelberg 1985
Triebel-Thome, Anna: Feldenkrais. Bewegung - ein Weg zum Selbst. Einführung in die Methode, Gräfe und Unger, München 1989
Walterspiel, Beatriz: Das Abenteuer der Bewegung. Die Feldenkrais-Methode, Kösel, München 1989

Prof. Peter Jacoby
Matthias-Claudius-Weg 9
4930 Detmold

Die Disziplinierung des Körpers.
Anmerkungen zum Klavierunterricht in der zweiten Hälfte des 19. Jahrhunderts

MARTIN GELLRICH

Der Leitgedanke, daß Musikerziehung ein wichtiger Bestandteil nationaler Volkserziehung sein soll, zieht sich wie ein roter Faden durch die Geschichte der deutschen Musikpädagogik, von ihren Anfängen in der ersten Hälfte des 19. Jahrhunderts über zwei Weltkriege hinweg bis hinauf in die jüngste Vergangenheit. Welche fatalen Auswirkungen die Funktionalisierung des Musikunterrichts für nationalerzieherische Zwecke hatte, soll im folgenden am Beispiel der Klavierpädagogik zwischen 1850 und 1885 verdeutlicht werden, einer Zeit, in der die nationale Einigung Deutschlands nicht zuletzt auch dank der straffen Militarisierung der Gesellschaft und der aufwendigen Inszenierung einer nationalen Musikkultur nach vielen Kämpfen und Querelen endlich vollendet werden konnte. In diesem Beitrag wird gezeigt, wie der Klavierunterricht in der Gründerzeit nach dem Vorbild des Militärdienstes umgestaltet wurde und dazu mißbraucht wurde, die Körper der Schüler zu disziplinieren und zu leistungsfähigen Hämmermaschinen abzurichten.

Der Wandel des Klaviers vom Saiteninstrument zur Tastenmaschine

Beginnen wir zunächst mit einigen theoretischen Vorüberlegungen. Die Umgestaltung der Klavierunterrichtmethodik, die etwa um die Mitte des 19. Jahrhunderts stattfand, ist in engem Zusammenhang mit einem weitreichenden Transformationsprozeß zu sehen, den das Klavierspiel in der ersten Hälfte des 19. Jahrhunderts erfahren hat, nämlich dem Wandel des Klaviers vom Saiteninstrument zur Tastenmaschine.

Ursprünglich war das Klavier ein Musikinstrument wie jedes andere: ein Werkzeug zur Klangerzeugung. Und da diese mittels Saiten erfolgte, war es eigentlich ein Saiteninstrument. Die viergliedrige Tätigkeitskette beim Klavierspiel entsprach jeder beliebigen anderen Werkzeughandlung.

Mensch	Werkzeug	bearbeiteter Gegenstand	Ergebnis Stoff
Klavierspieler ->	Tastenmechanismus ->	angeschlagene Saite -->	Ton

Die Aufmerksamkeit des Klavierspielers war auf das Ergebnis bzw. den bearbeiteten Stoff gerichtet, also den Berührungspunkt zwischen Hammer und Saite sowie das klangliche Ergebnis. Dies war allein schon deshalb notwendig, weil das Klavichord erlaubte, den Ton noch nach dem Anschlag zu modifizieren. Man verhielt sich beim Klavierspielen nicht anders als bei jeder anderen Werkzeughandlung. Beim Hämmern z.b. achtet man auf den Nagelkopf bzw. das Ergebnis des Hämmerns, wie der Nagel in die Wand eindringt.

Speziell das Klavichordspiel diente zur „Selbstbearbeitung der Sinnlichkeit", und zwar Sinnlichkeit verstanden als Einheit von körperlichem, seelischem und geistigem Erleben. Es wurde dazu verwendet, um die Empfindungsfähigkeit des Hörens und körperlichen Musikerlebens in einer Weise auszudifferenzieren, die wir heute, glaube ich, nicht mehr verstehen, geschweige denn nachzuempfinden in der Lage sind (Scherer 1989). Die Empfindsamkeit des Ohres wurde von den Klavichordspielern in einer ähnlich genialen Weise entwickelt, ja sogar bisweilen bis zur Lüsternheit gesteigert, wie Jean-Babtiste Grenouille in Patrik Süßkinds „Parfüm" die Sensibilität seines Geruchssinnes entfaltete.

Während der ersten Hälfte des 19. Jahrhunderts emanzipierten sich Tastatur und Hammermechanismus allmählich aus der Rolle des bloßen Werkzeugs. Sie wurden selbst zum bearbeiteten Gegenstand. Das Klavier wurde zum Tasteninstrument. Damit ergab sich eine Umwertung der ursprünglichen Tätigkeitskette (s. nächste Seite). Die Gegenüberstellung führt recht plastisch vor Augen, wie und wo genau Umwertungen stattgefunden haben. Aus der ursprünglichen Tätigkeitskette schälte sich eine zweite Kette heraus, deren Werkzeug der zum Spielapparat, also zur Maschine umfunktionierte Körper, deren Arbeitsgegenstand die Tastatur und deren Tätigkeitsergebnis die Bearbeitung des Tastenmechanismus war. Die einzelnen Funktionen der Handlungskette sind, bildlich gesehen, jeweils um ein Glied zum Körper des Klavierspielers hin verschoben. Was beim Klavier vorher die Saiten waren, waren jetzt die Tasten; was vorher der Hammermechanismus war, war nun bei der menschlichen Maschine die Bewegungskette Oberarm - Unterarm - Hand - Finger; was beim Klavier die Taste war, waren jetzt die Nerven, nämlich die Verbindung zwischen dem Spielapparat und dem Willen des Klavierspielers. Bedient wurde die Taste vom Finger und der menschliche Spielapparat vom Gehirn. Bei der neuen Tätigkeitskette verlagerte sich auch die Konzentration. Statt auf den Hammeranschlagspunkt und den erzeugten Ton, lenkte der Spieler nun seine Aufmerksamkeit auf die Tastatur bzw. die Bearbeitung des Tastenmechanismus.

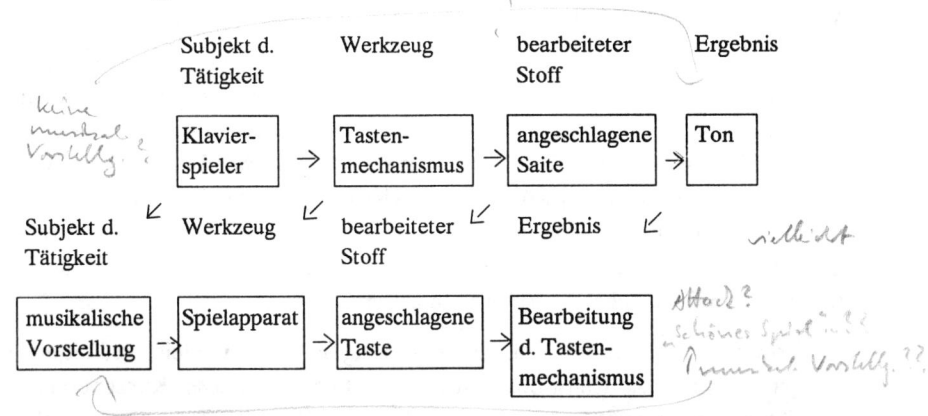

Subjekt d. Tätigkeit	Werkzeug	bearbeiteter Stoff	Ergebnis
Klavierspieler →	Tastenmechanismus →	angeschlagene Saite →	Ton

Subjekt d. Tätigkeit	Werkzeug	bearbeiteter Stoff	Ergebnis
musikalische Vorstellung -→	Spielapparat →	angeschlagene Taste →	Bearbeitung d. Tastenmechanismus

Nur der Ergänzung halber sei erwähnt, daß der eben skizzierte Prozeß der Umwertung in der philosophischen Hegel-Marx-Tradition als „Entfremdung" bzw. „Verdinglichung" bezeichnet wird (s. z.B. Marx 1953, Lukàcs 1977, Sève 1978, Tomberg 1974). In den Büchern von Thobias Matthey (1903), Jószef Gát (1956), Carl Adolf Martienssen (1930) und Wolfgang Scherer (1989) kann man ausführlicher über den Entfremdungsmechanismus nachlesen, der dem Klavierspiel potentiell innewohnt. Der Wandel des Klaviers vom Saiteninstrument zur Tastenmaschine hatte weitreichende Konsequenzen für Klavierspiel und Klavierspieler, die in ihrer ganzen Tragweite durchaus noch nicht vollständig erforscht sind.

Eine der wichtigsten Folgen ist wohl, daß in der entfremdeten Tätigkeitskette die Saite bzw. der erzeugte Ton fehlen. Die zweite Kette endet mit der Bearbeitung der Tastatur. Der Klavierspieler ist somit vom eigentlichen Ergebnis seiner Tätigkeit, dem Ton, abgeschnitten. Es ist zweifellos das Verdienst Martienssens, diesen Entfremdungsmechanismus genauer analysiert zu haben (z.B. Martienssen 1930, 1954).

Eine zweite Folge der Umwertung des Saiteninstruments Klavier zur Tastenmaschine bestand darin, daß der Körper des Klavierspielers zum verdinglichten

Werkzeug wurde. Daraus resultierte weitergehend, daß die Identität des Klavierspielers zerteilt wurde in die musikalische Vorstellung auf der einen und den Spielapparat auf der anderen Seite. Diese Persönlichkeitsspaltung in Körper und Geist bereitet Pianisten und - man muß hinzufügen - Instrumentalisten generell seither erhebliche Probleme. Solange das Klavier noch als Saiteninstrument gespielt wurde, waren die polaren Kategorien „musikalische Vorstellung" und „Spielapparat" ebenso unbekannt wie der Begriff „Spieltechnik".

Eine unmittelbare Folge der Funktionalisierung des Körpers des Klavierspielers zum Spielapparat war, daß die Kraft der Musikalität, die sich aus dem unmittelbar körperlichen Erleben, dem rhythmischen Bewegen und Atmen sowie dem mimischen und gestischem Ausdruck ergibt, zunehmend domestiziert wurde. Die Verdinglichung des Körpers war sicherlich einer der wichtigen Ursachen dafür, daß der mimische und gestische Ausdruck beim Musizieren im 19. Jahrhundert immer unwichtiger wurde und sich der musikalische Ausdruck allmählich auf das rein klangliche Ergebnis reduzierte.

Viertens ist auffällig, daß sich die Umwertung in etwa zum gleichen Zeitpunkt ereignete, als sich die Kunst des Klavierspiels zur reproduktiven Kunst verengte. Die Koinzidenz kommt nicht von ungefähr: Der Klavierspieler konnte nämlich überhaupt erst dann auf die Idee kommen, seinen Blick auf die Funktionsweise seines Spielapparats zu lenken, als das Ergebnis des Musizierens durch den Notentext festgelegt war. Solange der Pianist improvisierte und komponierte bzw. wenn er Stücke anderer Komponisten nach Noten spielte, dieselben mit vielfältigen Zusätzen versah, konzentrierte er seine ganze Aufmerksamkeit auf die harmonischen Fortschreitungen, das logische Verständnis der Komposition und das klangliche Ergebnis seines Spiels.

Durch die Umwertung des Klaviers zur Tastenmaschine wurden ferner auch, und dieser Punkt ist durchaus positiv zu werten, wichtige Impulse zur Weiterentwicklung des Klavierspiels gegeben. Die neuen Spieltechniken, bei denen die Tasten aus dem Fingergelenk, dem Handgelenk und dem Unterarm hammerähnlich (an)-geschlagen wurden, trugen erheblich zur Erweiterung der Palette klanglicher Ausdrucksmöglichkeiten bei. Dafür ist Kullaks „Ästhetik des Klavierspiels" (1860/1889) ein eben so gutes Beispiel wie die vielen Klavierkomponisten der 20er Jahre, Bartók, Strawinsky, Hindemith u.a., die mit der entfremdeten Spielart experimentieren, indem sie das Klavier als eine Art interessantes Schlaginstrument verwendeten.

Schließlich - das nur zur Ergänzung - wirkte sich die neue „wahre Art das Klavier zu spielen" unmittelbar auf den Klavierbau aus. Beispielsweise mußten die Instrumente robuster gebaut werden, damit sie der Schlagtechnik der Pianisten standhalten konnten. Und auch die Tatsache, daß sich die englische Stoßzungenmechanik allmählich gegenüber der deutschen Mechanik durchsetzte, bei der Hammer und Taste noch in direkter Verbindung standen, steht sicherlich in direktem Zusammenhang mit dem Wandel der Spieltechnik.

Die Abrichtung der Hand zur Hammermaschine

Das Problem der Klavierpädagogik zwischen den Jahren 1850 und 1885 bestand nun meines Erachtens nicht in der Tatsache, daß die entfremdete Form des Klavierspiels überhaupt gelehrt wurde, sondern in der Ausschließlichkeit, mit der dies geschah, und den teilweise sehr üblen Unterrichtsmethoden, mit denen die neue Spielart den Schülern beigebracht wurde.

Eine wichtige Voraussetzung dafür, daß das entfremdete Klavierspiel allgemein durchgesetzt werden konnte, war die Normierung der Handhaltung. Dieser Punkt soll uns im folgenden ein wenig ausführlicher beschäftigen.

Solange das Klavier als Saiteninstrument gespielt wurde, gab es hunderte von möglichen und unmöglichen Handstellungen, die je nach gewünschtem Affektausdruck und individueller Eigenheit des Spielers gewählt wurden. Ungeachtet der Verschiedenheit der Spielbewegungen galt allerdings der Grundsatz, daß die fleischigen Fingerkuppen vor dem Anschlag in jedem Falle engen Kontakt mit der Taste haben mußten. Dies wissen wir aus zahlreichen Klavierschulen, z.B. von Moscheles & Fetis (1837), Logier (1829), Kalkbrenner (1830) und Steibelt (1823), aber auch aus Berichten über die Spielweise großer Pianisten, z.B. von Bach, Beethoven, Czerny, Thalberg, Chopin, Liszt, Debussy (Herrmann 1971, 25 ff.). Auf diese Weise wurde erreicht, daß der sensible Bezug zur Taste - und über den Tastenmechanismus zur Saite und zum Ton - möglichst unmittelbar und dicht war. Die Tasten wurden daher auch gedrückt und nicht angeschlagen. Finger, Hand und Arm wurden als direkte Verlängerung des Hebelsystems des Tastenmechanismus angesehen.

Die Spieltechnik änderte sich grundlegend, als etwa um die Mitte des 19. Jahrhunderts der Arm des Pianisten zur Hammermaschine umfunktioniert wurde. Es war mithin tatsächlich so, daß sich der Klavierspieler, bzw. genauer gesagt, ein Teil von ihm, sein Arm, in sein ursprüngliches Werkzeug verwandelte, nämlich den Hammermechanismus. Leider nur ist die menschliche Hand nicht zum Zwecke des Hämmerns erfunden worden. Bei ihrer Umbildung zur Hammermaschine wurden daher physiologische Funktionsgesetze durchweg mißachtet.

Für die Umgestaltung der Hand zur Hammermaschine traten zwischen 1850 und 1885 fast alle Klavierlehrer ein. Besonders hervorgetan haben sich allerdings die einflußreichen Pädagogen L. Köhler und H. Riemann. Um sich einen Einblick in die Klaviererziehungspraxis der beiden berühmten Herren zu verschaffen, rate ich dem Leser, folgende Anweisungen auszuprobieren. Aber bitte vorsichtig!

Die letzten Fingerglieder sollen nach Köhlers Meinung „schnurgerade (lothrecht) mit dem Fleischtheile der Spitze auf den Tasten stehen" (Köhler, zit. nach Riemann 1883/1912, 7). Riemann rät sogar, neben dem letzten noch das vorletzte Fingerglied senkrecht zu stellen, wodurch sich zwischen dem ersten und zweiten Fingerglied ein rechter Winkel ergibt und der Fingerhammer so einen größeren Hammerkopf erhält. Die Vordergelenke der Finger durften nicht einknicken, sondern hatten eine gerade Linie zu bilden (Riemann 1883/1912, 9). Natürlich störten bei den zu Hämmern umfunktionierten Fingern häufig die Fingernägel, die daher entsprechend kurz gehalten werden mußten (Riemann 1883/1912, 9).

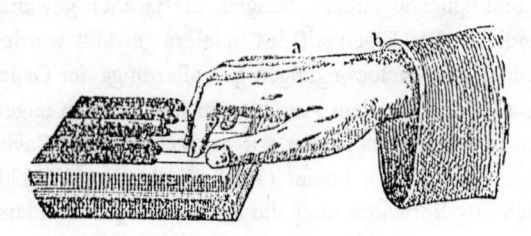

a) Handknöchel. b) Handgelenk.

Abb. 1

Die Handdecke und die ersten Fingerglieder sollten eine waagerechte Ebene bilden. Die Knöchel der Fingergrundgelenke durften nicht hervortreten (Riemann 1883/1912, 7). Nach Köhlers und Kullaks Ansicht sollten diese Grundgelenke sogar überstreckt werden. Louis Köhler sagt: „Von den Handknöcheln der Finger 2, 3, 4 bis zu deren nächsten Fingergelenken muss das Fingerglied in seiner Linie etwas aufsteigen, wodurch eine wünschenswerthe geringe Vertiefung auf der Handdecke gebildet wird" (Köhler 1857/1858, 16).

Zum Zwecke des Anschlags hob man den zum Hammer umfunktionierten Finger - im gekrümmten Zustand, versteht sich - so hoch wie möglich, um ihn anschließend herunterfallen zu lassen. Kullak bemerkt dazu: „Was nun die Belegung der Finger in dieser Form des Spielapparates betrifft, so repräsentirt das erste Glied den Stil eines Hammers, die anderen aber den abwärts gehenden Kopf desselben. Die Krümmung des Fingers muß straff festgehalten werden, und das Gefühl der Lockerheit besteht nur im Knöchelgelenk" (Kullak 1860/1889, 133).

Eine Folge der Veränderung der Fingerhaltung bestand darin, daß nun die sensible Fingerbeere nicht mehr mit den Tasten in Berührung kam und daher der ursprüngliche, innige, über den Tastsinn vermittelte Bezug des Fingers zur Taste, zum Tastenmechanismus, zur Saite und damit zur Tonerzeugung unterbunden war. Dazu Hugo Riemann: „Die Anschlagsstelle der dreigliedrigen Finger (2, 3, 4, 5) ist die Spitze, nicht der Ballen des letzten Gliedes; der patschende Anschlag mit dem Ballen ist schon des begleitenden Klappgeräusches wegen nicht gut zu heissen" (Riemann 1883/1912, 9). Nur zum Vergleich: Wenn Klavierspieler früher mit stark gekrümmten Fingern spielten, was durchaus des öfteren der Fall war, dann drückten sie während des Tastenandrucks die Finger durch und erreichten auf diese Weise, daß der sensible Teil der Fingerkuppe die Taste berührte.

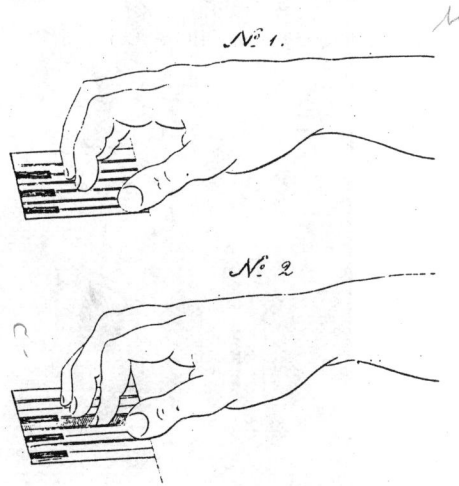

Abb. 2 (Steibelt 1823, 20)

Die Unsinnigkeit der von Riemann geforderten Haltung wird sofort klar, wenn man sie mit der Handhaltung bei anderen Werkzeughandlungen vergleicht. Matthay bemerkt: „Offensichtlich fällt es uns nicht ein, auf einen Tennisschläger, den Violinbogen oder das Billardqueue zu schlagen, wir fassen sie stattdessen an und benutzen sie" (Matthey zit. nach Gát 1956, 77). Wem würde es einfallen, den Griff eines Hammers mit der Hand zu schlagen? Aber niemand stößt sich daran, wenn Klavierhämmer mit Fingern, Handgelenk und Arm behämmert werden. Ebenso würde es keinem Benutzer eines Hammers einfallen, sich darauf zu konzentrieren, wie die Hand den Hammer anfaßt. Genau so verhält sich aber ein Klavierspieler, der sich auf die Tastenbearbeitung konzentriert. Oder: welcher Dummkopf käme auf die Idee, einen Hammer oder ein Autolenkrad mit steil aufgestellten Fingern anzufassen und nur mit dem äußersten Ende der Fingerspitzen zu berühren. Dadurch ginge ja die ganze Handlungskontrolle verloren. Man ergreift diese Werkzeuge stattdessen mit der ganzen Hand, um eine möglichst dichte Verbindung zwischen Körper und Werkzeug herzustellen und so das Werkzeug zur direkten Verlängerung des Armes zu machen. Den Entfremdungsmechanismus durchschaute ein schlauer Karikaturist bereits im Jahre 1837:

Abb. 3 « SYMPHONIE EN UT MAJEUR »
27 × 21,5 cm.

Schließlich wurde die Handhaltung auch in der seitlichen Dimension verändert. Früher war es oft üblich, die Hand zum kleinen Finger hin leicht abfallen zu lassen. Hummel riet sogar, ähnlich wie übrigens auch Gustav Schilling und Friedrich Wieck, die Hände „wie die Füße" etwas nach außen stehen zu lassen (Hummel 1828, 13). Auf diese Weise wurde dreierlei erreicht: erstens, daß die Finger leicht übergeschlagen werden konnten, zweitens, daß sich der Schwerpunkt der Hand zu den Außenfingern hin verlagerte, wodurch ihre relative Schwäche gegenüber den anderen Fingern kompensiert wurde, und drittens, daß der Daumen etwas schräg mit der Fingerbeere die Tasten drückte. Damit die fünf Finger die Funktion einer „Hammerbatterie" erfüllen konnten, mußten sie „in Reihe und Glied antreten". Die alte Haltung wurde deshalb kurzerhand, von Riemann natürlich, zum Fehler erklärt (Riemann 1883/1912, 6). Die Knöchel der Fingergrundgelenke wurden nun auf eine Ebene parallel zur Klaviatur gebracht (Köhler 1857/1858, 16; Riemann 1883/1912, 7). Bei dieser Haltung verlassen die Außenfinger die Tasten und werden gekrümmt in der Luft gehalten. Der Handschwerpunkt verlagert sich in Richtung Daumen (Riemann 1883/1912, 8).

Es ist einleuchtend, daß diese Handhaltung das Klavierspiel zu einer äußerst komplizierten Angelegenheit werden läßt. Erstens werden die an sich schon schwächeren Außenfinger zusätzlich benachteiligt. Daher läßt sich der gleichmäßige Anschlag aller Finger, der, damals ästhetisches Ideal, lauthals propagiert wurde, nur schwer erreichen. Zweitens kann man mit dieser Haltung nur sehr mühsam eine singende Melodie herausbringen. Wer noch dazu eine Melodie mit den Außenfingern herausheben möchte, muß bei dieser Handhaltung unendlich mehr Kraft mit den schwachen Außenfingern aufbringen.

Schließlich veränderte sich durch die erhobene Außenhand die Stellung des Daumens. Er sollte leicht nach innen gebogen werden und den Anschlag nur noch mit der „äußersten Seitenfläche der Spitze" ausführen (Riemann 1883/1912, 10; Köhler 1857/1858, 16). Auf diese Weise wurde zwar bewirkt, daß der Daumen nicht mehr so kräftig anschlagen konnte, aber er verlor dafür, wie auch schon die anderen Finger, seinen sensiblen Kontakt zur Taste. Früher übrigens wurde der Daumen variabel je nach gewünschter Anschlagstärke und Grifflage (Obertasten) entweder gestreckt oder gekrümmt, entweder nur mit der Schneide oder mehr mit der Fingerbeere angeschlagen.

„Militärdienst" auf dem Klavier

Sehen wir uns nun die Methoden näher an, mit denen die von Riemann zum Gesetz erklärte Handhaltung und Anschlagsbewegung den Klavierschülern antrainiert wurde. Unter dem Vorwand „musikalischer Bildung" mußten die Klavierschüler nach militärischer Manier ihre Finger auf der Tastatur exerzieren lassen.

Ein illustres Beispiel hierfür ist Heinrich Ehrlichs Klaviermethodik. Der Berliner Musikpublizist und Klavierlehrer am Sternschen Konservatorium erklärt uns zunächst, was man im aufstrebenden deutschen Kaiserreich unter „musikalischer Bildung" verstand: „Aber die Lehrer und Lehranstalten können wohl auf den Bildungstrieb und auf die sittliche Bildung der jungen Musiker anders wirken, als bisher geschehen ist. Eine andere Generation könnte herangezogen werden, eine Generation, die in der Ausübung der Kunst eine Mission erblickte und sich selbst in den bescheidensten Verhältnissen noch immer zu den Ehrenbürgern der Nation zählen dürfte. Ist nicht der preußische Schullehrer in den letzten Jahren zu hohen Ehren gekommmen, als der Grundstein jener Bildung, in welcher, neben der Disziplin, die Hauptstärke des glorreichen Heeres beruht, das Geheimnis jener Aufopferung, Ausdauer, Selbstbeherrschung? Und sollte nicht der deutsche Musiker, wenn er seine Mission recht versteht, auch im kleinen Bildungskreise mithelfen können zur wahren Bildung seiner Nation?" (Ehrlich 1872, 73)

Staunend hat Ehrlich beobachtet, wie die typisch deutschen Tugenden: Disziplin, Ausdauer und Selbstbeherrschung beim Drillen der preußischen Rekruten ausgebildet wurden: „Wenn man beobachtet, wie die Preussischen Rekruten marschiren lernen, wie sie erst das Bein mit stark gebogenem Knie scharf in die Höhe heben und eine Zeit lang in dieser Stellung halten müssen, wie sie darauf den Fuss stramm und mit einem Ruck ausstrecken, wieder einen Moment über dem Boden halten und dann erst auf den Boden treten, wie sie jeden einzelnen Schritt so zu sagen in drei Theile zerlegen müssen, während man im gewöhnlichen Leben den Fuss ein wenig vom Boden abhebt und dann niedersetzt: so möchte man im Anfange diese Methode mehr bizarr als nützlich finden ... Aber gerade dieses Exercitium verleiht dem Preussischen Soldaten die Festigkeit und Ausdauer beim Marschiren; gerade weil ihm beim *langsamen Ueben* solche Kraftanstrengung aller Fuss-Muskeln auferlegt wird, vermag er später bei der schnelleren Ausführung die Schwierigkeiten eines langen und ermüdenden Marsches um so leichter überwinden... So auch, wenn der Klavierspieler beim *lang-*

samen Ueben die schwerste, seine Kräfte anspannende und konzentrirende Methode anwendet, wird er seine Fingermuskeln in hohem Grade stärken und bei der Ausführung alle Schwierigkeiten mit grösserer Sicherheit und Leichtigkeit überwinden" (Der Klavierlehrer 1878, 274).

Ehrlich ließ es nicht bei einem Vergleich bewenden; die Finger seiner Schüler mußten tatsächlich nach dem Vorbild preußischer Rekruten exerzieren. Zu den von ihm herausgegebenen Fingerübungen von Carl Tausig schreibt er: „Der Verfasser rathet die Uebung Nr. 9 zu allererst vorzunehmen, und zwar jeden einzelnen Ton nicht blos zweimal, wie es dort angezeigt steht, sondern 8 bis 10mal. Hierbei ist wohl zu beachten, dass jeder Finger so hoch als möglich aufgehoben werden und dann mit voller Kraft und vollem Fleische des letzten Gliedes auf die Tasten fallen muß. *Das Handgelenk muss unbeweglich, fast steif gehalten werden*, Oberarm und Ellenbogen festanliegend" (Ehrlich 1878, 274). Dazu muß man wissen, daß der Clou der Ehrlichschen Methode darin bestand, daß der Klavierübende Arme und Ellenbogen fest an den Oberkörper anzudrücken hatte. Dieses Anlegen des Oberarms, das verbunden mit der alten Handstellung, den nach außen stehenden Händen durchaus sinnvoll war, wurde durch die erhobene Außenhand zur Qual, weil sich nun Elle und Speiche bis zum Anschlag gegeneinander verdrehten und so das Handgelenk blockiert wurde. Ehrlich war übrigens noch ein humaner Klavieroffizier, andere sadistischere Pädagogen, z.B. Uso Seifert und Emil Breslauer steckten ihren 'Klavierrekruten' sogar zwei Bücher unter die Arme, die sie beim Spielen halten mußten. Ehrlichs Methode war damals keineswegs außergewöhnlich. Mit Büchern unter dem Arm mußten auch Cellisten und Geiger exerzieren.

Ehrlichs Haltungs- und Bewegungsregeln können als durchaus typisch für die damalige Zeit angesehen werden. Ähnliche Anweisungen finden sich z.B. bei Heinrich Germer, Uso Seifert, Karl Urbach, Karl Zuschneid und wie wir sahen auch Hugo Riemann. Der Arm des Klavierspielers wurde zum Apparat umfunktioniert, der die gleichen Bewegungen wie die Beine des marschierenden Soldaten auszuführen hatte. Wie der Soldat seinen Oberkörper sollte der Pianist seinen Körper und Arme unbeweglich halten. In gleicher Weise wie das Marschieren nur aus den Hüftgelenken hatte auch der Klavieranschlag nur aus den Fingergrundgelenken zu erfolgen. Die Finger des Klavierspielers mußten wie die Beine des Soldaten vor dem Stechschritt möglichst hoch gehoben werden, in „Art eines gespannten Büchsenhahns" wie Zuschneid in seinem „Methodischen Leitfaden für den Klavierunterricht" bemerkt (Wehe dem Klavier, wenn die

Büchse los geht!). Ähnlich wie die Soldaten hatten auch die Finger des Klavierspielers in Reihe und Glied anzutreten.

Die Klavierschüler hatten in dieser verkrampften Haltung, oft unter Aufsicht von Hilfslehrern (Marx 1855, 419), ausgiebigst Hämmerübungen nach endlos programmierten Fingerübungskompendien, z.B. von Handrock, Lebert & Stark (1858) und Hanon, zu absolvieren, wobei sie ihre Finger mit markigem Zählen kommandieren und peinlichst auf strikte Gleichmäßigkeit in Lautstärke und Tonlänge achten mußten. Eugen Pirani z.B. empfahl seinen Schülern 'Klavierspiel in die falsche Richtung': „Es wird zweckmässig sein, im Anfang die drei Momente (Hebung, Schlag, Druck) ganz auseinander zu halten und wie in obigem Beispiel bis drei zu zählen. Bei 1 findet die Hebung, bei 2 der Anschlag, bei 3 der Druck statt. Je höher der Finger gehoben wird, desto leichter wird der nachfolgende Schlag. Im Anfang wird die grösste Aufmerksamkeit auf das Heben gelenkt werden müssen und dieses allein geübt. Die Bewegungen der einzelnen Finger müssen unabhängig von der Handdecke und von den anderen Fingern ausgeführt werden; das heisst, die Handdecke und die nicht betheiligten Finger müssen vollkommen ruhig bleiben und keine unwillkürlichen Bewegungen machen. Als Controlle für die ruhige Handhaltung kann man eine Münze auf die Handdecke legen, die bei den Uebungen nicht fallen darf" (Pirani 1905, 7). Kurt Schubert berichtet, daß andere bösartigere 'Klaviererzieher' noch einen Schritt weiter gingen, indem sie die Münze durch ein Glas Wasser ersetzten (Schubert 1931, 129).

Dank der Autoritäten Louis Köhler und Hugo Riemann wurde der „Knöchelgelenksanschlag", so der damalige Fachjargon, überall in Deutschland eingeführt. Zum Leidwesen der Klavierpädagogen war dieser jedoch den Kindern nur mit großen Schwierigkeiten beizubringen. Wegen Untauglichkeit hätten eigentlich die Spielapparate der meisten Klavierschüler überhaupt nicht zum Militärdienst am Klavier zugelassen werden dürfen. Richtigerweise bemerkt daher auch Hugo Riemann, daß Hände, die seine Haltungsregeln aufgrund anatomischer Besonderheiten, z.B. „klauenartig nach der Kuppe übergekrümmte Nägel" (Riemann, 1905), nicht einhalten können, ein großes Hindernis für die Entwicklung von Virtuosität seien. Wer dennoch zum Militärdienst auf dem Klavier eingezogen wurde, mußte exerzieren und wie: Durch den Willen des Übenden alleine ließ sich der Knöchelgelenksanschlag den Fingern nicht anerziehen. Auch die feinausgeklügelten Haltungsregelsysteme, welche die Klavierpädagogen der ersten Generation, Carl Czerny (Unterrichtsbriefe) und Gustav Schilling (1843) z.B., nach dem Vorbild Knigges aufgestellt hatten, wurden für untauglich befunden. Um störende Mitbewegungen abzustellen und die isolierten Anschlagsbewegungen der Fingergrundgelenke zu fördern, mußten drastischere Maßnahmen ergriffen werden. Zu diesem Zweck ersannen einige findige Klavierlehrer für jedes zu „bildende" Körperteil eine spezielle Hilfsmaschine.

E. Kupke beispielsweise konstruierte einen Handleiter, mit dessen Hilfe dem Daumen 'Isolationsfolter' verabreicht werden konnte, während der Handteller in einen Schraubstock aus Eisen eingezwängt wurde.

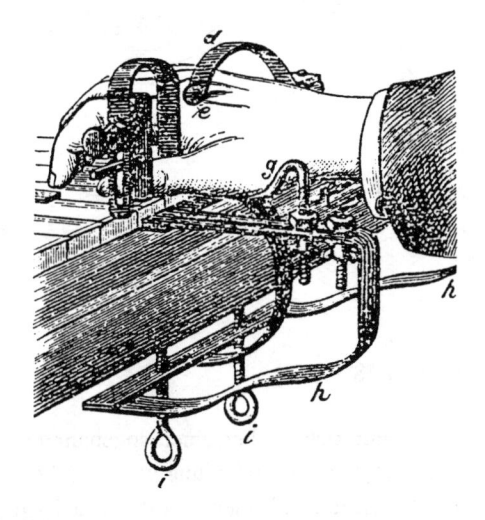

Abb. 4 (Der Klavierlehrer 1883, 156)

Das Handkorsett von Lenz sollte verhindern, daß die Knöchel der Fingergrundgelenke heraustraten. Zu beachten ist die unscheinbare Stellschraube c., die ein Hervortreten des besonders widerspenstigen Knöchel des zweiten Fingers unmöglich machen sollte. Der Ärmste! Einerseits hatte er in harter Fronarbeit die Tasten zu behämmern, und andererseits behinderte ihn permanent ein Stahlstachel. Schlauerweise war dieser mit einem Schraubgewinde versehen, so daß es dem Klavierlehrer je nach Lust und Laune möglich war, den Stift tiefer in den Knochen einzubohren.

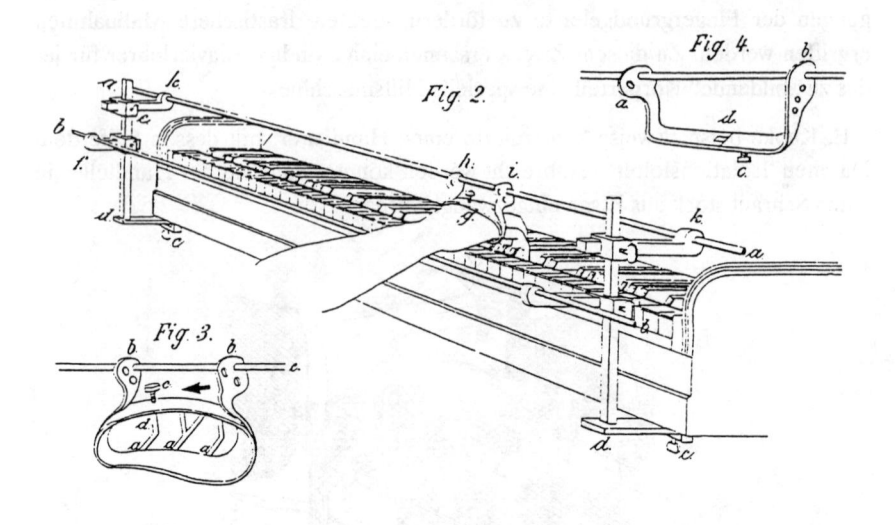

Abb. 5 (Der Klavierlehrer 1879, 256)

Im Jahre 1881 erfand Heinrich Seeber einen sogenannten „Klavierfingerbildner". Besonders begeistert über die Erfindung war natürlich H. Riemann, denn damit war endlich eine Maschine erfunden, mit der sein Fingerhaltungsideal landesweit verwirklicht werden konnte (Riemann 1883/1912, 9).

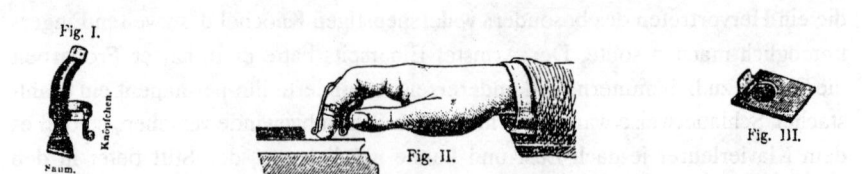

Abb. 6 (Der Klavierlehrer 1881, 57)

Lassen wir Heinrich Seeber selbst die Funktionsweise seiner Erfindung erklären. Er „dient dem Schüler zur Selbstbeobachtung der Finger, indem er die fehlerhafte Haltung derselben während des Anschlags durch Aufklopfen auf die Taste bemerkbar macht. Er besteht aus Fingerringen, an welchen sich Vorrichtungen befinden, Fig. I. Für jeden dreigliedrigen Finger ist ein solcher Ring (genannt Bildnertheil) bestimmt und sitzt dieser am Finger, so wie es Fig. II zeigt; Saum und Knöpfchen müssen einen Millimeter über der Taste stehen, sobald der Finger vorschriftsmässig auf derselben ruht (siehe Fig. II. Abstand des Saumes und Knöpfchens von der Taste). Mit dem Richtplättchen (Fig. III) bringt man den angesteckten Bildnertheil an seinen genauen Platz. Ist der Fingerbildner richtig angesteckt, so begiebt sich die fügsame Hand in die regelrechte Haltung: dann ist die Führung des Fingers, wenn sich derselbe im Handknöchel bewegt, eine schulgerechte und wird bei solchem Anschlag die Taste nur von der Fingerspitze berührt (s. Fig. II). Liegt dagegen in der Haltung oder Bewegung ein Fehler, so trifft gleichzeitig auch der Bildnertheil mit auf die Taste, was ein Aufklopfen verursacht und den Schüler zur Korrektur auffordert" (Der Klavierlehrer 1881, 57, 58).

Seebers patentierter Apparat zeichnete sich gegenüber den zuvor beschriebenen Apparaten durch eine neue Qualität aus. Er preßte nämlich nicht nur die fügsame Hand" in die „vorschriftsmässige", „schulgerechte" und „regelrechte" Haltung, sondern hatte darüber hinaus mit dem „Knöpfchen" und dem „Saum" zwei Bestrafungsmechanismen integriert. Klug ausgedacht: Unterstützung des Richtigen und Bestrafung des Falschen, alles in einer kleinen unscheinbaren, aber - weil versilbert und im eleganten Samtetui verpackten - wertvollen „Bildungsmaschine"!

Abb. 7 (Bohrers automatischer Klavier-Handleiter)

Eine andere weit verbreitete Bestrafungsmaschine, die verdeutlicht, daß Foucaults Theorie über die Geschichte des Gefängnisses durchaus auch für den Bereich des Instrumentalunterrichts zutrifft, war der „automatische Klavier-Handleiter" von Bohrer (Foucault 1976). Charles Gounod (!) erklärt uns seine Wirkungsweise: „Dem Schüler, der diese sinnreiche Vorrichtung benützt, welche seine Hände bei zu starkem Aufliegen anhält, oder verlässt, wenn er sie zu hoch hält, kann keiner dieser Fehler entgehen. Er weiss also, worauf er hauptsächlich beim Üben seine Aufmerksamkeit zu richten hat. Wenn er mit dem Handgelenk zu sehr auf die bewegliche Gelenkstütze, welche ihn führt, drückt, wird dieselbe in ihrer Bewegung, welche der auf einer Stange laufenden Vorhangringes gleicht, augenblicklich durch die Zähne der unteren Stange gehindert und angehalten. Wenn er aber im Gegenteil durch die Bewegung des Ellenbogens die Handgelenke zu hoch hebt - ein Fehler, der sehr oft da, wo der Daumen unter die Finger, oder umgekehrt die Finger über den Daumen zu setzen sind, von Anfängern begangen wird - gleiten ihm die Bracelets unter den Handgelenken weg" (Aus der Werbebroschüre für den automatischen Handleiter). In der Werbebroschüre für den Handleiter erfahren wir genauer, was mit „automatisch" gemeint ist: „Bohrer's Handleiter überwacht selbständig und unablässig das Spiel des Schülers und macht ihn auf jede fehlerhafte Hand- und Armhaltung aufmerksam. Diese immerwährende Controlle, welche bis jetzt zu den peinlichsten Aufgaben des Klavierlehrers zählte, und welche eben nur für die Dauer der Lection möglich war, wenn nicht die Geduld des Unterrichtenden schon vor Ablauf einer solchen Marterstunde sich erschöpft hatte, dehnt der *automatische* Klavier-Handleiter auch auf die Zeit des Selbst- und Alleinübens aus und übernimmt somit gewissermassen die Stelle des abwesenden Lehrers".

Louis Köhler und Carl Reinecke waren von Bohrers Überwachungsmaschine so begeistert, daß sie technische Übungen für sie komponierten (Der Klavierlehrer 1878, 109). Der Handleiter, auch als „Ei des Kolumbus" gepriesen, fand insbesondere in Konservatorien zahlreiche Anhänger. Er wurde durch Zeugnisse der Konservatorien in Berlin, Brüssel, Gent, Leipzig, London, Lüttich, München, Paris, Rotterdam, Stuttgart und Wien sowie durch hundertfünfzig „namhafte Musik-Autoritäten" empfohlen. Darunter findet man einige, von denen man die Begeisterung für den Bestrafungsapparat nicht unbedingt erwartet hätte, so etwa Hans v. Bülow, Camille Saint-Saens, Clara Schumann und Theodor Kullak.

Neben dem Spielapparat wurde auch die Haltung des Oberkörpers und des Kopfes sorgfältig reglementiert. Die Körper- und Kopfbewegungen, die im 18. Jahrhundert noch wichtiges Mittel waren, um den klanglichen Ausdruck gestisch zu unterstützen, wurden strikt unterbunden. Erlaubt war nur noch eine statische, gerade und „anständige" Körperhaltung, die das reibungslose Hämmern der Spielapparatur keinesfalls beeinträchtigen durfte. Bisweilen versuchte man die vorschriftsmäßige Haltung dem Schüler durch Lehrgedichte beizubringen.

Von der Haltung am Klavier
Grade sitzen!
Sich nicht stützen!
Weder vor- noch rückwärts beugen.
Nicht nach rechts und links sich neigen!
Arm und Hand nicht unnütz rühren,
Selbstbeherrschung nie verlieren!
Vor des Instrumentes Mitte
Sich plazieren so ist's Sitte
Füsse nah am Pedal,

Oberkörper vertikal,
Und bei grösster Kraftentfaltung
Ungezwungen sei die Haltung!
(Der Klavierlehrer 1884, 94, 95)

Eine andere Methode erfand Henriette Rumpf. Wahrscheinlich aufgrund ihres Familiennamens fühlte sie sich dazu berufen, einen „Gradehalter für den Rumpf" zu konstruieren. Von einer mit einem Lederriemen um den Oberkörper geschnallten „Kravatte aus Stahl" wurde das Kinn des Klavierschülers nach oben gehalten. Der unförmige Block D., der bei vorschriftsmäßigem Anlegen des Apparats in die Magengrube drückte, machte das Klavierüben zu einer unverdaulichen Angelegenheit.

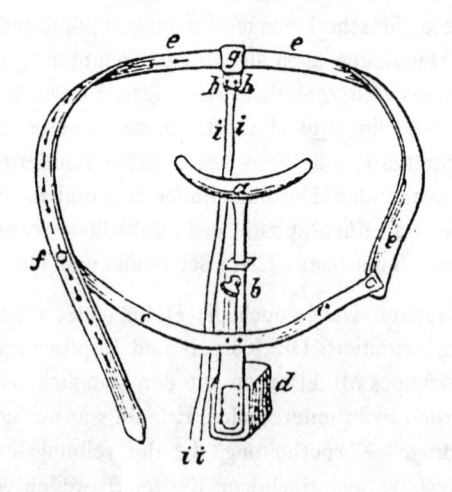

Abb. 8 (Der Klavierlehrer 1879, 285)

Trotz der vielen Apparate konnte allerdings ein pianistisches Hauptproblem nicht gelöst werden, nämlich der zum Marschieren untaugliche Ringfinger. Da er trotz fleißigen Trainings nicht in der Lage war, die gleiche Hubhöhe und damit die gleiche Anschlagsstärke wie die anderen Finger zu erreichen, mußte er in die Folterkammer. Johann Ottomar Boencke konstruierte für ihn einen Sehnenspanner.

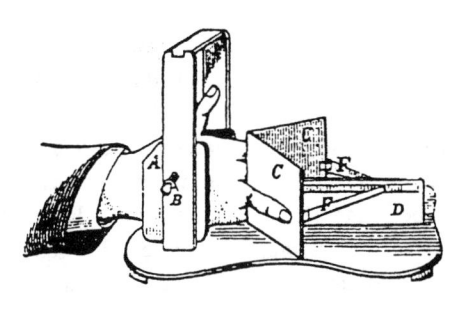

Abb. 9 (Der Klavierlehrer 1884, 197)

Als auch das Spanntraining die Impotenz des 4. Fingers nicht beheben konnte, kam er schließlich unters Messer. Richard Zeckwer gelang es in Komplizenschaft mit einem gewissen Dr. Forbes, die störenden Sehnen, die den vierten Finger mit den Nachbarfingern verbinden, durchzutrennen (Der Klavierlehrer 1882, 153). Ihr erstes Opfer war - wie könnte es anders sein - ein junger Mulatte. Die Operation verlief erfolgreich: der Mulatte konnte seinen vierten Finger nach Verheilen der Wunde einen Zoll höher heben als vorher. Kurze Zeit später wurden die Sehnenschnitte, obwohl die Wunden oft nicht verheilten und des öfteren falsche Sehnen durchgetrennt wurden, vielerorts (sogar international) als Routineoperation für Pianisten eingeführt. So wurden bis zum Jahre 1889 allein in einer einzigen Stadt, nämlich San Franzisko, 200 erfolgreiche Operationen durchgeführt. Die vierten Finger der Klavierspieler konnten nun ohne in der Marschformation der fünf Finger aufzufallen ihre Hämmerübungen auf den Tasten absolvieren.

Nun, wer waren die Opfer der breit angelegten Klaviererziehungskampagne? Es waren natürlich die Frauen (s. a. Scherer 1989; Ballstedt u. Widmaier 1989). Daß die Klaviererziehungsmaßnahmen vornehmlich auf die Disziplinierung des weiblichen Körpers zielten, läßt sich allein schon daran erkennen, daß der Großteil der Klavierschüler im ausgehenden 19. Jahrhundert weiblichen Geschlechts war. Auch wurden, wie man den zeitgenössischen Publikationen entnehmen kann, die oben beschriebenen Hilfsapparate mit Vorliebe von Eltern und Klavierlehrern erfolgreich an ihren Töchtern bzw. Schülerinnen ausprobiert. Sollten etwa die heiligen Musestunden des Klavierunterrichts ein Terrain zum Ausleben sadistischer Männer- und Frauenphantasien gewesen sein? Man kann durchaus behaupten, daß das Klavierspiel im vom Kopf bis Fuß durchmilitarisierten Kaiserreich für die Frau in etwa die gleiche Funktion hatte wie die Militärausbildung für den Mann. Das Klavierspiel ermöglichte der deutschen Frau, zumindest in bescheidenem Maße und in der abgeschiedenen Sphäre der häuslichen vier Wände, mit ihrem Körper das zu veranstalten, was dem deutschen Mann erlaubt war, in der öffentlichen Sphäre auf dem Exerzierplatz zu präsentieren, nämlich den Körper zu einer perfekten und leistungsfähigen und damit kriegstauglichen Maschine durchzustylen. Immerhin hatte man für das inzwischen schon zur „Landplage" (Meyer & Silbermann 1895, 264) gewordene Heer der Pianistinnen, die Tag für Tag in nimmermüder Heimarbeit auf den Hosenläden ihrer Bösendorfer (s. Abb. 11 unten) und Steinways nutzlos aber lustvoll herumtrommelten, bald eine produktive Verwendungsmöglichkeit gefunden. Dank der Erfindung der Schreibmaschine konnte ihre Hämmerfertigkeit nun in den neu entstandenen Schreibfabriken gesellschaftlich gewinnbringend verwertet werden (Meyer & Silbermann 1895, 264; s. a. Scherer 1989, 39) Freilich benutzten einige wenige Pianistinnen ihren durch Klavierspiel gestählten Körper auch als Mittel der Emanzipation und schafften den Sprung aufs Konzertpodium. Um sich dort durchsetzen zu können, mußten sie allerdings männlicher als alle ihre männlichen Kollegen, als - wie man sie damals nannte - „Musik-Amazonen" (Ehrlich 1895, 101 ff.) auftreten und die Klaviere noch schneller und härter schlagen als diese.

Die zweifelhafte Rolle der Physiologen

Das Beispiel der Operation des 4. Fingers wirft übrigens ein Licht auf die dubiose Rolle, die die Physiologie in der Klavierpädagogik des 19. Jahrhunderts spielte. Mehr als einmal versahen Physiologen die Untaten schwarzer Klavierpädagogen mit dem Stempel wissenschaftlicher Legitimität. Heinrich Ehrlich z.B. befragte Physiologen, um seine üble Marschiermethode wissenschaftlich abzusichern: „Der Verfasser hat um seiner Selbstbelehrung willen, d.h. um die Ursachen der eigenthümlichen Wirkung seiner Methode physiologisch kennen zu lernen, sich an den Herrn Professor Kronecker, Vorsteher einer physiologischen Abtheilung an der Königlichen Universität, und an Herrn Dr. Remark, Privatdozenten an der Universität, mit der Bitte um einige Angaben gewandt" (Der Klavierlehrer 1878, 250). Die ahnungslosen - oder vielleicht doch nicht ahnungslosen Physiologen bestätigten leider Ehrlichs Methode. Von nun an mußten seine Schüler mit an den Körper gedrückten Oberarmen ihre Fingerrekruten drillen, die Wissenschaft wollte es so.

Wir haben hier ein gutes Beispiel dafür, wie Naturwissenschaft, Militarismus und Klavierpädagogik zusammenwirkten. Die Militärübung war das Vorbild für die Klavierübung. Der Naturwissenschaftler legitimierte die Disziplinierung des klavierspielenden Körpers. Der Klavierlehrer revanchierte sich: Er lieferte dem Offizier bereits gut vortrainierte und taktfeste Rekruten. Der Wissenschaftler seinerseits konnte stolz darauf sein, daß seine Erkenntnisse von praktischem Nutzen waren.

Den Physiologen fiel jedoch nicht nur die Aufgabe zu, Unterrichtsmethoden wissenschaftlich abzusichern, ihre Methode, den Spielapparat in Einzelmuskeln zu zerlegen, diente darüber hinaus auch als methodisches Vorbild für das Klavierüben. Die Anschlagsbewegungen wurden in die kleinstmöglichen Elemente zerlegt, separat geübt und erst anschließend wieder zu vollständigen Bewegungen zusammengesetzt. Dieser Zusammenhang wird z.B. von Gustav Stoeve hervorgehoben, der im Jahre 1886 eine erste vollständige musikalisch-physiologische Bewegungslehre für das Klavierspiel entwickelte: „Eine der wichtigen Aufgaben der musikalisch-physiologischen Bewegungslehre besteht darin, die vollen Bewegungen, wie sie in der Technik des Klavierspiels vorkommen, in *einzelne Theile* zu zerlegen. Die Zerlegung ist um so besser, je kleiner die einzelnen Theile, Momente genannt, geworden sind, und je mehr es ermöglicht wird, die einzelnen Momente auch *einzeln zu üben*. Die dann erfolgende *Zusammensetzung* besteht darin, dass nach und nach einander verschiedene Momente zu einem vereinigt werden, bis schließlich die ganze Bewegung in einem Zuge gemacht wird" (Stoeve 1886, 59)

Aus der Perspektive der elementaristischen wissenschaftlichen Sichtweise wurde das Klavierspiel zu einem fast unverständlichen komplizierten Vorgang. Staunend beschreibt ein unbekannter Autor die Leistungsfähigkeit der klavierspielenden Roboterin: „Ueber die unglaubliche Fingerfertigkeit, die der Mensch durch lange Uebung erlangen kann, äusserte sich in einem Vortrage Sir James Paget in London folgendermassen: Ich entsinne mich, eine Pianistin gehört zu haben, welche ein Presto von Mendelssohn in vier Minuten drei Sekunden herunterspielte. Das Stück enthielt 5595 Noten. Nun erfordert aber jede Note mindestens zwei Bewegungen des betreffenden Fingers, eine hebende und eine senkende; ausserdem aber erfordern viele Noten eine seitliche Bewegung. Dazu kommen die Bewegungen der Handgelenke, der Ellenbogen und der Arme, jedenfalls für jede Note mindestens eine, die Pianistin machte also bei jeder Note mindestens drei Bewegungen, was, bei 24 Noten in der Sekunde, 72 Bewegungen

127

in demselben Zeitraume ausmacht. Ausserdem erforderte jede Bewegung natürlich eine Willensäusserung und eine gewisse Kraft. Sie hing von dem Bewusstsein der Pianistin über die Lage ihrer Hand und jedes Fingers sowie über die zu äussernde Kraft ab, so dass zu jeder Note drei Willensäusserungen gehörten. Dies bringt die Zahl der Vorgänge zum Spielen einer jeden Note auf 144 in der Sekunde" (Der Klavierlehrer 1889, 93) Doch leider währte das Wunder der Klavierspielroboterin nicht lange. Ein gewisser Dr. Allan Mc Hamilton, nach Breslaurs Urteil eine Autorität auf dem Gebiet nervöser Krankheiten, berichtet von einer Patientin, die von der Wahnvorstellung verfolgt wurde, daß sich die Finger unter ihren Händen verdoppelten (Breslauer 1896, 192)

Apropos: Der Zusammenhang zwischen naturwissenschaftlicher Untersuchungsmethode und Übemethodik macht übrigens auch die durchaus verheerenden Folgen deutlich, die die u.a. von Hering, Logier und A.B. Marx mit großem Erfolg im musikalischen Unterrichtswesen eingeführte Methode, den Lernstoff in möglichst kleine Partikel zu zerlegen und dieselben streng systematisch anzuordnen (s. Heise 1986), für das Musiklernen insbesondere der Dilettanten hatte.

Die Umkehrung der Beziehung Spieler - Instrument

Kommen wir nun noch einmal zurück auf die Beziehung Spieler - Instrument. Bei dem Vergleich zwischen dem ursprünglichen und dem entfremdeten Klavierspiel fällt kurioserweise auf, daß sich das Verhältnis Spieler-Klavier umgekehrt hat. Das Klavier wurde zum lebendigen Wesen, zum Fetisch und der Klavierspieler zu dem, was vorher das Werkzeug war, nämlich zur Hämmermaschine. Die Animierung des Klaviers war freilich schon in früheren Zeiten erfolgt. Wie allen Werkzeugen, mit denen Großes geschaffen wurde, wurden auch dem Klavier von jeher menschliche Eigenschaften zugeschrieben. Deutlich wird dies z.B. in folgendem Sonett von Shakespeare (zit nach: Hildebrand 1985, 7). Die Beziehung zwischen Spieler und Instrument ist in diesem Gedicht auf den Kopf gestellt, denn sie ist zu einer zwischenmenschlichen Beziehung geworden, ja zu einem Liebesverhältnis. Shakespeares Traum wurde Realität, wie das Bild des „gebährfreudigen" Klavichords aus dem Jahre 1775 rechts zeigt.

Wie oft, wenn du mein Lieb, ein Lied mir spielst
Und über diese leichtbewegten Tasten,
Mit denen du beseligend ins Ohr mir zielst,
Die Kuppen deiner süßen Finger hasten, -

Beneide ich die kecke Tastatur,
Die küssen darf das Inn're deiner Hand,
Das leidenschaftlich meinen Lippen nur
Gehören sollt, die es so zärtlich band.

Ach, würden diese Lippen einmal so berührt,
Wie jenes tanzbeschwingte Holz,
Das alle Töne-Tage deine Finger spürt-,
Mit ihm zu tauschen, ja, das wär' mein Stolz.
Doch wenn der freche Klotz geküßt sein muß:
Reich ihm die Hand, die Lippe mir zum Kuß.

Abb. 10

Sogar noch in der zweiten Hälfte des 19. Jahrhunderts, als das Klavier dank Stahlrahmen längst zur potenten „männlichen Maschine" (Abb. 11) umfunktioniert war, behielt es noch seinen erotisch weiblichen Schleier. Allerdings war die Moral prüder geworden: Die nackten Klavierbeine erregten die Sexualphantasie des Bürgers anscheinend so sehr, daß man sie mit gestickten Röckchen ummäntelte (Sennet 1983, 216). Es bleibt allerdings zu fragen, ob die kurzen Röckchen nicht das schiere Gegenteil bewirkten, nämlich eine um so größere Sexualisierung der wohlproportionierten Klavierbeine. Auffällig ist ferner, daß just zur gleichen Zeit, als der Klavierspieler zur verdinglichten Maschine umfunktioniert wurde, die Klaviere mit immer üppigeren Gewändern bekleidet wurden.

Ludwig Bösendorfer
Abb. 11

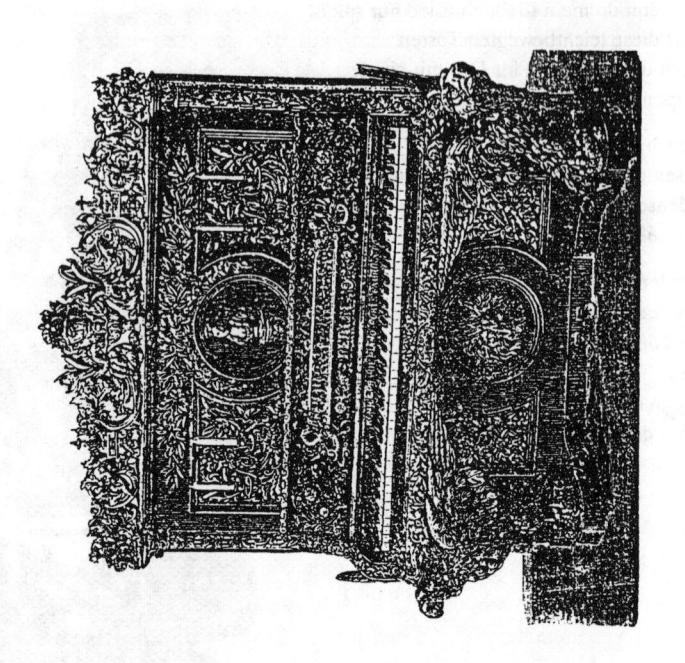

Abb. 12

130

Als sich das Klavier zur Tastenmaschine entwickelte, blieb die umgekehrte Beziehung Mensch - Werkzeug bestehen, nur war sie jetzt nicht mehr menschlich, sondern verdinglicht. Louis Köhler, der einerseits vehement für die Umbildung der Hand zum Hammermechanismus eintrat, schrieb andererseits über den Klaviermechanismus: „Der eigentlich interessante Punkt liegt nun aber darin, daß der Klaviermechanismus demjenigen des Armes von den Schultern bis zu den Fingerspitzen ähnlich, auf Anschlag und Tonerzeugung gerichtet ist: denn der von der Taste in den Klavierkörper fortlaufende Klaves-Balken ist ebenfalls ein Arm, der weiterhin unter dem Hammermechanismus seinen Ellenbogen hat, von welchem aus sich weitere Gelenke und Glieder emporrichten, die mit den Hand- und Knöchelgelenken verwandt sind und endlich in dem Hammerstil mit seinem Kopfe als Fingerspitze auslaufen, die unter die Saite schlagen wie der Finger auf die Taste" (Köhler 1860/1905, 266).

Köhler beschreibt den Tonerzeugungsmechanismus genauso wie den Spielapparat mit dem Vergleichsbild des Hammers. Umgekehrt ist nur die Schlagrichtung. Während der eine Hammer (der Spielapparat) nach unten auf die Taste trifft, zielt der Klavierhammer nach oben zur Saite. Wie Shakespeare, spricht auch Köhler dem Klavier menschliche Eigenschaften zu. Nur ist das Menschliche bei Köhler verdinglicht: Der Arm wird nämlich im Bild des Hammers gedacht. Es handelt sich demnach um einen doppelten und damit auch doppelt undurchsichtigen Entfremdungsvorgang: Der Mensch wird zum dinglichen Werkzeug, und das Bild des verdinglichten Menschen wird seinerseits auf das Werkzeug, das Klavier, projiziert.

Die Rolle der Virtuosen

Wenngleich auf den letzten Seiten viele Quellen angeführt wurden, die belegen, mit welch drastischen Methoden die Klavierschüler in der zweiten Hälfte des 19. Jahrhunderts zu Hämmermaschinen abgerichtet wurden, so muß doch einschränkend hinzugefügt werden, daß die Disziplinierung des Körpers ausschließlich für die Dilettanten und nicht für die Virtuosen galt. Noch mehr: Die Virtuosen verstießen mit Vorliebe gegen die rigiden Haltungs- und Anschlagsregeln der Pädagogen. Was die Virtuosen der zweiten Hälfte des 19. Jahrhunderts z.B. von dem Ideal des gleichmäßigen Anschlags hielten, wird jedem sofort klar, der sich alte Aufnahmen von Paderewsky, Sauer, Scharwenka u.a. anhört.

Fehlerhafte Hand- u. Fingerstellungen.

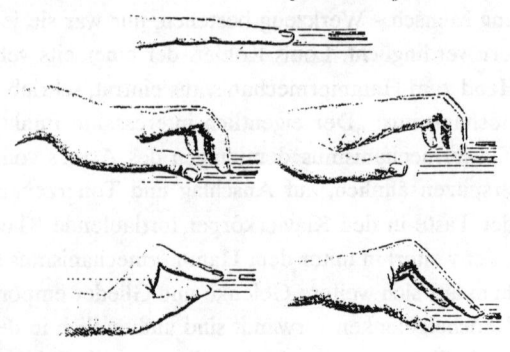

Adagio con sentimento

Adagio

Capriccioso

Piano

Abb. 13

Ein weiteres Beispiel: Die ersten fünf krankhaften Handhaltungen (s. vorige Seite) sind von Louis Köhler, die weiteren von Wilhelm Busch. Wenn die von Köhler gezeichneten Fingerhaltungen schon sündhaft sind, in welche Kategorie fällt eigentlich dann Buschs „Virtuose"? Etwa unter die Rubrik „Todsünde"?

Und wenn ein Schüler es wagte, seinen Lehrer zu fragen, warum sich die Virtuosen denn nicht an die Haltungsregeln hielten, bekam er zu hören: „Wenn die Erfahrung uns lehrt, dass Virtuosen sich auch abweichend von dem einen oder andern Theile dieser Vorschriften ausgebildet haben, so beruht dies sicher auf individuellen Eigentümlichkeiten in dem Bau ihrer Hände und ihres Körpers, die die Schule nicht berücksichtigen kann" (Klindworth 1903, VI).

Mit Vorliebe führten die Virtuosen ihre Verstöße gegen die vorschriftsmäßige Haltung im Konzertsaal vor. Sie schockten damit ihr Publikum: „Der Bürger schüttelte sich vor Grauen und Entsetzen" (Weissmann 1920), aber er brach trotzdem oder gerade deshalb in Begeisterungstaumel aus. Der Virtuose inszenierte in der Öffentlichkeit, was dem Zuhörer in den häuslichen vier Wänden zu tun verboten war (Sennet 1983).

Ein gutes Beispiel hierfür ist der Pianist Vladimir von Pachmann, der einen Großteil seines Ruhmes seinen Extravaganzen verdankt. Pachmann tat so ziemlich alles, was dem normalen Klavierschüler untersagt war. Dieser hatte seine Gestik und Mimik beim Spielen so weit wie möglich unter Kontrolle zu halten und sich dem Ideal der Maschine anzupassen, Pachmann hingegen schnitt Grimassen und begleitete sein Spiel mit auffälligen pantomimischen Vorstellungen und lauten verbalen Kommentaren. Stilaugen bekamen die Besitzer von Seebers Fingerbildner bereits, als Pachman ähnlich wie übrigens auch Anton Rubinstein das Klavier mit patschflachen Fingern betätigte. Außer Rand und Band geriet das Publikum allerdings erst, als Pachmann das pedantische Einrichten der vorschriftsmäßigen Haltung auf der Bühne inszenierte: Schonberg berichtet: „Sein Kampf mit dem Klavierstuhl war wohlbekannt. Es gehörte zu seinen Tricks, ihn zuerst höher, dann tiefer zu drehen und so lange daran herumzuhantieren, bis das Publikum in Verzweiflung geriet. Dann rannte er hinter die Bühne, holte ein dickes Buch und legte es auf den Sitz. Auch das war noch nicht richtig. Nun riß er eine Seite heraus und legte sie auf den Sitz und lächelte selig ins Publikum" (Schonberg 1972, 310)

Kurzer Ausblick in die Gegenwart

Die furchterregenden Maschinen, die - das sei nur am Rande bemerkt - auch im Schulunterricht häufig verwendet wurden (Bendele 1984), sind zwar längst verschwunden, ebenso wie die Auffassung, daß Klavierübung eine Vorbereitung auf den Militärdienst ist. Gehalten hat sich bis in die Gegenwart allerdings beharrlich die Auffassung, daß die Kunst des Klavierspiels vorrangig eine Kunst künstlicher Spielapparatbewegungen ist. Auch wird Klavierunterricht nach wie vor häufig dazu mißbraucht, um die Körper der Schüler zu disziplinieren. Schon allein durch die weite Verbreitung der Klavierschulen von Emonts (über Monate hinweg auf dem Schloß-C angekettete Daumen) und Schaum (Papierkragen) z.B. wird diese Ideologie tagtäglich reproduziert. Erhalten geblieben ist weiterhin die von dem gelernten Juristen Hugo Riemann zum ehernen Gesetz erklärte Hand- und Fingerhaltung, die das Erlernen des virtuosen Klavierspiels so schwierig macht, eine sensible Verbindung zwischen Finger und Taste verhindert und eine differenzierte Tonbildung geradezu unmöglich macht. Leider wird diese Haltung, samt dem dazugehörigen Knöchelgelenkanschlag, bis heute noch von vielen Klavierlehrern in nimmermüder Arbeit den Schülern anerzogen.

Nach wie vor wird der Klavierunterricht oft dazu verwendet, um die Musikalität, die unmittelbar aus dem leiblichen Erleben von Musik entsteht, also dem rhythmischen Mitbewegen und Atmen sowie dem gestischen und mimischen Ausdruck, gezielt zu domestizieren.

Überhaupt nicht aus der Welt geschafft ist ferner die Spaltung der Musikerpersönlichkeit in den Spielapparat auf der einen und die dessen Taten bzw. Untaten überwachende musikalische Vorstellung auf der anderen Seite. Mehr noch, der Klavierunterricht ist nach wie vor eines der wichtigsten Erziehungsmittel in unserer Gesellschaft, mit dessen Hilfe die Kopf-Körperspaltung schon im Kindesalter ausgebildet wird.

Gehalten hat sich weiterhin das pedantische, streng wissenschaftlich begründete Zerlegen des Spielapparats in seine Einzelteile samt den atomistischen Bewegungsexerzitien, und zwar nicht nur im Klavierunterricht sondern im Instrumentalunterricht überhaupt: Dafür ist Mareks Buch über Klavierspielen (1972) ebenso ein Beleg, wie Richters Buch über das Flötenspiel (1986) und bis zu einem gewissen Grade auch Mantels Buch über Celloüben (1987). Dieser Art Unterrichtsmethodik ist zwar, das gestehe ich zu, bisweilen durchaus sinnvoll, vor allem, wenn es darum geht, Spielbewegungen ökonomischer zu gestalten und eine differenzierte Klangerzeugung zu fördern, sie hat aber insbesondere dann verheerende Auswirkungen, wenn sie extensiv betrieben wird und dem Schüler keine Mittel an die Hand gegeben werden, wie er seinen zerlegten Spielapparat wieder zu einer einheitlich handelnden Persönlichkeit zusammensetzen kann. Die lebhafte Nachfrage nach Alexander- und Feldenkraistherapeuten, die in mühevoller Kleinarbeit die in ihre Bestandteile zerlegten Spielapparate angehender Profimusiker wieder zusammenflicken, belegt, daß die hier behandelte Epoche schwarzer Pädagogik nach wie vor, vielleicht sogar mehr denn je, aktuell ist.

Obwohl schließlich in den meisten industriellen Gesellschaften des 20. Jahrhunderts der Sport inzwischen die pädagogische Rolle übernommen hat, die einst der Klaviererziehung zukam, nämlich die Menschen zu willigen Arbeitsmaschinen zu formen, so verdeutlicht doch vor allem das Beispiel Japans, daß bis heute noch das Klavierspiel massenhaft dazu mißbraucht wird, um den Körper, vornehmlich den weiblichen, zu einer leistungsfähigen und gut geölten „Kunstwerkbehämmermaschine" zu erziehen und damit zu einem bienenfleißigen, gehorsamen und exportfähigen Diener des nationalen Wirtschaftswachstums abzurichten (Wehmeyer 1983, 1984)

Da in diesem Beitrag nur gezeigt wurde, wie man nicht Klavierspielen soll, bleiben natürlich noch so wichtige Fragen offen, wie z.B: Welche Körper-, Hand- und Fingerhaltungen sind für das Klavierspiel zu empfehlen? Welche Spielbewegungen erlauben eine feinschattierte Tongebung? Und: Wie ist das Verhältnis zwischen dem Ausdrucksgehalt einer Spielgeste und ihrer Funktion als Spielbewegung, die sich ganz den technischen Bedingungen der differenzierten Tonerzeugung unterordnet? Zu diesen Fragen werde ich an anderer Stelle schreiben. Hier soll nur soviel gesagt werden: Mögliche Antworten auf diese Fragen geben, und auch hier hat sich seit dem 19. Jahrhunderts nichts geändert, die Virtuosen. Wie schon vor 100 Jahren hält sich fast keiner der großen Pianisten der jüngsten Vergangenheit und der Gegenwart an vorschriftsmäßige Haltungs- und Bewegungsregeln, obwohl sich die heutigen Virtuosen sicherlich wesentlich gesitteter benehmen als ihre Vorfahren. Konrad Meister hat jüngst anhand einer genauen Analyse von Videoaufnahmen eindrucksvoll demonstriert (Meister 1987), daß viele der heutigen Virtuosen, ob Bolet, Horowitz, Brendel, Gould und viele andere fast alles falsch machen, jeder auf seine Weise: Körper-, Arm- und Fingerhaltung, Anschlag, Sitz, Mimik und Gestik. Aber wahrscheinlich sind sie gerade deshalb vergötterte Idole.

Literatur

Ballstedt, Andreas & Widmaier, Tobias: Salonmusik. Zur Geschichte und Funktion einer bürgerlichen Musikpraxis. Stuttgart 1989

Bendele, Ulrich: Krieg, Kopf und Körper. Berlin 1984

Breslauer, Emil (Hg.) : Methodik des Klavierunterrichts in Einzelaufsätzen. Berlin 1896 (2. Aufl.)

Czerny, Carl: Briefe über den Unterricht auf dem Pianoforte vom Anfange bis zur Ausbildung als Anhang zu jeder Clavierschule. Wien (o.J.)

Der Klavier-Lehrer: Musikpädagogische Zeitschrift, Organ der deutschen Klavierlehrervereine. Berlin 1878 - 1899

Ehrlich, Heinrich: Schlaglichter und Schlagschatten. Berlin 1872

Ehrlich, Heinrich: Modernes Musikleben, Studien. Berlin 1895

Foucault, Michel: Überwachen und Strafen. Frankfurt/Main 1976

Gát, Jószef: Die Technik des Klavierspiels. Kassel 1956

Gellrich, Martin: Konzentration und Verspannung. Üben & Musizieren, 1988, 5. Jg., H. 3, S. 179-187

Germer, Heinrich: Lehrbuch der Tonbildung beim Klavierspiel. Leipzig 1896 (4. Aufl.)

Handrock, Julius: Mechanische Studien op. 40. Halle (o.J.)

Hanon, L. : Der Klavier-Virtuose. 60 Übungen. München (o.J.)

Heise, Walter: Musikunterricht im 19. Jahrhundert. Ideen und Realitäten. In: H.Ch. Schmidt (Hg.) Handbuch der Musikpädagogik Bd. 1, Geschichte der Musikpädagogik. Kassel 1987, S. 31-84

Herrmann, Kurt: Vom Blatt, Textband. Zürich 1971

Hildebrandt, Dieter: Pianoforte oder: Der Roman des Klaviers im 19. Jahrhundert. München 1985

Hummel, Johann Nepumuk: Ausführlich theoretisch-praktische Anweisung zum Piano-Forte-Spiel vom ersten Elementar-Unterricht bis zur vollkommnen Ausbildung. Wien 1828

Kalkbrenner, Friedrich: Méthode pour apprendre le pianoforte... Paris 1830

Klindworth, Karl: Elementar-Klavierschule. Mainz 1903

Köhler, Louis: Systematische Lehrmethode für Klavierspiel und Musik. Leipzig 1857/1858

Köhler, Louis: Der Klavierunterricht, durchgesehen von R. Hofmann. Leipzig 1860/1905 (6. Auflage)

Kullak, Adolph: Die Ästhetik des Klavierspiels. Leipzig 1860/1889 (3. Aufl.)

Lebert, Sigmund & Stark, Ludwig: Theoretisch-praktische Klavierschule für den systematischen Unterricht nach allen Richtungen des Klavierspiels vom ersten Anfang bis zur höchsten Ausbildung. Stuttgart 1858

Logier, Johann Bernhard: Anweisung zum Unterricht im Clavierspiel und der musikalischen Composition. Berlin 1829

Lukács, Georg: Der junge Hegel, in: Werke Bd. 8. Neuwied 1967, S. 658ff.

Meyer, J. & Silbermann, J.: Die Frau im Handel und Gewerbe. Berlin 1895

Mantel, Gerhard: Cello üben. Mainz 1987

Màrek, Czeslaw: Lehre des Klavierspiels. Zürich 1972

Martienssen, Carl Adolf: Die individuelle Klaviertechnik auf der Grundlage des schöpferischen Klangwillens. Leipzig 1930

Martienssen, Carl Adolf: Schöpferischer Klavierunterricht. Leipzig 1954

Marx, Adolf Bernhard: Die Musik des neunzehnten Jahrhunderts und ihre Pflege. Methode der Musik. Leipzig 1855

Marx, Karl: Grundrisse der politischen Ökonomie. Berlin/Ost 1974

Mattay, Thobias: The Act of Touch in All its Density. An Analysis and Synthesis of Pianoforte Tone-Production. London 1903

Meister, Konrad: Gibt es eine 'ideale' Klaviertechnik oder sind pianistische Bewegungsformen individuell? In: European Piano Teachers Association, Dokumentation 1986. Cloppenburg 1987, S. 59-80

Moscheles, Ignaz & Fetis, François-Joseph: Die vollständigste Pianoforte-Schule oder die Kunst des Pianofortespiels. Berlin 1837

Pirani, Eugenio: Die Hochschule des Klavierspiels op. 88, 2 Teile. Berlin 1905

Richter, Werner: Bewußte Flötentechnik. Frankfurt/Main 1986.

Riemann, Hugo: Vergleichende Klavierschule, 3 Teile, op. 39. Leipzig 1883/1912 (4. Aufl.)

Riemann, Hugo: Handbuch des Klavierspiels. Berlin 1905 (7. Auflage)

Scherer, Wolfgang: Klavier-Spiele. Psychotechnik der Klaviere im 18. und 19. Jahrhundert. München 1989

Schilling, Gustav: Der Pianist oder die Kunst des Clavierspiels in ihrem Gesamtumfange theoretisch-praktisch dargestellt. Osterode 1843

Schonberg, Harold C.: Die großen Pianisten. Wien 1972

Schubert, Kurt: Die Technik des Klavierspiels. Berlin 1931

Sennet, Richard: Verfall und Ende des öffentlichen Lebens. Die Tyrannei der Intimität. Frankfurt/Main 1983

Seifert, Uso: Klavierschule und Melodienreigen. Leipzig ca. 1885

Sève, Lucien: Marxistische Analyse der Entfremdung. Frankfurt/Main 1978

Steibelt, Daniel Gottlieb: Méthode de Piano. Leipzig 1823
Stoeve, Gustav: Die Klaviertechnik dargestellt als musikalisch-physiologische Bewegungslehre. Berlin 1886
Tomberg, Friedrich: Basis und Überbau. Sozialphilosophische Studien. Darmstadt 1974
Urbach, Karl: Preis-Klavierschule. Leipzig 1877
Wehmeyer, Grete: Carl Czerny und die Einzelhaft am Klavier. Kassel/Zürich 1973
Wehmeyer, Grete: Unbeweglich wie der Berg, kalt wie der Nebel... Klavierpädagogik in Japan. Neue Zeitschrift für Musik, 1984, 145. Jg., H. 10, S. 9-12
Weissmann, Adolf: Der Virtuose. Berlin 1920
Zuschneid, Karl: Methodischer Leitfaden für den Klavierunterricht. Berlin (o.J.)

Dr. Martin Gellrich
Fritz-Reuter Straße 4
1000 Berlin 62

Chinesische Nationaltänze
Musik- und Tanzstile verschiedener Regionen

WENJUAN SHI-BENEKE

1 Einleitung

In der langen Geschichte Chinas und seiner uralten Kultur nehmen das Tanzen und das Singen einen traditionell hohen Rang ein. Dasselbe gilt für die Musik, und zwar sowohl in der Verbindung von Musik, Tanz und Gesang als auch in der vom unmittelbaren Körperausdruck losgelösten Musiktradition.

Die beim Tanzen eingesetzten Musikinstrumente und die gebräuchlichsten musikalischen Formen entstammen dieser Tradition, sofern nicht unter Anknüpfung an die Musikgeschichte neue Kompositionen geschaffen wurden. Selbstverständlich gibt es daneben auch moderne Einflüsse auf den Musik- und Tanzgeschmack. So erfreuen sich nicht nur die internationalen Gesellschaftstänze (Paartanz), sondern auch Jazzdance, der klassische und der moderne Ballettanz sowie vor allem das Tanzen nach westlichen Discorhythmen (Shi 1985) in China[1] großer Beliebtheit.

Die regionalen Besonderheiten der Musik- und Tanzkultur und der der soziale Ort, an dem sie gepflegt werden, sind in einem so großen Land wie China vielleicht ebenso vielfältig wie in Amerika oder Europa. In der wesentlichen Tendenz kann man einen Unterschied zu den meisten dieser Staaten hervorheben: Kunst- und Volkstanz, klassische und moderne Musik, gehobene und populäre Stilrichtungen werden weniger stark, als es gegenwärtig in diesen Ländern zu beobachten ist, getrennt. Besonders gering ist die Trennung dieser Ebenen auf dem Lande, während sich in den Metropolen Chinas auch eine fortschreitende Differenzierung verschiedener Musik- und Tanzgeschmäcker zeigt. Wollte man die Rundfunk- und Fernsehprogramme als Ausdruck volkstümlicher Wünsche oder

---

[1] Wenn im folgenden China genannt wird, so handelt es sich stets um das politische und kulturelle Gebiet der *Volksrepublik China* (Festlandchina unter Einschluß aller Inseln mit Ausnahme von *Taiwan*).
Vgl. auch: Shi, Wenjuan: The ABC of Disco, ShanXi Press, 1985 („Das kleine Einmaleins des Disco-Tanzes")

kultureller Gewohnheiten interpretieren, ergibt sich für denjenigen, der nicht mit der Entwicklung der chinesischen Gesellschaft vertraut ist, der seltsame Eindruck, daß zwischen ausländischen Einflüssen, uralten Traditionen und lebendiger Volkskultur irritierend viele Wechselwirkungen und Überschneidungen existieren. Dieser Eindruck täuscht jedoch insoweit, als die Bedeutung und die Eigenständigkeit der nationalen bzw. regionalen Musik- und Tanzkulturen unterschätzt werden. Es ist vor allem die Institution des Kindergartens, die einem nivellierenden Einfluß einer allgemeinen Massenkultur entgegenwirkt, obwohl gerade der Kindergarten zu den wichtigsten Einrichtungen der Erziehung der Massen gehört. In der Schule ist die Bedeutung der Musik- und Bewegungserziehung bereits deutlich abgeschwächt, während im Erwachsenenalter entweder individuelle Vorlieben entwickelt werden oder die Musik und der Tanz - wie die Kunst überhaupt - in den Dienst einer Erziehung der Massen gestellt werden.

Für den chinesischen Volks- und Nationaltanz gelten vier Merkmale, welche ihn im Zusammenhang mit der internationalen Musik- und Tanzkultur charakterisieren.

Die *erste* Besonderheit ist die Verbindung von Tanzen, Singen und Körperausdruck. Der Weg zum Körper führt im allgemeinen über den Gesichtsausdruck zur Bewegung der Gliedmaßen und der Körperbewegung im ganzen. Der chinesische Tanz weist insofern eine weitaus geringere äußere Dynamik auf, als sie z.B. im deutschen Volkstanz und vor allem im Jazzdance mit ihren jeweils charakteristischen Schrittfolgen und Körperfiguren dargestellt wird. Der chinesische Tanz soll den Inhalt des Lebens in einer tiefen Weise begreiflich machen, wobei das Singen das reine Gefühl ausdrücken und der Tanz die Bedeutung hervorbringen sollen. Soweit im Gesang auch symbolische Elemente verwendet werden, kommt es also im Idealfall zu einer Verbindung von Zeichen, Tun (Musik) und Bewegung, ohne daß es nach chinesischer Auffassung einer expressiven Körpersprache oder forcierten Musik bedürfte.

Eine *zweite* Besonderheit des chinesischen Tanzes liegt in der Verwendung von Requisiten. Nahezu alles, was man gehört, gesehen oder angefaßt hat, läßt sich in ein Tanzrequisit verwandeln. Beispielhaft seien Windfächer, Schirme jeder Art, Seidentücher, Bänder, Laternen, Vasen und Trommeln genannt. Über die Herkunft der Requisiten lassen sich vielfältige Spekulationen anstellen, z.B der Art, ob sie sich vorrangig aus ihrem Charakter als Arbeitsinstrument, aus der spielerischen Nachahmung von Tieren und Naturerfahrungen oder um die Gestaltung von existentiellen Erfahrungen der Menschen (z.B. im Ritus) erklären läßt. Die prinzipielle Bedeutung der Requisiten liegt offenbar darin, Ausdrucksmöglichkeiten des Tanzes zu erweitern, um dadurch bestimmte ästhetische Wirkungen zu erzielen.

Ein *drittes* Charakteristikum des chinesischen National- und Volkstanzes[2] liegt in seiner Formenvielfalt und inhaltlichen Breite. Auffällig sind zunächst Inhalte des Arbeitslebens, der Erotik und der alltäglichen Sitten und Gebräuche. Eine weitere, nicht minder wichtige Gruppe von Themen läßt sich anhand von kultischen und zeremoniellen Bedeutungen beschreiben. Hierzu gehören auch die zahlreichen kriegs- und kampfbezogenen Übungselemente, die im Tanz z.T. in wenig verhüllter Form (z.B. Verwendung von Tieropfern anstelle der früheren Menschenopfer) aufgegriffen werden. Eine weitere, hoch geschätzte Schicht von Bedeutungen beruht auf Gefühlen und Symbolen. Indem man Naturlandschaften und die in ihnen herrschenden Stimmungen als Ausdruck von Gefühlen interpretiert oder indem man Requisiten verwendet, entstehen tänzerische 'Metaphern'. Zu reinen Symbolen werden derartige Tänze, wenn sie nicht nur ein bestimmtes Gefühl ausdrücken sollen, sondern für eine Szene oder den Prototyp in einer vollständigen Geschichte (Legende) stehen. Diese Art der Darstellung läßt den im Tanz gestalteten Charakter als einen hervorgehobenen Träger von Bedeutungen erscheinen, deren vollständiger Sinn den Tanzenden und dem Publikum bekannt ist und die insofern der beständigen Einübung in überlieferte kulturelle Sinngehalte dienen.

Die *vierte* grundlegende Eigenschaft des chinesischen Tanzes ist der Anspruch auf Unterhaltsamkeit und Darstellbarkeit. Dies gilt in einem doppelten Sinn. Zum einen sollen die Tanzenden durch die Bewegung zu einer eigenen Körpererfahrung gelangen. Zum anderen steht der Zweck des Tanzes im Vordergrund, ein Publikum durch die Darstellung zu erfreuen. Hieraus resultiert eine ständige Wechselwirkung zwischen Akteuren und Publikum. Mit dem sozusagen wechselseitigen Vergnügen steigen die Ansprüche an die Tanzenden in dem Maße, wie sich das Verständnis der Zuschauer entwickelt und umgekehrt. Nur vor diesem Hintergrund ist die Blüte des chinesischen Volkstanzes erklärbar.

---

[2] Der Begriff des *Nationaltanzes* umfaßt sowohl den Volkstanz des chinesischen Kernvolkes *Hàn* als auch die Tänze der *nationalen Minderheiten*, soweit sie dem Staatsvolk der Volksrepublik China zuzurechnen sind.

Im *ersten Hauptteil* werden Musik- und Tanzstile des Hàn-Volkes als der großen Mehrheit des chinesischen Volkes behandelt. Im *zweiten Hauptteil* wird auf die Nationaltänze im weiteren Sinne eingegangen (ohne die Tänze des Mehrheitsvolkes). Die Darstellung beruht in erster Linie auf der Kenntnis der Bewegungsabläufe. Allerdings lassen sich Bewegung (Körper) und Musik beim Tanz nicht trennen. Welche Faktoren die ursprünglichen sind, kann im Rahmen dieses Beitrages nicht geklärt werden. Allerdings könnte es sein, daß durch die Beschreibung und Analyse von verschiedenen Musik- und Tanzstilen bestimmte theoretische Fragen genauer formuliert und möglicherweise zu einer Theorie von Musik- und Bewegungskulturen auf vergleichender Grundlage weiter entwickelt werden können.

2 Musik- und Tanzstile des Hàn-Volkes

2.1 Überblick

Das Hàn-Volk ist mit seinem mehr als 90prozentigen Bevölkerungsanteil der Hauptstamm der chinesischen Bevölkerung. Das Gewicht des Hàn-Volkstanzes ist zumindest quantitativ größer als das der übrigen Bevölkerungsgruppen. Aufgrund statistischer Forschungen[3] soll es innerhalb des Hàn-Volkes mehr als 700 verschiedene Tänze geben. Um einen ersten Eindruck hinsichtlich der Qualitäten dieser Tänze zu geben, seien hier folgende grobe Charakterisierungen dargestellt:

- Im Norden Chinas sind die Trommeltänze mit ihren kräftigen und eher derben Bewegungen beliebt (s. Abschnitt 2.4)
- Im mittleren Norden werden die sogenannten „Yangge-Tänze" mit ihren uralten, munteren und lebhaften Bewegungen besonders gepflegt (s. Abschnitt 2.2)
- Im Süden Chinas sind die Laternentänze mit ihren zierlichen, schlichten und ungekünstelten Bewegungen populär (s. Abschnitt 2.4)
- In Zentralchina sind die Tänze dafür bekannt, daß Augen, Hände, Körper und Schritte als Ausdrucksmittel eine möglichst enge Verbindung eingehen. Die Ästhetik des Tanzes wird hier durch das harmonische Abrunden

---

[3] Vgl. Liú En Bó, Chinesische Tanzkunst, Shanghai (Kunstverlag) 1981, S. 5 und Liú En Bó u.a., Han Zu-Nationaltanz, Beijing (Volksmusik-Verlag) 1981, S. 13

kraftvoller und zugleich sanfter und biegsamer Bewegungsformen verwirklicht (s. Abschnitt 2.5).

Auf die musikalischen Ausdrucksmittel gehe ich jeweils im Zusammenhang mit den Einzelbeschreibungen in den Abschnitten 2.2 bis 2.5 ein.

2.2 Ländliche Tänze „Yangge"

Der Yangge repräsentiert in vorzüglicher Weise die Tanzkultur des Hàn-Volkes. Man hat seinen Ursprung mit der Arbeit der Reisbauern in Verbindung gebracht (Pflanzen von Reis-Setzlingen). Die Basis dieses Tanzes ist das Lied, was als Beleg für seine Entstehung aus der Arbeit angesehen wird. In Mittelchina einschließlich dem mittleren Norden entwickelten sich aus der Lied-Form der Tanz und eine Art dramatischen Tanztheaters; beide Weiterentwicklungen bauen auf den musikalischen Ausdrucksmitteln auf und haben die Popularität des Yangge verstärkt.

Die Bezeichnungen von Yangge-Tänzen sind von Ort zu Ort unterschiedlich und lassen Rückschlüsse auf gewisse Variationen des Yangge zu. Yangge-Tänze werden beim chinesischen Frühlingsfest aufgeführt. Die Zahl der Tanzenden reicht von 20 bis zu mehreren hundert; für den letzteren Fall hat sich die Bezeichnung *Massentanz* eingebürgert. Die Tanzenden verkleiden sich z.B. in Fischer, Holzsammler, Bauern oder Buchgelehrte. Bei der Aufführung ziehen ein Kollektiv und seine zuschauenden Begleiter durch die Straßen, oder sie beginnen auf einem Platz unter allgemeiner Publikumsbeteiligung. Neben dem Massentanz gibt es auch Solo- und Paartanzformen als Arten von Einlagen während des Umzugs oder der Aufführung.

Der Grundcharakter des Yangge (Tanz und Musik) ist feierlich. Als tragende Musikinstrumente werden Schlaginstrumente von leidenschaftlich-anfeuerndem Klang (allegro, exsaltato) verwendet. Die Paartänze sind dagegen moderato und andante sowie dolce im Ausdruck. Die Solo-Einlagen enthalten einfache Geschichten oder akrobatische Elemente. Neben verschiedenen Schlaginstrumenten werden beim Yangge das chinesische Hackbrett (Yang-gin), die 4saitige chinesische Guitarre (Pipá), die 2saitige chinesische Geige (Húqín), Bambusflöten sowie Mundorgeln (aus Bambus) gespielt.

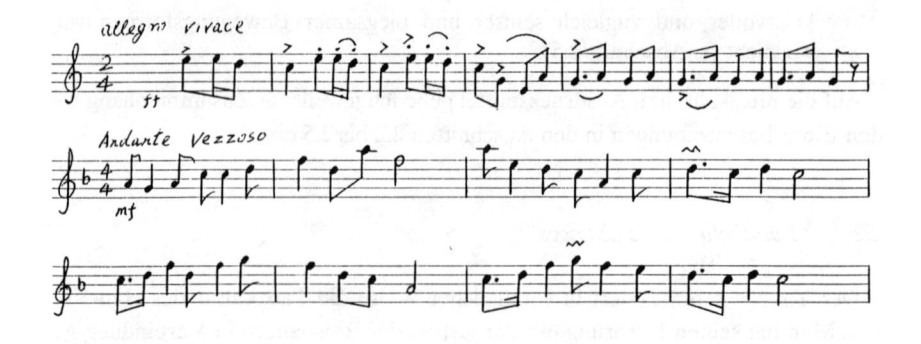

Musikbeispiel 1

Im Norden der Provinz Shanxi heißt der Yangge *Shanbeij-Yangge*. Die Tanzenden gehen mit wiegendem Schritt. Die Arme werden hin- und hergeschwenkt. Die Kopfhaltung ist hoch, und es soll ein kräftiges und natürliches Gefühl ausgedrückt werden. Am *Hébei-Yangge* (gleichnamige Provinz) werden seine lebendigen und humorvollen Eigenschaften gerühmt. Der *Dongbei-Yangge* im Nordosten stellt mit seinem imposanten und unbefangenen Charakter in sehr bildhafter Weise das Leben der Bauern im Norden Chinas dar.

In der Provinz Shandong pflegt man den *Shandon-Jiaozhou-Yangge*. Die Schritte werden gekreuzt, die Hüfte und die Knie werden in Schwingung versetzt. Im Bewegungsablauf werden drei Kurven betont. Am Beginn wird schwerfällig getanzt, der Schluß ist eher leichtfüßig. Ein ästhetischer Genuß geht auch von der Musik aus, die von großer Gefühlstiefe zeugt.

Musikbeispiel 2

Als eine Sonderform kann man den *Guzi-Yangge* bezeichnen. Er wird mit Trommeln, Schirm, Stab und Blumen (Zweige, Vase o.ä.) getanzt. Ein Mann mit einem bunten Schirm dirigiert die Musik und beherrscht auf diese Weise den Rhythmus des Tanzes. Daneben gibt es einen weiteren Schirmträger, den man vielleicht den „dummen August" nennen könnte; er lenkt die Bewegungsformation. Tänzer, die Trommeln in den Händen halten, schlagen den Rhythmus mit einem Stab. Blumen-Requisiten werden von Frauen verwendet.

Eine weitere Yangge-Art, *Gaoqiao* genannt, wird auf zwei Meter hohen Stelzen getanzt. Mit Hilfe von Requisiten werden verschiedene Charaktere von Personen dargestellt. Von akrobatischem Reiz sind Formen, in denen mehrere Akteure eine Gestalt bilden, z.b. wenn zwei oder mehrere Personen auf Stelzen einen Elefanten darstellen, auf dem ein Mädchen sitzt und der Zug von einem zweiten Tanzenden und singenden Mädchen angeführt wird.

Der *Dongbei-Gaoqiao* (Nordost-China) ist wegen seiner musikalischen Gestaltung erwähnenswert. Als Instrumente werden die Suonà (chinesische Trompete), eine große Trommel sowie eine kleine und große Zimbel eingesetzt. Es entsteht eine laute und kräftige, manchmal schrille und quäkende Musik. Melodisch gibt es klare und fließende Abschnitte, die von wilden quäkenden Passagen abgelöst werden. Manchmal tritt die Suonà mit gefühlvollen, langsamen Kadenzen hervor, manchmal forcieren die Schlaginstrumente, so daß ein auch musikalisch farbiger Gesamteindruck entsteht.

Abschließend sei eine weitere Untergruppe des Yangge-Tanzes, der *Yaogu*, erwähnt. Sein Name kommt von den Hüfttrommeln, die beim Tanzen getragen und gespielt werden müssen. Man tanzt Yaogu anläßlich von Festen und Feiern. Im Yangge-Zug findet man Gruppen, die mit Gaoqiao- und Yaogu-Instrumenten auftreten. Beim letzteren sind lange, rote Seidenbänder wichtig; sie werden kreisend im Rhythmus mitbewegt. Der Rhythmus ist dem Herzschlag angepaßt, so daß sich Puls und Rhythmus gegenseitig beeinflussen. Vielleicht liegt es an dieser spezifischen Kombination von akustischen Reizen, somatischen Reaktionen und optischen Eindrücken, daß man gerade dem Yaogu-Tanz nachsagt, daß er Glücksgefühle in vollkommener Weise auslöst und zum Ausdruck bringt.

2.3 Drachen- und Löwentänze

Es ist ein noch ungelöstes historisches Rätsel, warum seit ein paar tausend Jahren Drachen- und Löwentänze überall in China verbreitet sind. Besonders rätselhaft ist das Fabelwesen Drachen, das in der chinesischen Legende stets Glück und Macht symbolisiert. Man glaubte, daß der Drachen Wolken zusammenrufen, Regen machen und Naturkatastrophen abwenden könne. Im Drachentanz erflehte man gute Ernten und Gesundheit.[4] In der Gegenwart wird der Drachentanz fast nur bei Feiern aufgeführt. Die unzähligen Varianten kann man im großen und ganzen in zwei Gruppen kategorisieren: den *Drachenlaternen-* und den *Stoffdrachentanz*.

Der Drachen wird normalerweise aus Bambus, Holz, Papier, Stoff und anderen Materialien hergestellt. Er kann aus drei bis zu mehr als zehn Teilen bestehen. Soweit der Drachen erleuchtet wird, ist er für den Drachenlaternentanz geeignet; ohne Licht verwendet man ihn im Stoffdrachentanz. Hiermit wird auch sein unterschiedliches Auftreten in der Nacht oder am Tage erklärlich. Nachts werden Feuerwerke abgebrannt und Knallkörper gezündet. Beim Tanzen führt ein Vortänzer, der eine aus Seide bestehende Perle in der Hand hält, den Drachenzug an. Die Tanzformation bildet die Drachengestalt mit Hilfe von Stöcken, die in den Händen getragen werden. Man kann sich vorstellen, daß der illuminierte und sich im Feuerwerk herumdrehende Drachen mächtig und majestätisch wirkt.

Neben den genannten Grundtypen findet man Drachentänze, die mit Heuballen oder anderen Gegenständen wie z.B. Holzbänken getanzt werden. Südlich des Yang-zi-Flusses bildet man Drachen, die lediglich aus zahlreichen Laternen bestehen („100-Blätter-Drachen").

Gewöhnlich werden Drachentänze von Männern getanzt. Der *Duan-Drachentanz* wird dagegen nur von Frauen getanzt und zeichnet sich durch eine größere Anmut aus. Zu diesem Tanz wird ein aus der Provinz Zhíjiang stammendes Volkslied gesungen. Der Text lautet:

„Die Lotosblüte mit hundert weißen Blättern entsteigt dem Wasser,
Und rötend sich strebt sie dem Licht entgegen.
Alle Blumen haben ihre Frucht,
Schmetterlinge fliegen, Blüten schwanken,
Fische tanzen, Wasser singen.

---

[4] Liú En Bó u.a., Grundriß des Hàn Zu-Volkstanzes, Beijing (Volksmusik-Verlag) 1981, S. 38

Hundert Weberschiffchen verwandeln sich in einen Drachen.
Oh, Drachen, - oh Drachen ohne Schwanz!
Schmetterling, flieg' Du herum und gib' ihm Flügel
Und flieg' mit ihm hinauf zum Himmel!"

Die Schöpfung dieses Tanzes stellt im Rahmen der chinesischen Volkstanztradition ein Juwel dar, das in seiner Eleganz viele andere Leistungen überstrahlt.

Der *Löwe* symbolisiert - ohne daß es eines Verständnisses der Symbolwelt chinesischer Legenden bedürfte - Mut und Kraft. Die Kunstfertigkeit, mit der Löwentänze zur Aufführung gebracht werden, übersteigt das allgemeinverständliche Maß jedoch bei weitem und läßt diesen Tanztypus als ein chinesisches Nationalsymbol erscheinen, bei dem die Farben gelegentlich sehr dick aufgetragen werden.

Die Tänzer verkleiden sich meist zu zweit oder zu dritt als Löwe. Üblich ist auch, daß ein Tänzer in einem großen Löwenkostüm auftritt, während ein anderer sich im Kampf gegen den Löwen darstellt. Der Kämpfer bedient sich eines bunten Balls, um den Löwen zu provozieren. Der Löwentanz drückt generell ein glückliches Gefühl aus; daneben werden Mut und Weisheit zur Aufführung gebracht.

Es gibt unter den Löwentänzen zwei Gattungen: den *rituellen* und den *trivialen* (Kampf-)Löwentanz. Der wesentliche Unterschied zwischen ihnen liegt auf der Hand: der rituelle Tanz ist im Duktus etwas sanfter und friedlicher. Entsprechend diesen Gattungen greifen die Tänzer typische Bewegungen wie z.B. Umherspringen, Toben, Kriechen, den Boden lecken, majestätisch in die Runde blicken, auf. Manchmal zeigt sich der Löwe zu einem Scherz aufgelegt, indem er einen Mönchskopf oder einen runden Riesenkopf mit menschlichem Antlitz trägt. Im Kampfdrachentanz werden neben indexikalischen, also auf den tapferen oder wilden Charakter des Löwen abstellenden Ausdruckselementen auch solche der Akrobatik verwendet (z.B. Jonglieren auf einem großen Ball).

Bei allen Drachen- und Löwentänzen ist eine ausgefeilte Tanztechnik erforderlich. Sowohl der Löwen- als auch der Drachentanz gehören zu den beliebtesten Programmsparten der traditionellen chinesischen *Akrobatik*. Darüber hinaus wird der Löwentanz auch in der Form des *Puppentheaters* zur Aufführung gebracht.

Hinsichtlich der *musikalischen* Besetzung liegt der Schwerpunkt bei beiden Genres auf den Schlaginstrumenten. Die Melodie soll sich dem Rhythmus anpassen und leidenschaftlich, jedenfalls auf keinen Fall eintönig sein. Die Bedeutung der Schlaginstrumente bzw. des Rhythmus liegt - bildhaft gesagt - darin, die gesamte Darstellung in die Richtung des Himmels und seiner ungewöhnlichen Hitze zu treiben.

2.4 Blumen-, Trommel- und Laternentänze

In China gibt es sehr viele Volkstänze, die Laternentanz genannt werden. Zu den bereits erwähnten Laternentänzen treten Muschellaternen-, Bambuslaternen-, Landfahrzeugs- und Schiffslaternentänze sowie verschiedene Blumenlaternentänze. Unter den letzteren ist wiederum der Lotosblütenlaternentanz besonders beliebt. Hier hält die Tanzende eine fein hergestellte Laterne in der Hand, auf den Schultern oder - in einer Art Petticoat-Reifen - am Rockende.

Nach dem chinesischen Mondkalender wird ca. am 15. Januar das traditionelle Laternenfest gefeiert, bei dem Reisklöße mit extrem süßer Füllung gereicht werden. Nach uraltem Brauch sollen in dieser Nacht überall Laternen, die mit vielen bunten Seidenbändern geschmückt sind, angezündet werden. Die ganze Nacht hindurch gibt es Feuerwerk, und Trommel- und Gong-Schläge dröhnen zum Himmel. Inmitten des ohrenbetäubenden Lärms vergnügt man sich; die Menschen tanzen auf einem Platz, um den herum unzählige Laternen aufgehängt sind. Laternen symbolisieren eine fröhliche, glückselige Stimmung, und die entsprechenden Tänze bringen diese Stimmung in Form von Bewegung und Musik zum Ausdruck.

Im einzelnen kann man noch folgende *Varianten* hervorheben. Der *Blumenlaternentanz* wurde durch fortschreitende Verfeinerung zu einer Kunstform entwickelt, die weit über das Volkstümliche hinausgeht. Gleichzeitig wird er weiterhin noch volkstümlich vorgeführt. Die volkstümliche und die Bühnenform unterscheiden sich nicht in den Grundformen, nämlich Gruppen-, Paar-, Trio- und Quartett-tanz, Akrobatik-Elemente. Die Rolle der Männer wird als 'Trommelständer' festgelegt; die weibliche Rolle trägt den Namen einer Orchideenart. Die Männer werden zu kräftigen und dynamischen Bewegungen angehalten, deren Kunstfertigkeit in akrobatischen Techniken (z.B. Überschläge, Radschlagen, Rollen) gipfelt. Die Frauen sollen mit Fächern, Tüchern und ähnlichen Utensilien charmant, leicht, geschickt und mit ausschweifender Ironie dargestellt werden. Man provoziert sich gegenseitig durch Weglaufen, Verfolgen, Fangen o.a., so daß eine gelöste, herzliche Stimmung entsteht. Für die Frauen ist der Fächer das wichtigste Requisit: in verschiedenen Körperpositionen wird der Fächer gedreht, geöffnet, nach oben und unten geschwenkt, zitternd nach unten gedrückt, oder man hält ihn zitternd in der Hand, klopft mit ihm und benutzt ihn spielerisch zur Kühlung des Gesichts. Durch diese Fächerbewegungen sind verschiedene Emotionen codiert, z.B. glücklich, ruhig, offen, lustig, leichtsinnig, zurückhaltend, wild, gesetzt. Dabei werden noch einmal Unterschiede in der Art der Hinwendung zum anderen Geschlecht und hinsichtlich des Alters gemacht. Die Musik weist eine klare Struktur auf:

- Teil 1 : Rhythmus
- Teil 2 : Melodie mit Rhythmus
- Teil 3 : Melodie, Rhythmus, Text (Lied).

Musikbeispiel 2a

Die Instrumente sind Schlag- und Blasinstrumente. Der Rhythmus ist der Bewegung angepaßt. Melodien und Lieder stammen aus der Volksmusik.

Zum Schluß dieses Abschnitts sei ein Beispiel für den *Trommeltanz* angeführt:

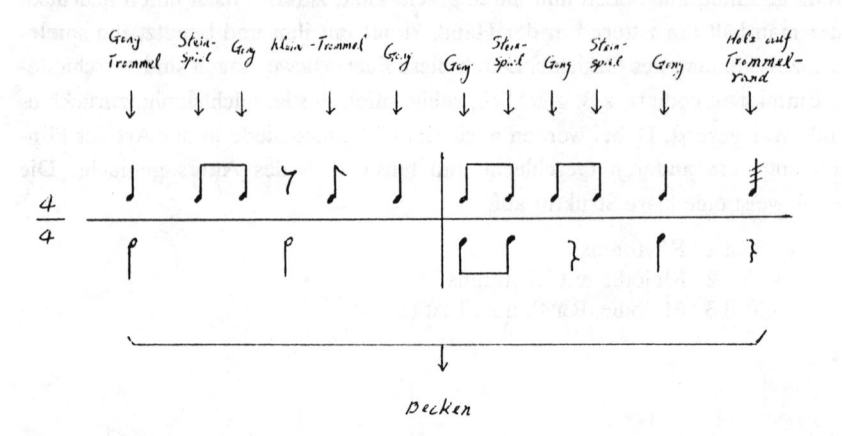

Musikbeispiel 3

Die Trommel wird in der Hand gehalten oder über der Schulter getragen; größere Trommeln werden auf den Boden gelegt. Der Kriegstrommeltanz stammt aus der Provinz Héběi; Hüfttrommeltanz sieht man in der Provinz Shanxi; Tamburin-Tanz im Nordosten; klassische Blumentrommeltänze findet man in Fèng Yáng in der Provinz Anhui; dramatischen Trommeltanz in der Provinz Shanxi. In der Provinz Shandong bewegen sich die Tanzenden um einen einzigen Trommeltanzenden herum. Als eine kleine Besonderheit sei diejenige Art des Trommeltanzes erwähnt, bei dem die Trommel durch drei Klöppel geschlagen wird, um den Eindruck eines Schmetterlings hervorzurufen.

2.5 Klassische Tänze

Als klassisch möchte ich diejenigen Tanzstile bezeichnen, die sich aus der höfischen Kultur entwickelt haben. Zwei Tänze ragen in ihrer Bedeutung hervor: der *Tanz mit langen Seidenbändern* und der *Schwerttanz*.

Die Tradition des *Tanzes mit langen Seidenbändern* ist großartig. Man kann sie bis zu ausgegrabenen Bildern und den Wandgemälden von Dunhuáng verfolgen. Diese Tanzart wurde auch in regionalen Opernstilen (Beijing, Shanghai, Nanjing usw.) sowie im modernen chinesischen Ballett übernommen. Die Länge der Seidenbänder liegt zwischen 3m und 9m. Die ein- oder beidhändig gehaltenen Bänder bilden durch Drehungen in der Luft reizvolle Formen, z.B. Acht, kleine Acht, Kreise und Wellen über den Schultern, seitliche Kreise, Schlangen, Blumenpaare. Die Bewegungen während des Tanzes ähneln ein wenig denen des Kunstturnens.

Der Tanz mit Seidenbändern verwirklicht vielfältige Ausdrucksmöglichkeiten. Sein besonderer ästhetischer Reiz liegt darin, daß er Farbe und Form durch Bewegung vereinigt. Aufgrund dieses bildhaften Eindrucks bezeichnet man ihn auch als *Tanzpoem*.

Der *Schwerttanz* ist ebenfalls ein Tanz, der sich aus alten chinesischen Traditionen entwickelt hat. Die Bewegungen werden langsam entfaltet. Sein Charakter erwächst aus der Verbindung von Zartheit, Schönheit und Kraft. In der Gegenwart wird der Schwerttanz in der Oper und in der Kampfkunst gepflegt. Unter seinen vielen Varianten kann man zwei grundlegende Gruppen unterscheiden, je nachdem, ob ein *stehendes* oder ein *laufendes* Schwert getanzt wird.

Das *stehende Schwert* bezeichnet schnelle und geschickte Bewegungen, die ständig von statuarischen Passagen abgelöst werden. Durch diesen Reigen entstehen Figuren, die wirken, als seien sie von einem Bildhauer gemeißelt. Der *laufende Schwerttanz* beruht dagegen auf kontinuierlichen Bewegungsabläufen, die mit einem Schwert oder einem Schwertpaar getanzt werden. Am Ende des Knaufs hängt eine Kordel. Der Sinn der Bewegungen besteht darin, die Wucht und die Kraft des Schwertes zu unterstützen. Die eindrucksvolle Harmonie des Schwerttanzes wird durch eben diesen Ansatz[5] hervorgerufen. Die häufigsten Bewegungen sind Fixieren, Stechen, Aufheben, Schlagen, Niederlegen und Fechten. Sie müssen durch den präzisen Wechsel von schnell und langsam, kräftig und zierlich, belastet und schwebend harmonieren. Nach der klassischen chinesischen Tanz- und Bewegungskunst sollen Hand, Auge, Körper, Regel und Schritt zu einem Gleichklang gebracht werden. Besonderer Wert wird auf den Augenausdruck gelegt.

Die Menschen in China haben eine besondere Vorliebe für die Kunst des Schwerttanzens. Es ist auch außerhalb Chinas bekannt, daß man schon am

---

[5] Der laufende Schwerttanz weist Anklänge an die Bewegungslehre des Tàijíquán auf, da die Bewegungen kontinuierlich von innen nach außen entfaltet werden. Beim stehenden Schwerttanz gilt dies nicht. Es zeigt sich allenfalls eine gewisse Nähe zu den Bewegungsformen im Kung Fu, die wiederum gemeinsam zu den Kampfkünsten Wu Shu gehören.

frühen Morgen auf der Straße oder in den Parks Menschen sieht, die Kampfkunst oder Gymnastik (meist Tàijíquán) betreiben. Weniger bekannt ist, daß auch der Schwerttanz zahlreiche Anhänger hat, die ihn allmorgendlich zur Stärkung ihres Körpers tanzen. Zur Perfektion gelangte er freilich erst als Bühnentanz.

Auf den Wandbildern Dunhuángs aus der Zeit der Tang-Dynastie (618-907 n. Chr. Geb.) sind zwei mit langen, seidenen Bändern tanzende Figuren abgebildet, die im Hintergrund von Musikern begleitet werden. Man erkennt Trommeln, Pipá, Flöte und die lange Bambusflöte. Musik und Tanz sind auf diesem Bild zu einer lebendigen Einheit verschmolzen. So kann man aus diesem historischen Kontext schließen, daß sowohl dieser Tanz als auch der Schwerttanz durch *klassische Hofmusik* begleitet werden. Ein schönes Beispiel ist die Changan-Tanzmusik, die aus der Tang-Dynastie überliefert ist:

Musikbeispiel 4

3 Musik- und Tanzstile der nationalen Minderheiten

3.1 Uigurische Tänze

Bei den Uiguren handelt es sich um ein Turkvolk, das schon seit vielen Jahrhunderten in Asien beheimatet ist. Sie leben mehrheitlich in der Wüste Gobi; ein anderer Teil lebt in der UdSSR. Die Volksgruppe der Uiguren wird in China schon seit einem Jahrtausend wegen ihrer Musik- und Tanzkultur respektiert. Die Hàn-Kultur hat durch die Seidenstraße schon früh auf die Kultur der Uiguren Einfluß genommen. Dennoch unterscheidet sich die Mentalität der Uiguren beträchtlich von der des Hàn-Volkes.

Im Tanz zeichnen sich die Bewegungen durch eine außerordentliche Offenheit, Leidenschaftlichkeit und Selbständigkeit aus. Dies kommt schon in der geraden Kopfhaltung, dem Sich-in-die-Brust-Werfen und der aufrechten Körperhaltung zum Ausdruck. Es wäre spekulativ, in der Körpersprache der Uiguren eine Art Gegenwehr gegen den beständigen kulturellen Druck, dem die Uiguren in ihrer Geschichte ausgesetzt waren, zu sehen. Möglicherweise spiegelt sich in der Körperhaltung ein noch tieferes Phänomen wider, das letztlich auf die andere rassische Herkunft der Uiguren bzw. sehr tiefe kulturelle Prägungen zurückzuführen ist.

Der Tanz *Sai-Nai-Mu* repräsentiert die Musik- und Tanzkultur der Uiguren am besten. Er wird meistens auf Festen oder nach der Arbeit als Kollektivtanz improvisiert und mit freien Körperbewegungen getanzt. Dazu werden meistens Liebeslieder gesungen, deren zärtlicher Ausdruck sich in den zierlichen Bewegungen wiederfindet. Kopf, Schulter, Handgelenke, Unterschenkel und Hüften werden gleichermaßen zu expressiven Körperbewegungen veranlaßt (Kopfdrehungen, Kreisen der Handgelenke, Aufheben der Arme, Knie locker, Unterschenkel geschickt und weich, Schritte fest; leises Lächeln, ausdrucksvoller Augenausdruck). Die Tanzenden benehmen sich zurückhaltend, vornehm und zugleich charmant. Der Rhythmus der Musik wird durch die heimischen Musikinstrumente Rewepu, Kalóng und Dongbula erzeugt, die alle Arten von Mandolinen sind.

Musikbeispiel 5

Ein weiteres typisches Beispiel für den uigurischen Tanz ist *Doulang*. Es handelt sich um einen wilden, kräftigen Tanz im Steptanzschritt. Während die Füße schnell gedreht werden, klopfen die Tänzer mit ihren Knien ununterbrochen gegeneinander. Dadurch entsteht das Bild eines mutigen Viehzüchtervolks. Weil die Seidenstraße jahrhundertelang als Brücke zwischen Ost und West fungierte, spiegeln sich unterschiedliche Kultureinflüsse in der Kunst und in den Bräuchen der Uiguren wider. So erklingen beispielsweise am Tamburin der Uiguren ähnliche Glocken, wie sie etwa im persischen und türkischen Bauchtanz gebräuchlich sind.

Helle Glockentöne, durchsichtige Tücher vor dem Gesicht, zahllose dünne Zöpfe und flinke Drehungen im Wind vergegenwärtigen das Bild, das die Chinesen gehabt haben mögen, als sie auf der langen Seidenstraße nach Westen vordrangen. Aus der historischen Erinnerung aufbewahrt sind ferner der *Pferd-Tanz* mit seinen Nachahmungen von Reitbewegungen; er wird meist als Episode im Tanzen vorgeführt und ruft beim chinesischen Publikum die alte Vision einer Begegnung mutiger Vorfahren mit einem aus dem Westen heranbrausenden Reitervolk hervor. Der *Teppichweber-Tanz* entstammt ebenfalls diesem historischen Legendenschatz. Man zeigt hier ein Bild friedlicher Arbeit: die Produktion und Verarbeitung von Wolle in der Wüste Gobi. Vielleicht hat man ihn einst erfunden, um den Menschen die Mühsal dieser Arbeit erträglicher erscheinen zu lassen.

3.2 Tibetanische Tänze

Das Hochland Tibet liegt im äußersten Südwesten Chinas. Wegen seiner geographischen Lage und seiner Isolierung von den Metropolen haben die Tibetaner ihre Kultur und Religion - mit wenigen Störungen von außen - bis auf den heutigen Tag sowohl im Alltagsleben als auch in der Musik, im Tanz und in den anderen Künsten erhalten. Das Nomadenvolk ist für seine erfrischend ehrliche, manchmal wilde, aber auf jeden Fall herzliche Mentalität bekannt.

Beim Tanzen überwiegt der Gruppentanz mit Gesang und Musik. Man steht im Kreis, schwenkt die langen Ärmel des Kleides hin und her und bewegt sich mit stampfenden Steptanzschritten ins Innere des Kreises und zurück. Als erstes Beispiel soll der *Xianzi-Tanz* beschrieben werden. Er ist nach dem für Tibet charakteristischen Streichinstrument, einer Art Geige, benannt. Die Melodie zu diesem Tanz ist sehr flüssig und schwingend. Die Lieder bringen Liebe, Arbeitsfreude, das Erlebnis der Natur und religiöse Elemente zum Ausdruck. Diese Inhalte werden durch biegsame und zärtliche Bewegungen der Frau dargestellt, während die Männer kräftige und leidenschaftliche Bewegungen zeigen.

Musikbeispiel 6

Als zweites Beispiel sei *Rèba* herausgegriffen. Hierbei handelt es sich um eine Kombination von Vortrag, Gesang, Tanz und Akrobatik. Die wichtigste Untergruppe ist der *Tamburin-Tanz*. Die Frauen schlagen das Tamburin, die Männer halten Glocken und einen Büffelschwanz in den Händen; beide drehen sich um ihre Körperachse. Aus der Gruppe der Männer treten Akteure hervor, die sich in schraubenförmigen Sprüngen und mit zunehmender Geschwindigkeit vor- und rückwärts bewegen.

Wer die Tänze der Tibetaner gesehen hat, gewinnt eine gute Vorstellung davon, wie dieses Nomadenvolk seine Situation verarbeitet. Man könnte heute überspitzt sagen, daß sich diese Menschen ein Glück vorspiegeln, das erheblich von den Realitäten ihres Lebens abgehoben ist. Aufmerksamkeit verdient in diesem Zusammenhang, daß die Tibetaner mit übernatürlichen Erfahrungen sehr vertraut sind und ihre Tänze einen starken mystischen Einschlag haben.

Obwohl tibetanische Tänze durchweg mit stampfenden Schritten getanzt werden, existiert als eine *Sonderform* ein Steptanz, der sich durch einen klaren Rhythmus, variantenreiche Schritte, geschickte Fuß- und Kniebewegungen sowie das Winken mit den langen Ärmeln auszeichnet. Er wird überwiegend von Männern bei allen Feierlichkeiten getanzt. Bei diesem Tanz wird im allgemeinen keine Melodie gesungen, sondern es werden Laute und Schreie ausgestoßen.

Musikbeispiel 7

3.3 Mongolische Tänze

Die Mentalität der Mongolen ist der der Tibetaner verwandt, beides sind Nomadenvölker. Allerdings gibt es in der Mongolei eine Tiefebene, in die Kultureinflüsse von außen ebenso eindringen konnten wie die Mongolen bekanntlich mit ihren großen Reiterherden in siegreichen Feldzügen ihre Kultur nach außen tragen konnten. Ihre in den Kampfszenen dargestellten Reitergestalten stellen zweifellos nichts anderes als Ikonographien dieser Siege dar.

Der Grundcharakter mongolischer Tänze ist durch den Gegensatz von offenen und freien, manchmal harten und starken Bewegungen der Männer und den reziproken weichen und zierlichen Formen der Frauen bestimmt. Die Tanzenden halten den Kopf hoch, die Körperhaltung bleibt locker. Die Bewegungen des Oberkörpers sind rund und ausladend, während die Handgelenke hart und eckig bewegt werden. Die Schritte sind meistens schleppend. Besonders kennzeichnend sind die vielfältig entwickelten Schulterbewegungen (hart, weich, angehoben, zitternd, zerhackt).

An der Musik fällt der freie Rhythmus, der breite Tonumfang und die schwungvolle Melodik auf. Sie trägt im wesentlichen den Charakter von Hirtenliedern und läßt die grenzenlosen Steppenlandschaften in der Mongolei assoziieren. Aus Musik und Tanz läßt sich schließen, wie naturverbunden diese Menschen sind.

Musikbeispiel 8

Der Text lautet: „Auf dem blauen Himmel
schwimmen die weißen Wolken,
die weißen Wolken decken die weißen Schäfer zu."

Der Andài-Tanz ist ein mongolischer Improvisationstanz. Er ist aus dem rituellen Schamanentanz entwickelt, wo er der Geisteraustreibung diente. Seit mehr als 300 Jahren wird er als kollektiver Volkstanz gepflegt. Ein Vortänzer, der zugleich Vorsänger ist, singt und tanzt mit seiner Gruppe ohne feste Regeln. Jeder hält kleine quadratische Kopftücher in der Hand, was auf einen chinesischen Einfluß (Hàn) schließen läßt. Die Bewegungen sind einfach und offen und werden von einem dynamischen und kräftigen Rhythmus gelenkt. Soweit man den Andài zusammenfassend charakterisieren kann, finden wir in diesem Tanz den Ausdruck einer Katharsis, an dessen Ende die von den Mongolen tief empfundene Glückserfahrung steht.

Als typischer Paartanz wird dagegen der *Stäbchentanz* getanzt. Jeder hat zwei Stäbchen in den Händen. Während des Tanzes klopfen die Tanzenden auf verschiedene Körperteile und sogar auf den Boden. Sie drehen sich schnell und knien auf dem Boden. Gleichzeitig verschwenken sie die Schultern in den schon erwähnten Techniken. Die Bewegungen sind ähnlich kräftig und dynamisch wie beim Andài-Tanz. Dieser Tanz drückt in vollkommener Weise die Mentalität der Mongolen aus, wobei einschränkend hinzugefügt werden muß, daß wir im Tanzstil deutliche Anpassungen an die Kultur des durch das Hàn-Volk repräsentierten „Reiches der Mitte" finden.

3.4 Koreanische Tänze

Die Koreaner, wie ich sie im Rahmen dieser Darstellung verstehe, sind eine nationale Minderheitsgruppe im Nordosten der Volksrepublik China; sie sind weithin bekannt für ihre herausragenden Fähigkeiten im Tanz und Gesang. Besonders die Frauen gelten als zart, fleißig, gefühlvoll und anmutig. Sie zeigen diesen Charakter auch im Tanzstil.

Der Rhythmus verbindet sich mit dem Atem. Dadurch verschmelzen Bewegung und Körpergefühl zu einer Ganzheit. Bei langsamen Tänzen ist der Gesamteindruck zurückhaltend. Hierzu kontrastieren feierliche Tänze, bei denen man durch Mittel der Übertreibung eine herzliche Atmosphäre erreicht.

Die Besonderheit des koreanischen Tanzes liegt in seiner Körpersprache. Kopf und Schulter werden geneigt, die Schultern werden sanft geschüttelt: Die kreisenden Bewegungen ergeben das Bild eines flüssigen Bewegungsablaufes. Bei den Taktarten gibt es mannigfaltige Unterschiede, es überwiegen aber 3/4- und 6/8-Takte.

Musikbeispiel 9

Als ein besonders typisches Beispiel sei der Tanz *Bauernglück* („Hans im Glück") erwähnt. Er stellt das glückliche Gefühl nach der Ernte in den Mittelpunkt. Man tanzt ihn auch bereits nach dem Pflanzen der Reissetzlinge. Die Tanzform ist frei. Einige halten kleine Tamburins in der Hand. Männer können ihn mit dem Elefanten-Hut, bei dem oben eine Kordel in der Größe eines Elefantenschwanzes angebracht ist, tanzen. Der Tanz beginnt langsam und wird immer schneller und rasanter. Auf dem Höhepunkt werden die Tamburins laut und ohne

Pause geschlagen; der Elefantenschwanz soll durch Kopfdrehen in der Luft kreisen. Die musikalische Begleitung besteht aus einem kleinen und einem großen Gong, Trommeln und Blasinstrumenten. Beim Tanzen wird gleichzeitig gesungen.

In der koreanischen Tanzkunst sind auch der Fächertanz und der Trommeltanz verbreitet. Der Nationalstil klingt durch Musik und Körpersprache wieder an. Diese Tänze sind den Frauen vorbehalten, wobei sich der Trommeltanz auch als Solotanz eignet.

3.5 Thai-Tänze

Das Thai-Volk wohnt in der südwestlichen Provinz Yúnnán, in der Landschaft um den schönen Fluß Rùili. Aufgrund des subtropischen Klimas herrscht während des ganzen Jahres frühlingshaftes Wetter. Die Ernten sind reichlich. Die wunderschöne grüne Landschaft verbindet Himmel und Erde. Das Gebirge besteht aus dem Urdschungel Xi Shuang bannà. Das Volk der Thais genießt wegen seiner Fähigkeiten in Tanz und Musik in China ein außerordentlich hohes Ansehen. Vom Kindes- bis zum Greisenalter können Frauen wie Männer herrlich tanzen.

Auf den ersten Blick kann man den Eindruck gewinnen, als drücke das Thai-Volk im Tanz seine seelischen Sehnsüchte aus. Man sagt, die Thais lebten im Tanz. Diese Aussage reicht weit in den symbolischen Bereich hinein, da für Situationen wie Trauer, Krankheit, Liebeswerben o. ä. regelrechte körpersprachliche Codierungen existieren, die ohne Kenntnis dieser Symbolgehalte unverständlich bleiben.

Die Bewegungsmuster des Tanzes folgen dem im allgemeinen als weiblich bezeichneten System. Es wird auch von den Männern benutzt. Die Unterschenkel werden geschüttelt, die Handgelenke schwenken vor und zurück, das Becken schaukelt hin und her, und der gesamte Körper bewegt sich gemessen und in sanften Schwüngen.

Der *Elefantenfuß-Trommeltanz* wird von Männern dargestellt. Wie der Name sagt, haben die Trommeln die Gestalt von Elefantenfüßen. Dieses eigenartige Schlaginstrument spielt eine führende Rolle im Thai-Tanz. Es wird an bunten Seidenbändern getragen. Unter Begleitung anderer Schlaginstrumente klopft der Trommelträger auf das Trommelfell und tanzt nach diesem Rhythmus. Ab und zu nehmen die Bewegungen einen Kampfcharakter an. Anstelle der Hände, deren Gebrauch auf das Trommeln gerichtet ist, werden die Armgelenke zum Ausdrucksmittel. Das Becken und die Beine bekommen ein großes Gewicht, indem die Knie sanft gesenkt und gehoben werden; mit dem Unterschenkel hebt der Tänzer seinen Fuß und senkt ihn so leise auf den Boden, als bewegte sich ein Elefant im Dschungel vorwärts. Durch die Hüft-, Becken- und Kniebewegungen wirkt dieser Tanz sehr natürlich und ungezwungen.

Pfauentanz

Beim *Pfauentanz* handelt es sich ebenfalls um einen traditionellen Thai-Tanz. Die Nachahmung der Bewegungen reicht über die Imitation weit hinaus. Der Pfau symbolisiert Glück, Gnade, Frieden und Schönheit. Seit alters her wird er als göttlicher Vogel betrachtet. Man glaubt, daß der Pfau alle Wünsche in Erfüllung bringen kann. Aus diesem Grund versuchen die Tanzenden, sich in einen Pfau zu verwandeln. Das mimetische Moment liegt also, genau genommen, darin, durch die Anverwandlung der Bewegungen des Pfaus die tiefen eigenen Wünsche zu veräußern. Je genauer die Tanzenden den Pfau „nachzuahmen" vermögen (z.B. durch ruckartiges Kopfdrehen, Flügel bzw. Arme-schubweisehochschieben, Radschlagen mithilfe eines breiten Rocks), desto genauer nähern sie sich dem Symbolgehalt. Der Vollständigkeit halber sei erwähnt, daß das Trinken des Pfaus durch die Hände angedeutet wird. Weitere Situationen sind das Baden mit anschließendem Schütteln der Federn, Fliegen oder Auf-einem-Zweig-Landen. Der Pfauentanz kann solo oder als Gruppentanz (mit Vortänzerin) getanzt werden.

Die Musik wird von Pferdefußtrommeln und Mangong (einem großen Schlaginstrument) organisiert.

Musikbeispiel 10

3.6 Sonstige Tänze

Die Volksgruppe der *Miáo* lebt in verschiedenen südwestlichen Provinzen Chinas. Der von ihnen gepflegte *Mundorgeltanz* besteht aus einer Mischung von Musizieren und Tanzen, das aus dem Becken heraus und mit den Beinen ausgeübt wird.

Der Stamm der *Yí* siedelt ebenfalls im Südwesten (Szechuan und Yúnnán). Ihr *Spring- oder Steptanz* wird durch ununterbrochenes schnelles Springen und Hände-Schwenken dargestellt.

Die Volksgruppe *Yao* ist vor allem in Guangxi beheimatet. Der bei ihnen beliebte *Bronzetrommeltanz* wird im Kreise getanzt. Gürtel, Bambusring, Strohhut und andere Requisiten finden dabei eine Verwendung.

Der Stamm *Lí* lebt auf der Insel Hainán, die früher zur Provinz Guandong gehörte. Der *Messertanz*, bei dem die Messer am Knauf mit Glocken versehen sind, läßt die Handlungen und Haltungen von Kriegern anschaulich werden.

Der *Gaoshan-Stamm* wohnt vor allem auf der Insel Taiwan. Bei ihrem *Reismörsertanz* hält jeder Tanzende einen Stößel in der Hand. Durch das regelmäßige Stoßen des Mörsers auf Stein entsteht der Rhythmus. Der Gesang fügt sich in diesen Rhythmus ein.

Der *Jing-Stamm* mit seiner Heimat in Guangxi umfaßt nur ca. 5000 Menschen und ist vom Aussterben bedroht. Sie leben vom Fischfang. Der *Himmelslaternentanz* ist durch auf den Kopf gestellte Kerzen symbolisiert. Dabei werden Teller

Pfauentanz

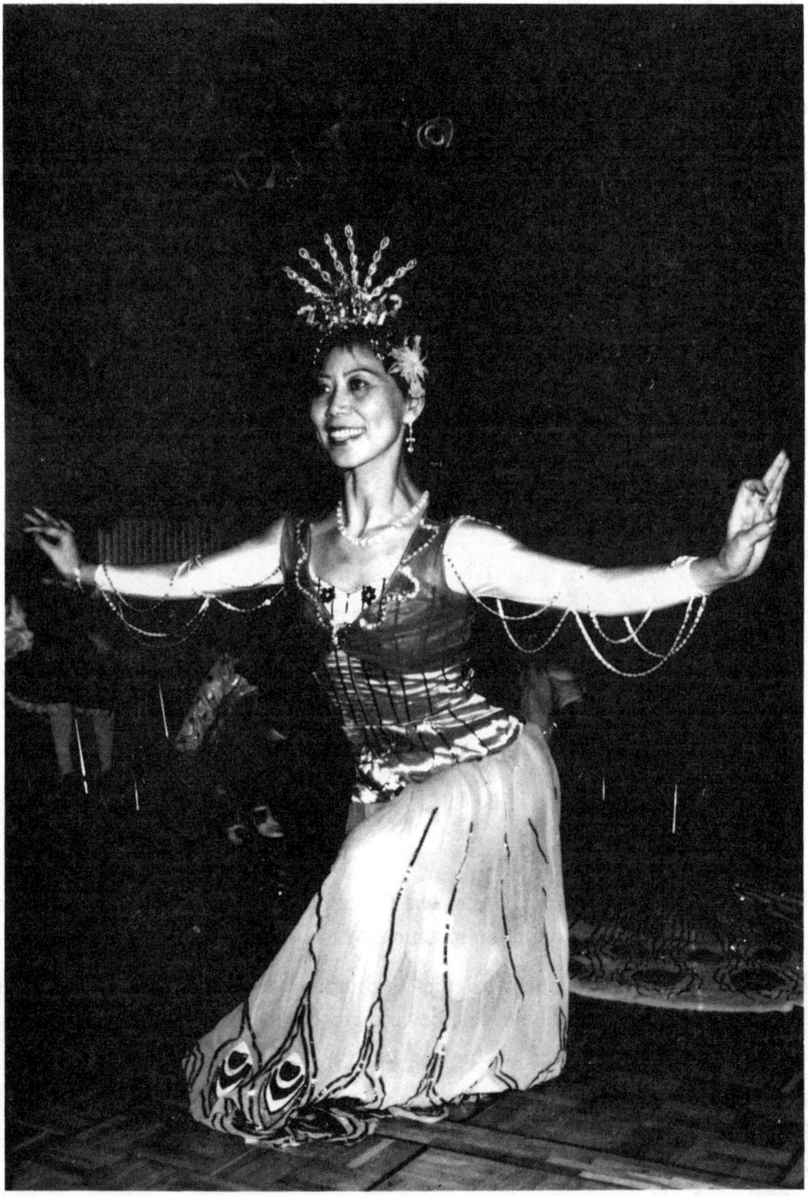

an beiden Händen gehalten und unentwegt gedreht. Der Tanz, für den dieser Stamm berühmt ist, heißt *Ahxi-Tiàoyuè*. Die Schritte dieses Tanzes sind durch 4/4-Takte rhythmisiert. Beim Auftakt tritt der Fuß nach außen; in den übrigen Takten stampft man mit den Füßen auf dem Boden. Die Musik hat einen kräftigen Rhythmus und wird einstimmig durch Fußstampfen begleitet. Dazu klatscht man in die Hände und dreht den Körper. Zu den Instrumenten gehören Yuegin (eine Art Mandoline), Flöte, Baumblätter und gelegentlich die chinesische Geige:

Musikbeispiel 11

4 Zusammenfassung

In der Tanzkunst bringt die Musik den Tanz zum Klingen, so wie der Tanz die Musik verkörpert. Daher sagt man in China, Musik sei die „Seele" des Tanzes.

Im chinesischen Volkstanz wird die Verbindung von Musik und Tanz erst durch das Volkslied und das jeweils bevorzugte Begleitinstrument zu einem organischen Ganzen.

Die Musik ist das organisierende Prinzip bei diesem Bemühen um eine ästhetische Wirkung. Daher ist die Tanzmusik notwendig ordentlicher systematisiert als im Falle anderer Arten von Musik.

Auf der 36 Millionen Quadratkilometer umfassenden Fläche Chinas leben 56 Volksgruppen mit ihren in über 4000 Jahren entwickelten Kulturen und Traditionen. Ihre kennzeichnenden Eigenschaften haben einen stark lokalen Charakter und resultieren aus einem Geflecht höchst unterschiedlicher Mentalitäten, Bräuche, Sitten und moralischer Standards.

Das Wesen des chinesischen Volkstanzes liegt - unter Ansehung aller Unterschiede - darin begründet, einen Ausgleich zwischen elementaren, natürlichen und zugleich kunstvollen Darstellungsformen zu finden. Die enge Verbindung von Musik, Körpererfahrung und kunstvoller Ausgestaltung der Formen unterliegt den Gesetzen ästhetischer Harmonisierung, ohne die anthropologischen, geographischen, sozialen und psychologischen Bedingungen dieser Art von menschlichem Handeln zu verleugnen. Das Ergebnis dieser Bemühungen macht den chinesischen Volks- und Nationaltanz zu einem unverzichtbaren Bestandteil der chinesischen Künste und der Nationalkultur Chinas.

Wenjuan Shi-Beneke
Kalkreuthweg 74
2000 Hamburg 52

Performance-Art - Versuch einer Orientierung

GERTRUD MEYER-DENKMANN

Eine Definition, was Performance Art eigentlich sei, ist vom Begriff so schwierig wie von ihren vielfältigen Erscheinungsformen - von ihren historischen Ursprüngen wie von der unterschiedlichen Entwicklung, die sie in den verschiedenen Ländern, sei's in den USA oder in Europa erfahren hat. Als eine 'hybride' Kunstform, schillernd zwischen Aktionskunst, Living Art oder Body Art, widerstrebt sie einem theoretischen Ansatz, der sie analytisch einer Bestimmung zuführen möchte. „Die Performance Art zu beschreiben ist aber ein Unterfangen, das mit vielen Unbekannten rechnen muß. Deshalb, weil sie eben eine flüchtige Kunst ist, eine Kunst des Dabei-Seins und Dabeigewesenseins, wenigstens der Erzählung, wie es gewesen ist. Jede Aufzeichnung ist ja nur ein Abklatsch der Atmosphäre, und in den seltensten Fällen ist z.B. eine Fotografie so sprechend, daß sie als Ersatz für das Ereignis aufkommen kann".[1]

Das Wort Performance, heut in aller Munde, besagt alles und doch nichts. Performance, verstanden als 'Auftritt', gesellt sich zur Show. Alles ist Show. Show ist der Effekt um seiner selbst willen, ist Sprache unseres Massenzeitalters und der Massenmedien. Performance als Herz der Show ist Zeichen des Erfolgs, sei's von Stars und Künstler aller Art, von Rockbands oder Schaustellergruppen - bis hin zur ritualisierten Show politischer Auftritte. Die polierte Imagebildung ist Teil einer personifizierten Show. Der perfekte Star wird zur Pseudofigur durch totale Künstlichkeit. Pervertiert durch das Verhältnis von Modell und Reproduktion wird er im Getriebe des Managements- und Medienrummels zum perfekten Warenkörper stilisiert.

Gegen diesen Standardisierungs- und Typisierungsprozeß, bewirkt durch Starkult und Imagebildung - gegen den Druck einer Superästhetisierung und einer totalen Mediensimulation wehrt sich eine Performance Art - ohne ihr doch gänzlich entkommen zu können.

Im Gegensatz zum Glamour eines show business oder zu den Pseudoereignissen einer Performance weist eine Art Performance auf ihren künstlerischen Zusammenhang, auf poetische Momente. Zwar sind Show wie auch Performance Art auf Auftritte und Szene angewiesen, auch verzichten beide heute nicht auf

---

[1] G.J. Lischka: Performance und Performance Art. In: Kunstforum, Bd. 96. 1988; S. 118

den Einsatz technischer Medien - doch in einer Performance Art verändern sich ihre Bedeutungen. Spezielles Merkmal einer Performance Art ist ihr intermedialer Charakter: ihr Zusammenspiel verschiedener Künste und Medien wie Musik und Szene - Bild und Film - Tanz und freie Bewegung - Alltagssprache und Dichtung. In diesem intermedialen Zusammenspiel kann die eine oder andere Kunstart oder Aktion dominieren oder auch ganz zurücktreten. Wesentlich ist, daß es der Performance Art in dieser Grenzüberschreitung der Künste und Medien um ein neues Verständnis einer - wie auch immer gearteten - Wirklichkeitsbewältigung geht. Falsch wäre es also, diese intermediale Kunstform mit der Idee eines Gesamtkunstwerks zu vergleichen. Werden hier die beteiligten Künste unter die Idee der Einheit und Geschlossenheit eines Kunstwerks subsumiert, so bleiben in der Performance Art die unterschiedlichen Kunstarten und Medien so gut wie autonom. Die verschiedenen Aktionen oder auch mehrere Szenen können gleichzeitig stattfinden, ohne unbedingt in einem kausalen Zusammenhang zu stehen, geschweige durch den roten Faden einer Erzählung verbunden zu sein.

Eine Kunst der Gegenwart wie die Performance Art, die den Anspruch erhebt, als Extrakt seiner sozialen und kulturellen Umwelt erkannt zu werden, will nicht länger illustrativ Geschichten erzählen. Ihr geht es um das Aufdecken von Grenzbereichen, von Widersprüchen durch Gegenüberstellen von Ereignissen und Situationen aus dem sozialen und auch politischen Umfeld. „Der Grenzbereich also ist das aufregende Feld des Unausgesprochenen, des 'noch nicht zu Tode Erzählten'. Aus extremen Gegensätzlichkeiten kann etwas Neues, Frisches, Drittes entstehen - im Kopf".[2] Der Betrachter wird also aufgefordert, kreativer Teilhaber des Geschehens zu sein. Auch geht es der Performance Art um neue Wahrnehmungen und Erfahrungen - sie können um Symbole kreisen, die Objekte, oder äußere oder innere Vorgänge repräsentieren, um Imaginationen, die Raum- und Zeitebenen verschieben als „eine Reise, um aus dem Ghetto des festgefrorenen ästhetischen Augenblicks auszubrechen."[3]

Performance Art, obwohl dem Theater nah, unterscheidet sich doch wesentlich von dessen klassischen Formen, etwa der Aufführung eines von einem Autor vorgegebenen Stücks mit einer regiegeführten Einstudierung der Darstellerrollen. Neue Methoden der Produktion in Kunst und Musik unseres Jahrhunderts ver-

---

[2] Erich Wonder: Zwischenräume/Nachbilder. In: Ars electronica. Festival für Kunst, Technologie und Gesellschaft. Linz 1988; S. 104
[3] A.a.O. S. 104

änderten die Rolle des Autors wie des Interpreten und des Rezipienten. Im Gegensatz zum Austattungstheater sind in einer Performance Art Autor und Interpret zumeist dieselbe Person, bzw. es wird von der Gruppe zusammen das Konzept erarbeitet und aufgeführt. Kunst als Prozeß ermöglicht nicht nur neue Erfahrungen, der Beobachter dieses Prozesses nimmt in den inszenierten oder öffentlichen Räumen direkter als bisher am Ereignis einer Art Performance teil. Performances können in öffentlichen oder privaten Räumen stattfinden. Ihre prozeßartigen und häufig unkonventionellen Aktionen würden sich einer Installation in einem institutionellen Rahmen kaum einfügen können oder wollen. Nicht wenige Aufführungen der Performance Art vermengen sich mit dem öffentlichen Leben und dehnen sich auf Straßen und Plätzen aus. „Die Forderung nach Öffentlichkeit und Durchsichtigkeit hat nicht allein ästhetische Gründe; sie geht einher mit dem Ruf nach einer neuen gesellschaftlichen Ordnung."[4] Dennoch, in jüngster Zeit beginnt auch eine Performance Art sich zu etablieren, zeigt sie Momente einer selbstgefälligeren Nabelschau oder liebäugelt mit der Versuchung einer allgegenwärtigen Mediensimulation.

Wenn auch der Begriff Performance Art erst in den 70er Jahren in Gebrauch kam, ist es doch interessant, den historischen Anfängen einer Kunstform nachzugehen, an deren Entwicklung sich Musiker, Literaten, Maler, Tänzer u.a. beteiligten. Roselee Goldberg versucht in ihrem informativen Buch „Performance - Live Art, 1909 to the Present"[5], die ersten Quellen auf den Futurismus und Dadaismus zurückzuführen.

Der italienische Futurismus wurde in seiner internationalen Einflußnahme auf die gesamte Kunstwelt lange unterschätzt. Es mag sein, daß seine spätere Parteinahme für den Faschismus das weitere Interesse an seiner künstlerischen Bedeutung ins Negative - wenn auch zu recht - verkehrt hat. Der Start begann mit Filippo Tommaso Marinettis erstem Manifest von 1909, es wurde gleichzeitig in Italien, Paris und Rußland publiziert. Die Literatur, Musik, Malerei, Theater u.a. umfassenden neuen künstlerischen Ideen des Futurismus ließen sich nicht mehr mit den üblichen Mitteln realisieren. In der Tat weisen die heterogene Simultaneität realistischer Kurzszenen, die ungewöhnliche Geräuschmusik der Intonarumori von Luigi Russolo, die Rezitationen mit provokativen Texten oder die einem Vers libre huldigenden Lautgedichte sowie die überraschenden Kreationen von Bühnenbildern und Maskendekors auf die späteren Formen der Art Per-

---

[4] Jürgen Schilling: Aktionskunst. Frankfurt/Luzern 1978; S. 7
[5] Roselee Goldberg: Performance - Live Art 1909 to the Present. New York 1979

formance. Die sketchartigen Vorführungen mit dem Ziel, „das Feierliche, das Ernste und Erhabene in der Kunst zu zerstören"[6] und das passiv konsumierende Publikum zu aktivieren - diese nicht selten zu Tumulten führenden Performances hatten entweder ihren Platz auf varietéartigen Bühnen, „auf denen das Unwahrscheinliche und das Absurde herrschen"[7] oder in einem Cabaret, wo auch die ersten Vorführungen des 1918 in Zürich gegründeten Dadaismus stattfanden.

Im Gegensatz zu den Futuristen verband die Dadaisten ihre entschiedene Anti-Kriegshaltung, ähnlich war ihr Protest gegen die bestehende Gesellschaftsordnung mit ihrer kulturellen Fassade. Die Dadaisten proklamierten eine Anti-Kunst, deren Verquickung mit Überraschung und Zufall neue Wege eröffnen sollten. Ihnen schien das Theater in Form eines Cabarets das geeignetste Medium zu sein, ihre absurden Spektakel einem fassungslosen Publikum zu offerieren. Im Cabaret Voltaire in Zürich rezitierte Hugo Ball seine Lautgedichte, überraschte Tristan Tzara mit kubistisch kostümiertem Mummenschanz, machten Hans Arp und Richard Hülsenbeck durch surreale Texte und Aktivitäten auf sich aufmerksam.

Für die eher sich politisch verstehende Berliner Dadabewegung waren Collage und Fotomontagen des John Heartfieldt wichtige zukunftsweisende Mittel. Kann die Erfindung der Merz-Bühne des Hannoveraners Kurt Schwitters als Vorläufer späterer Environments gelten, so weist der Pariser Dada-Surrealismus mit szenischen Aufführungen von Cocteau, Apollinaire, Picabia, Breton u.a. im Salle Gaveau 1920 schon plastischere performanceartige Züge auf. Durch den intermedialen Aufwand läßt sich eventuell auch Erik Saties Ballett „Relâche" von 1924 zu einer Art Performance rechnen: Picabia schuf den Text, das Bühnenbild und die Malerei, René Claire den Film „Entr'acte", und Marcel Duchamp posierte in einem lebenden Bild als Adam mit einer Eva à la Lucas Cranach.

Die Wurzeln heutiger Performance Art gehen auf den amerikanischen Komponisten John Cage zurück. Seine Grundidee einer Gleichwertigkeit von Kunst und Leben hat nicht nur die Entwicklung der Musik in unserer Zeit beeinflußt, sondern alle Künste: den Tanz, die Poesie, die Installation bildender Kunst, den experimentellen Film und nicht zuletzt die Performance Art. Cage, der die Grenzen zwischen den Künsten öffnete, verstand den künstlerischen Prozeß als einen experimentellen Vorgang und den Künstler als einen Forscher, Übersetzer und

---

[6] Filippo Tommaso Marinetti, Das Varieté 1913. In: Umbro Apollonio (Hg.): Der Futurismus. Manifeste und Dokumente einer künstlerischen Revolution 1909-1918, Köln 1972; S. 174

[7] A.a.O. S. 175

Verwandler der Wirklichkeit. Jedes Material, jedes Ereignis, jede Erfahrung und jede Aktivität konnte nunmehr Gegenstand und Medium der Kunst sein. Die erste interdisziplinäre Performance, genannt „Untitled Event", wurde von John Cage und dem Tänzer und Choreographen Merce Cunningham konzipiert und 1952 in den USA aufgeführt. Der Plan erhielt nur allgemeine koordinierende Zeitangaben, um die von Cage intendierten Prinzipien des Zufalls und der Indetermination und somit auch die Intention und Mitverantwortlichkeit der Aufführenden zu ermöglichen. In der Performance „Untitled Event" wurden Bilder und Filme gezeigt - Textlesungen und Musikaufführungen, sowie Tanzdarbietungen u.a. unterschiedliche Aktionen fanden gleichzeitig statt, während das Publikum sich räumlich inmitten dieses intermedialen Geschehens befand. Auf diesem entscheidenden Ereignis basierten die bald anschließende neue Kunstform des Happenings und etwas später auch die Aktionen des Fluxus. Beide Bewegungen dehnten ihren Aktionsradius in den 60er Jahren auch nach Europa aus.

Die ersten Happeningkünstler kamen aus dem Kontakt mit John Cage: Allan Kaprow, Dig Higgins, Jim Dine u.a. Sie standen Künstlern der Pop Art nahe - beide Kunstarten brachten Reales in die Vorstellungswelt der Kunst ein. Im Happening wurden absurde, irreale Elemente mit jenen aus der Realität vermischt, um neue Zustände, neue Assoziationsmöglichkeiten herbeizuführen. Das Publikum, oft direkt ins Geschehen einbezogen bis zur Aufforderung aktiv teilzunehmen, wird angeregt, sein Verhältnis zur Wirklichkeit zu überprüfen, um neuartige Erfahrungen zu verarbeiten. Hauptcharakteristikum des Happenings sind: Verwischung der Grenzen zwischen Kunst und Leben - seine Ort- und Zeitungebundenheit - Betonung von Überraschung und Zufall - eine Form, die einer Assemblage oder einem Environment gleicht, verbunden mit einer Collage von Material, Aktion, Bild, Musik, Film u.a. Typisch für ein Intermediakünstler dieser Art ist der in Berlin lebende Wolf Vostell, der seine Aktionen auch politisch versteht.

Etwas später, um 1961, entstand, auch in den USA, die Fluxusbewegung. Der Name geht auf eine Idee George Maciunas zurück - seine Bedeutung wird bewußt im ungewissen gelassen. An dieser Bewegung nahmen ebenfalls Künstler und Nichtkünstler aller Art teil. Die bekanntesten: G. Maciunas, George Brecht, La Monte Young, Nam Yun Paik, Ben Vautier und nur kurz Joseph Beuys. Während die Dada- und Happeningbewegung - jede in ihrer Weise - das Publikum herausforderte, verweigert sich Fluxus oder widerspricht sich selbst. Die Aktivitäten von Fluxus sind gekennzeichnet durch elementare, oft auch provozierende akustische und visuelle Events. George Brecht bekennt: „Das Wort Event schien näher die totale, alle Sinne in Anspruch nehmende Erfahrung auszudrücken, an der ich mehr als an allem anderen interessiert war."[8] Diese Events wurden - wenn überhaupt - verbal notiert. Sie überraschten durch ihre Widersprüchlichkeit der sonst bekannten Tätigkeiten des Alltags, des Musikmachens - des Unbeschreiblichen.

Der Übergang vom Happening zur Performance Art ist in den 60er Jahren fließend. Von großem Einfluß waren die neuen Tanzformen des Merce Cunningham, vermischt mit den Materialexplorationen von John Cage, die sich in den verschiedenen Gruppenaktivitäten mit den Events aus Happening und Fluxus durchdrangen.

Die Zusammenarbeit mit verschiedenen Künstlern und Komponisten erwies sich für die Entwicklung der Performance Art als außerordentlich fruchtbar. Die Maler und Pop-Artisten Robert Rauschenberg, Claes Oldenburg, Jasper Johns sowie Architekten, Bildhauer und Komponisten wie Terry Riley, La Monte Young, Philip Corner u.a. inspirierten sich gegenseitig, sei's in der Dancer's Workshop Company in San Francisco mit der Tänzerin Ann Halprin, oder in The Judson Dance Group in New York. Lucinda Childs fand im Bildtheater des Robert Wilson Gelegenheit, neue Kreationen zu erarbeiten. Ihre geometrisierten Raumbewegungen verband sie später geschickt mit der Minimal Music von Steve Reich.

Diesen Gruppen, die sich um eine neue „body awareness" bemühten, ging es darum, den Tanz von seiner balletthaften Künstlichkeit und fraulich normierten Grazie zu lösen. Sie kreierten Bewegungsformen, die, statt stories mit emotionalen Ausdrucksgesten zu begleiten, sich von Every-day-Aktivitäten kaum unterschieden. Der Bewegungsmodus war nicht an Rhythmus und Form einer Musik gebunden, beide Medien blieben autonom. Die miteingesetzten Materialien und Objekte oder - je nach Konzept - die Stimmen und Körperinstrumente unterstützten akustisch, musikalisch und szenisch die Performance. Auch die Tanz-Performance von Jana Haimsohn (New York) ist durch eine neue „body awareness" gekennzeichnet. Ihr gelingt durch die Gleichzeitigkeit ihres Tanzens und Singens, ihres Sprechens und Trommelns eine Steigerung ihrer Ausdruckskraft, die sich unmittelbar dem Publikum mitteilt. Ihre Intentionen kreisen um Bilder ihrer Kindheit, um traumatische Erinnerungen, oder auch um eine Vergegenwärtigung humaner Probleme.

---

[8] Aktionskunst. A.a.O. S. 80

Die frühen Formen einer Performance Art in den 60er Jahren waren gekennzeichnet durch einen Zwischenbereich, der intermediale Elemente aus Tanz, Theater, Film, Malerei und Musik verarbeitete, wobei die Grenzen zwischen den Disziplinen sich verwischten. Gegenseitige Transformationen von Filmsequenzen und live Aktionen - korrespondierende Light- und Soundeffekte, photoelektrisch durch die Bewegenden hervorgerufen u.a. live-elektronische Praktiken sollten die Wahrnehmung sensibilisieren. D.h. es ging um ein Sich-selbst-bewußt-werden im Kontakt zum Material, zur Körperbewegung in Raum und Zeit in einer sich wandelnden Umwelt. In den 60er Jahren war man in Europa noch mit den Anfängen der Happening- und Fluxusbewegung beschäftigt, es sei denn, man rechnet einige Soloperformances von Joseph Beuys, Arnulf Rainer, Günther Brus u.a. schon zu den Vorformen einer Performance Art.

Waren in den ersten Performancegruppen schon wesentlich Frauen in der Mehrzahl, so sind sie weiterhin maßgeblich an der Entwicklung einer Performance Art beteiligt. In den 70er Jahren wurden die anfänglichen Gruppenaktivitäten seltener. Aus der Mischung von Aktionskunst, Body Art und Concept Art tritt die jetzt breite künstlerische Bewegung in ihr „Monitor-Stadium" ein. „Das Monitor-Stadium bedeutet demnach, daß der Körper selber zur Projektionsfläche wird, daß er sein eigener Spiegel ist, weil der andere, der Mitmensch, in dieser Funktion vom Medium ersetzt worden ist. ... Die Performancekünstler/innen arbeiten also vornehmlich mit und an sich selber, Frau und Mann getrennt oder gegeneinander gerichtet. Die Vereinzelung und Vereinsamung ist ein durchgehendes Thema für beide, sowohl gesellschaftlich als auch geschlechtsspezifisch gesehen. Die Performancekünstler schrecken vor keiner Härte zurück, mit der sie ihren Körper in den Kampf werfen: Es gilt ihn vor der totalen Hingabe und dem Ausgeliefertsein an die Medien zu retten. Und wenn auch Medien verwendet werden, so doch in diesem befreienden Sinne der Intermedia. Immer wieder auf sich zurückgeworfen, nehmen diese Künstler/innen erneut Anlauf, um das Thema Körper/Umraum in einen Zustand zu bringen, der eine verbindliche Aussage zur Zeit ist. Sie sind die lebendigen Skulpturen, die sich gegen die Erstarrung mit heroischer Kraftanstrengung aufbäumen."[9]

Mit hintergründigem englischen Humor präsentierten sich 1969 in London die beiden Künstler Gilbert and George als lebende Skulpturen, sie waren selber 'live' das Kunstwerk. Terry Fox, Chris Burden, Jochen Gerz, Stelarc, Gina Pane

---

[9] Lischka: Performance Art. A.a.O. S. 132

u.a. wurden in den 70er Jahren durch ihre oft lebensgefährlichen, selbstzerstörerischen Soloperformances bekannt. Die Spiegelung als Mittel zur Identitätssuche oder -verwandlung inszeniert über Video-Monitoren, Kameras, realen Spiegeln oder die Anwendung transvestierender Kleidung sind bezeichnend für die Performances von Paul McCarthy, Jürgen Klauke, Dan Graham, Stephan Laub u.a. Anderen Künstlern geht es um ein intensives, hautnahes Natur- und Materialbewußtsein mit Performances, die häufig sich in der Landschaft ausdehnten.

Die Soloperformances von Frauen zentrieren sich wesentlich um autobiographische und persönlichkeitsorientierende Inhalte. Bewußtseinszustände reflektierende Aktivitäten sind bezeichnend für die Performances von Bonnie Sherk. „Sitting Still" hieß eine Performanceserie über Einsamkeit von ihr, die sie an verschiedenen Orten in San Francisco durchführte. Lynn Hershman unternahm verschiedene Alltagstätigkeiten, jedesmal eine andere Indentität einnehmend.

Surreale Environments, die ihre Wahrnehmungsweise und Lebenssehnsüchte wiedergeben sollten, kreierte Colette. Diese und andere Konzeptionen kamen dem Bedürfnis der Frauen nach Selbstaktualisierung entgegen. Anderen Frauen ging es eher um eine kritische Selbstinspektion des Bildes ihrer Weiblichkeit, geprägt durch Kultur, Gesellschaft und der Warenwelt.

Charlotte Moorman erregte bereits in den 60er Jahren Aufsehen durch ihr provokantes Cellospiel. Es schickte sich ja bis in unser Jahrhundert nicht für eine Frau, ein Cello zwischen ihre Beine zu klemmen.[10] Um das Instrumentalspiel als eine Domäne der Männerwelt bloßzustellen, spielte sie ihr Cello völlig nackt, oder nur bekleidet mit zwei Videomonitoren als Büstenhalter, inszeniert von dem TV-Künstler Nam Yun Paik. Während sie bei einer solchen Performance Anfang der 60er Jahre in New York verhaftet wurde, konnte sie später in Bremen auf einem Musica Nova Festival ungehindert nackt auf einem rosa Cello aus Eis spielen - bis dieses schmolz. Pat Olesko (New York) betrachtet ihre Person als „living sculpture", einige ihrer Performances nennt sie 'Pataphysics'. In ihren extravaganten Kostümen versucht sie androgyne Charaktere zu kreieren, die die gesellschaftlich festgelegten geschlechtsspezifischen Bekleidungsmuster und Rituale auflösen sollen. In ihrer Videoperformance „The You're-a-Vision Song Contest" gelingt es ihr durch einen raffinierten Trick, die vom männlich voyeuristischen Blick besetzten weiblichen Geschlechtsteile in 'lebende' und mit männlicher Stimme singende Porträts umzuwandeln.

---

[10] Vergl. Freia Hoffmann: Instrument und Körper. Die musizierende Frau und ihre Wahrnehmung in der bürgerlichen Kultur 1750-1850. Frankfurt/M. 1990

Die New Yorker Künstlerin Allison Knowles verfolgt ganz andere Interessen. Seit den 60er Jahren ist sie durch ihre innovativen Happenings und Fluxusaktivitäten bekannt geworden. In ihren jüngeren Performances läßt sie ein subtiles, durch haptische und akustische Wahrnehmungen betontes Materialbewußtsein erkennen, ohne dieses mit psychologischen Bedeutungen zu überfrachten. Ihre differenzierten Aktionen mit Materialien aus Natur und Alltag, begleitet von ihren auf philosophische Reflexionen rekurrierenden Texten, ergänzt durch ihre Materialbilder und Filme, werden zu einem künstlerischen Prozeß, der den Umgang mit dem Material aus seiner Naturbeherrschung löst und ihm seinen Eigenwert zurückgibt.

Hervorzuheben sind ferner jene Arbeiten von Frauen, die unter einem speziellen feministischen Gesichtspunkt, unterstützt durch die amerikanische Bewegung des „Women's Lib" in den 70er Jahren entstanden sind. Diese leitete nicht nur einen Prozeß der Selbstfindung und Selbsterfahrung der Frauen ein, sondern machte die gesellschaftlich bedingte Unterdrückung künstlerisch arbeitender Frauen bewußt. Feministisch eingestellte Künstlerinnen setzten sich mit der Rolle der Frau in der Gesellschaft auseinander, wie auch mit ihrem Geschlechtsbild, geprägt durch die patriarchalische Gesellschaft, ihre Kultur, die Warenwelt und die Massenmedien. Carolee Schneemans „Explored Canvasses", ins dreidimensionale übertragene Bilder ihres weiblichen Körpers - und Valie Exports „Körper-Material-Interaktionen" gehören zu den frühesten, ausgeprägt feministischen künstlerischen Kreationen. Carolee Schneeman verknüpft die Gleichwertigkeit des angewandten Materials mit der Gleichwertigkeit von Geste, Musik, Text und Film. In ihren Soloperformances, charakterisiert durch ein freimütiges Bekenntnis zur selbstbestimmten weiblichen Sinnlichkeit, geht es ihr um mehr als die sexuelle Befreiung der Frau, es geht ihr letztlich um die Zurückweisung der männlichen Sprache. Valie Export, die in Wien lebt, stellt in ihren Performances die Ironisierung und Verfremdung weiblicher Leitbilder ins Zentrum. Sie argumentiert: „In der Ich-Inszenierung des Körpers kann man erkennen, wie sehr sich die Frage nach der weiblichen Indentität stellt, nach einem eigenen Leben und nach einem eigenen Sinn."[11] Neben ihren mutigen, oft provokanten Straßenperformances legt Valie Export heute ihren Schwerpunkt auf Videoperformances.

Die Düsseldorferin Ulrike Rosenbach war Schülerin von Joseph Beuys. Seit den 70er Jahren ist sie bekannt durch ihre eigenwilligen, phantasievollen Perfor-

---

[11] Valie Export: Mediale Anagramme. In: Kunstforum, Bd. 97. 1988; S. 155

mances, deren Environments sich bis in die Natur ausdehnten. Ulrike Rosenbach arbeitet vorwiegend mit Video und Film, mit denen sie interessante Transformationen und Überblendungseffekte erzielt. Diese Medientransformationen, oft unterlegt mit Tonbandmusik, sind mit Malaktionen und einem bedeutungsschwangeren Umgang mit Materialien und Objekten verbunden. Als konstantes Thema steht bei Ulrike Rosenbach die Auseinandersetzung mit autoritären Leitbildern und die Suche nach Identifikationsfiguren im Mittelpunkt. Diese wird über mediterrane mythische Frauenfiguren bis zu matriarchalischen Naturgottheiten zurückgeführt, um in neueren Performances zu Identifikationsmöglichkeiten mit der Natur als Ganzheit zu gelangen.

Zwei der berühmtesten Performancekünstlerinnen dürfen nicht unerwähnt bleiben, beide auch aus den USA kommend: Meredith Monk und Laurie Anderson. Als eine der vielseitigsten und international bekanntesten Performancekünstlerin, ausgezeichnet mit zahlreichen Preisen, ist Meredith Monk inzwischen zur Kultfigur nicht nur in der New Yorker Musik- und Theaterszene geworden. Als klassisch ausgebildete Sängerin, Tänzerin und Pianistin ist sie zugleich Erfinderin und Ausführende ihrer Songs, Choreographien und Theaterperformances. Die außergewöhnlichen nonverbalen Vokalrituale der Meredith Monk sind nur ein Teil der erstaunlichen Breite und Vielfalt ihrer über 50 Werke. Inhalte ihrer intermedialen Performances, die Tanz, Film, Theater und Musik verbinden, sind oft historisch und politisch ausgerichtet. Für Meredith Monk, die in den 60er Jahren Kontakte zur Happeningbewegung aufnahm, ist es nichts Ungewöhnliches, ihre Performances an den verschiedensten Orten aufzuführen. Z.B. fanden die drei Teile ihres Musiktheaterstücks „Vessel", in dem sie sich mit dem Leben der heiligen Johanna auseinandersetzt, in New York und Berlin an verschiedenen Plätzen statt: in Berlin im Theater der Schaubühne, in einer Kreuzberger Disco und auf dem Ruinenplatz am Anhalter Bahnhof. Das Publikum wurde mit Bussen zu den Orten transportiert.

Unter den Musikerinnen ist der Star einer Multimediaperformance Laurie Anderson. Ihre Superperformance „United States" von 1983 ist eine Collage von zahlreichen variablen Teilszenen, Bildern, Filmen, Musikstücken, Stories u.a. Laurie Anderson versteht „United States" als eine Beschreibung der allgemeinen technologischen Umwelt, sowie als Darstellung des Versuchs der Leute, in dieser Umwelt zu leben. Die Sprach- und Bilderwelt, die sich in Laurie Andersons '1001 stories' kundtun, umschreibt ein Reservoire an alltagsnahen Identitätsmodellen. Wo ihre Songs und ihre Musik anzusiedeln sind, ist schwer zu sagen: zwischen Rock-Pop und Minimal Musik? Jedenfalls waren die Jazzfans beim Berliner

Jazzfestival 1988 verdutzt, Laurie Anderson in den hehren Hallen der Philharmonie als Solointerpretin ihrer in deutscher Sprache gesungenen Songs zu erleben. Die kaum überschaubare Vielfalt in der Entwicklung der Performance Art seit den 80er Jahren in USA und Europa zeigt nicht nur eine Ausweitung der szenischen Organisation, sondern auch in der organisatorischen und thematischen Anwendung der Medien. Hier erweist sich die Performance Art als eine wichtige Kunstform, da sie innovativ auf die Einflüsse der Massenmedien zu reagieren versucht. Vermag eine HighTech-Installation zu buntschillernden Effekten und sciencefictionartigen Sensationen zu verführen, so interessieren vielmehr die Perspektiven einer jüngsten Generation, gekennzeichnet durch eine hellwache Lebenshaltung, die die Signale eines antihumanen technologischen Mechanismus durchschaut und zu entideologisieren versucht. Rezeption und Kommunikation der Massenmedien sind heute so angelegt, daß Wirklichkeit und Mediensimulation ineinander zu verschwimmen drohen. Um die Totalität der Simulation aufzubrechen, werden in manchen Performances von Frauen und Männern Medien wie Video und Film zur Enthüllung einer spiegelbildlichen Absurdität eingesetzt. Installationen und Aktionen, die sich darauf beziehen, stehen im Wechselbezug zu den Live-Ereignissen. Durch Fragmentarisierung der Bilder, durch Überblendungseffekte, Projektionen von Musik und Umweltgeräuschen, Verfremdung von Bewegung, Verschiebung von Raum- und Zeitperspektiven wird eine Parodie der Mediensimulation inszeniert. Unter dem Kalkül der kollektiven Imagination und der Simulationsparodie, mit dem Blick auf Sciene-fiction und dem Individual-Mythos der Subkultur agiert ein neues „Theater der Spektakularität". „Es handelt sich um eine Richtung, die die zeitgenössische Welt hyperreal darstellt, und ihre oberflächliche Härte und die spektakuläre Gewalt mit sciene-fictionartigen Zügen hervorhebt, die auf eine beunruhigende Zukunft anspielen."[12]

Freilich bleibt die Frage, ob diese neuen Technologien eine Performance Art nicht zugleich an eine mediatisierte Welt ausliefern. Naiv wäre es, eine neue Technologie bloß zu verteufeln. Dies liefe letztlich auf eine falsche Konkurrenz mit der Ästhetik der traditionellen Kunst hinaus. Ihre produktorienten Kunst- und Musikwerke sind längst vom ökonomischen Wettlauf eines Kunstmarkts und der Medienindustrie vereinnahmt worden. Neuere new-age-getönte Ideen einer Ganzheitlichkeit, der es um „ein neues Tätigkeitsfeld der Integration von gestalterischen Ideen der klassischen Intelligenz mit dem technologischen Know-how

---

[12] Giuseppe Bartolucci: Falsche Bewegung - Theater und Performance in Italien. In: Kunstforum, Bd. 58. 1983; S. 64

der Gegenwart" geht[13], verkennt die deutlich werdende Verklammerung der neuen Kommunikationstechnologien mit Industrie und Wirtschaft.

Wenn manche Künstler der Meinung sind, Kunst und Musik der Moderne seien gescheitert, „Kritik oder Utopie sein zu wollen", so bleibt offen, ob „in der Anti-Kunst Chancen dazu weiterhin bestehen"[14], wie sie z.B. in einer Aktionskunst versucht wird. Die große Utopie einer Befreiung der Kunst in den 60er Jahren, mit ihrem Versuch, sie ins Leben zu transformieren, gerät heute in den Strudel einer medien- und werbungsgetragenen Materialisierung des Sozialen, des Politischen und so auch der Kunst. Jean Baudrillard stellt fest: „Die Kunst ist heute überall in die Realität eingedrungen. Sie ist in den Museen, in den Straßen, in der heute umstandslos sakralisierten Banalität aller Dinge. Die Ästhetisierung der Welt ist total. Das ist der Austausch der verwirklichten Utopie." Seine Konsequenz: „Da schon alles freigesetzt ist, und wir heimgesucht werden und besessen sind von der Vorwegnahme aller Ergebnisse und der Verfügbarkeit aller Zeichen, aller Formen, aller Wünsche", „und wir keine Hoffnungen auf ihre (die Utopie Vf.) Realisierung mehr hegen dürfen, bleibt uns nur übrig, sie zu hyperrealisieren in unbestimmter Simulation."[15]

In diesem Dilemma zwischen Kunst, ihrer Kommerzialisierung und Medienvereinnahmung oder auch der Frage eines déjà vue stehen heute alle Künstler.

Und wie steht die Performance Art zu einer Kunst der Simulation - wenn es sie denn gäbe? Zumindest ist zu hoffen, daß sie ein Mittel sein könnte, die mediatisierte Welt transparent zu machen. Es könnte ihr gelingen „die Klischees der Massenkommunikation zu zerbrechen, ... weil sie den Körper in seiner Plastizität entfaltet und deshalb zweidimensionale Images auf ihre Totalität zurückführt und wiederum mediatisiert neue Qualitätsmaßstäbe zu setzen imstande ist".[16]

Also doch eine Kunst der Simulation? Wenn, dann als „eine ironische Qualität, die mit jedem Mal den Schein der Welt wiedererstehen läßt, um ihn dann zu zerstören. ... aber man darf sich nicht zur Vernichtung, zur endgültigen Entropie

---

[13] Florian Rötzer: Technoimaginäres - Ende des Imaginären. In: Kunstforum, Bd. 98. Ästhetik des Immateriellen. 1989; S. 57

[14] Peter Weibel: Der Ausstieg aus der Kunst als höchste Form der Kunst. In: Kunstforum, Bd. 98; S. 63

[15] Jean Baudrillard: Towards the vanishing point of art. In: Kunstforum, Bd. 100. Kunst und Philosophie. 1989; S. 389

[16] Lischka: Performance Art. A.a.O. S. 177

verleiten lassen, das Verschwinden muß lebendig bleiben - darin liegt das Geheimnis der Kunst und Verführung".[17]

Dr. Gertrud Meyer-Denkmann
Uhlhornsweg 35
2900 Oldenburg

---

[17] Jean Baudrillard. A.a.O. S. 389

„For me, it's a little microcosmos of my life"
Über die Performance von Jana Haimsohn

HEINER GEMBRIS

Plötzlich ist die Stimme da, in extrem hoher Lage von greller Intensität, die nicht nachläßt im Artikulieren von Lauten, Tönen, Melodien, Sprachfetzen und ein Rauschen erzeugt in den Ohren, bis sie unvermittelt, wie sie begann aus dem Dunklen, abbricht. Dann strahlt Licht auf die Performerin: sie gestikuliert mit Armen und stampft mit den Beinen, springt, trippelt auf Zehenspitzen, rudert grotesk in der Luft und vollführt imaginäre Schwimmbewegungen, tritt auf der Stelle, läuft durch den Raum, beschreibt Kreise und bizarre Figuren, schlottert und zappelt, schlüpft in die Pose roboterartiger break-dancer, schnippt mit den Fingern, singt Gedichte und Geschichten, flüstert, quiekt hysterisch wie Mickey Mouse, führt Dialoge in Phantasiesprachen und jongliert vertrautere Worte, plappert im baby-talk, reiht dadaistische Laute aneinander und spricht von ernsten Dingen. Manchmal (selten) auch: kaum Bewegung, wenig Stimme, eine Andeutung von Stille. Dann wieder Pantomimisches, rhythmisierte Atemlaute, schamanenartiges Tanzen, lyrische Lieder (mit Refrain und ohne), Kaskaden dadaistischer Laute sprudeln heraus unter ständigen Bewegungen des Körpers, die Energie und Vitalität scheint nie zu versiegen, keine Pause unterbricht den Bogen der Konzentration über fast zwei Stunden.

Jana Haimsohn entwickelt ihre Performance aus einer Abfolge verschiedener Abschnitte oder Stücke, die, wie Perlen, aneinandergereiht sind. Jedes dieser Stücke enthält Improvisation und vorstrukturierte Teile. Manche Stücke sind überwiegend improvisiert, andere verwenden mehr vorstrukturierte Melodien, Rhythmen, Lieder, Gedichte oder andere Texte. Sie verwendet keine Requisiten. Gelegentlich greift sie auf Instrumente zurück und schlägt eine afrikanische Trommel oder zwei Kuhglocken. Abgesehen von dem drahtlosen Mikrofon, über das ihre Stimme verstärkt wird, setzt sie, anders als Performance-Künstler wie etwa Laurie Anderson, keine optischen oder akustischen Medien ein. So ist der Kontakt zum Publikum unvermittelt, von unmittelbarer Präsenz. Der kahle Bühnenraum bietet keinerlei Ablenkung, die Aufmerksamkeit konzentriert sich auf die Performerin, auf die Aktionen, die sie ausführt, auf ihr Ausdrucksmedium, den Körper. Während Künstler wie Gina Pane, Vito Acconcis oder Scott Burton seit Mitte der 60er Jahre in der Nachfolge des Wiener Aktionismus den Körper selbst zum Thema ihrer Perfomances und „body-works" machen, so erscheint der Körper bei Jana Haimsohn nicht als Thema, sondern als Instrument der Vermittlung. Äußern sich Künstler in anderen Bereichen der Kunst (Musik, Malerei etc.) in vergegenständlichten Formen, die durch den Körper geschaffen werden, so wird in der Performance der Körper selbst zum Material, zur Form, in der Ausdruck sich präsentiert. Die künstlerische Form existiert nicht als verdinglichtes Auswendiges neben dem Künstler, außerhalb seines Körpers, sondern nimmt in der Performance Platz in diesem selbst.

„For me, it's a little microcosmos of my life": Die Performance als Mikrokosmos des Lebens. Die Trennung von Leben und Kunst löst in der Performance sich auf. Einerseits in die Untrennbarkeit des Vollzugs der Performance, des Werks, von der leibhaftigen Person des Künstlers. Andererseits in den Inhalten, die thematisiert werden. Jana Haimsohn zählt zu den Performance-Künstlerinnen, für deren Arbeit das Einbeziehen der individuellen Erfahrung und Persönlichkeit wesentlich ist.

„Performance ist für mich ... eine Möglichkeit, ich selbst zu sein, das zu tun, was wirklich wichtig für mich ist, was tatsächlich eine Bedeutung hat... die Chance zu teilen, was schön, freudvoll, bedeutungsvoll ist ... ein Weg, weit hinaus zu gehen über Angst, Ärger, Furcht, Schmerz, ... Vitalität, Lebenskraft, Mut zu finden und teilen."

Nicht jedoch das solipsistische Kreisen um die eigene Person ist ihr Anliegen, sondern das Mit-Teilen des Eingespanntseins in die Welt, in das, was darin vorgeht. In ihrer persönlichen Anteilnahme an sozialen Ereignissen und Problemen macht sie das Individuum sichtbar als Teil des sozialen Lebens.

„Ich bin ebenso an den anderen Menschen auf diesem Planeten interessiert wie an mir selbst... es ist wirklich mein Anliegen, mich nicht nur um mich selbst zu kümmern, sondern auch um andere Menschen... meine Arbeit soll für jeden von Nutzen sein... es liegt in meiner Verantwortung, über Dinge zu sprechen, die ich inhuman und ungerecht finde, ... wenn ich Möglichkeiten sehe, sich gegenseitig um sich zu kümmern, ist das eine Chance für mich, darüber zu sprechen, aber nicht mit der Absicht, unbedingt politisch zu sein, sondern weil es mich wirklich angeht, weil ich auch das persönlich nehme, was anderen Leuten passiert."

In ihrer Performance rezitiert Jana Haimsohn Statistiken über AIDS-Erkrankungen in den USA und der BRD, sie spricht Themen an wie den Krieg in El Salvador, die Apartheit oder die Tausenden von Obdachlosen in den Straßen

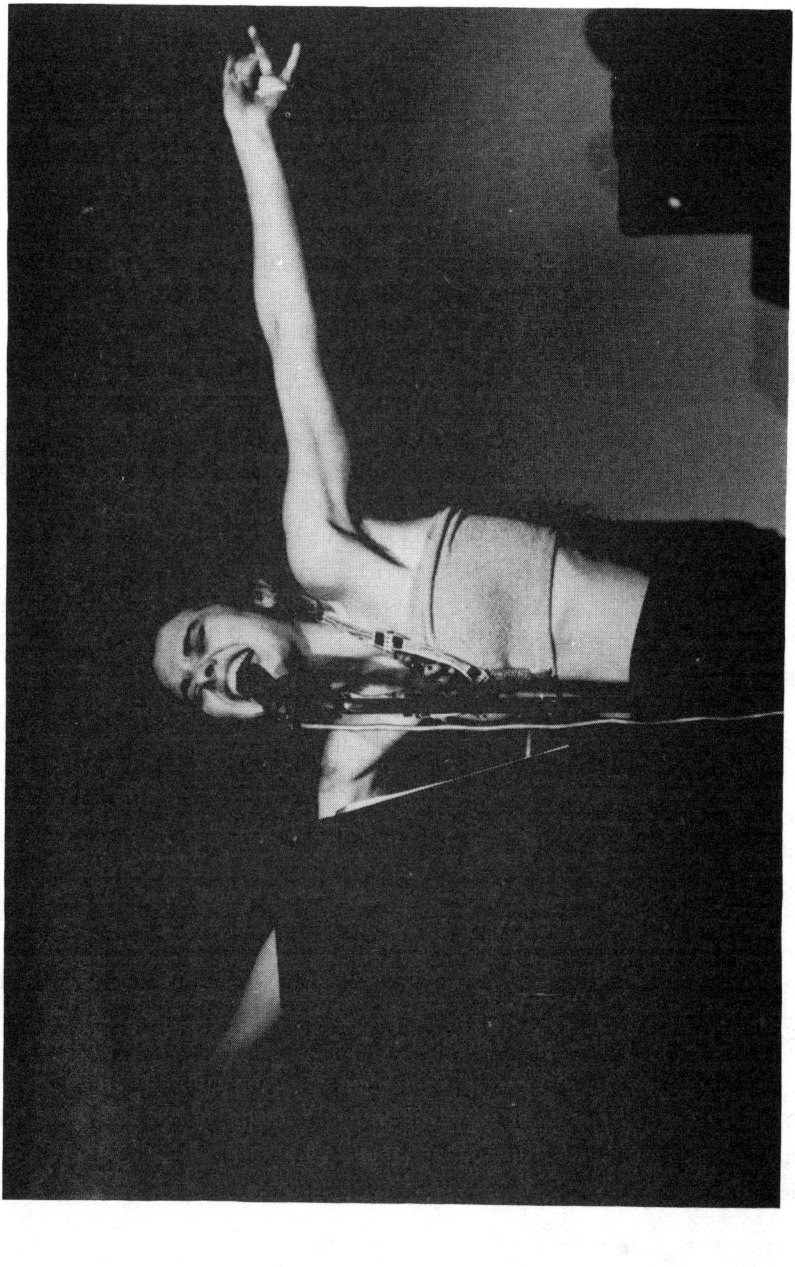

New Yorks. Ihre künstlerische Arbeit reflektiert ihr praktisches Engagement in der Arbeit mit AIDS-Kranken und in der Anti-Apartheit-Bewegung.

„Statt darüber zu schweigen, finde ich in der Öffentlichkeit Wege, darauf einzuwirken... in meiner Arbeit erinnere ich daran, daß wir die Kraft haben, das zu beeinflussen, was passiert."

Im März 1952 in Manhattan geboren, wuchs Jana Haimsohn in der Vorstadt auf, ging in New York und zeitweise auch in Connecticut zur Schule. Ihre beiden ältere Geschwister seien vielleicht auf ihre Art sehr wichtig gewesen für ihre künstlerische Arbeit: „Sie haben mir die ganze Kindheit über gesagt, daß ich keine Sache richtig und auf eine normale Art und Weise tun könne. Ich habe auf sie gehört und habe es aufgegeben, diese Dinge zu tun. So habe ich eben meine eigene Art gefunden; z.B. zu singen." Mehr als die Schule interessierte sie die Schauspielerei, der Wunsch Tänzerin zu werden, der Ballett-Unterricht, die Wochenenden in New York City. Sie verbrachte einige Monate mit Reisen per Autostop in Spanien und Italien, versuchte es wieder mit der Schule, um sich dann doch endgültig zu entschließen, das College nicht weiter zu besuchen. Statt dessen widmete sie sich dem Modern Dance und dem Ballett, machte eine Gesangsausbildung, nahm Schauspielunterricht, erlernte afrikanisches Trommeln. Daneben befaßte sie sich viel mit „body-work", Massage, Heilbehandlung durch Hände-Auflegen und anderen Körperbehandlungen; Dinge, die für sie sehr wichtig sind und die sie auch heute noch bei (AIDS-)Kranken ausübt.

Mit eigenen Performances begann Jana Haimsohn im Jahre 1974. In dieser Zeit organisierte Jean Dupuy, ein französischer Künstler, der in New York lebte, Ausstellungen, Installationen und Performances, zu denen er Künstler verschiedener Bereiche einlud. „Manche waren sehr bekannt, andere unbekannt. Er gab ihnen ein bestimmtes Thema, eine bestimmte Begrenzung oder Zeit oder etwas anderes, um damit zu arbeiten und wir hatten daraus Performances zu schaffen." In der „Kitchen", wohl *dem* New Yorker Zentrum der Avantgarde, habe sie zum ersten Mal etwas kennengelernt, was als Performance Art bezeichnet wurde, erzählt Jana Haimsohn. Bis dahin hat sie ziemlich isoliert als Außenseiter für sich gearbeitet.

Hier lernte sie Leute der New Yorker Avantgarde kennen: Robert Rauschenberg, Patricia Brown, Laurie Anderson, Musiker wie Don Pullen, Mal Waldron, Don Cherry, Ed Blackwell und andere, mit denen sie später dann auch zusammenarbeitete. Diese Erfahrungen und Begegnungen führten u.a. dazu, daß sie den Unterricht in klassischem Tanz und Ballett aufgab und versuchte, ihren eigenen Weg der Arbeit zu finden. In der Arbeit mit Kindern erfuhr sie, daß es Arten von Bewegung und Körperlichkeit gibt, die ihr mehr Energie gaben (*energizing*) als technisch durchdachter Tanz.

Auch einige andere biographische Ereignisse nahmen einen wichtigen Einfluß auf ihre künstlerische Arbeit: Durch einen Unfall hatte sie sich 1972 den Ellbogen verletzt, mußte für Monate den Arm festgebunden am Körper tragen und konnte sich nicht bewegen. In dieser Zeit besann sie sich darauf, daß sie eigentlich immer gern gesungen hatte (bis ihre Geschwister ihr mit Erfolg eingeredet hatten, sie habe die häßlichste Stimme der Welt). Das führte dazu, daß sie die Möglichkeiten der Stimme wiederentdeckte und mehr und mehr in ihre Arbeit einbezog. Sie konzentrierte sich auf die Stimme, ließ die Bewegungen der Stimme folgen oder entwickelte aus den Bewegungen heraus die Aktionen der Stimme.

Ein wichtiger Einschnitt ergab sich für ihre Arbeit, als sie auf einer Europa-Tournee 1979 schwer erkrankte und gezwungen war, einige Monate im Bett bleiben. Sie verbrachte lange Zeit zu Hause und war inaktiv für fast ein Jahr. Sie fing an zu schreiben; sehr, sehr viel, sagt sie: Gedichte, Geschichten und andere Texte. Seitdem verwendet sie mehr und mehr Gedichte und Texte für ihre Performances. Bereits vorher hatte Jana Haimsohn begonnen, sprachähnliche Laute zu verwenden. Das kam daher, meint sie, daß sie viel Zeit an Stränden verbracht hat, so auch ein paar Monate lang in Hawaii. Auch die Beschäftigung mit dem Schauspiel blieb nicht ohne Einfluß auf ihre Performances: Sie experimentierte mit kleinen Figuren, „little characters" und kleinen Rollen, die dann auch in den Performances auftauchten. Auf diese Weise wuchsen tänzerische und schauspielerische, sprachliche, lyrische, sängerische, instrumentale Elemente auf die vielfältigste Art in ihren Performances zusammen.

Zwischen 1974 und 1978 war sie an zahlreichen Gruppen-Events mit anderen Künstlern beteiligt. Mit dem Jazzmusiker Don Cherry, dem Trommelvirtuosen Ed Blackwell und anderen Musikern trat sie in Amerika und Europa auf. Seit 1976 führt sie ihre Solo-Performances in verschiedenen Orten in Amerika, Kanada und Europa auf: Boston, Cleveland, Los Angeles, San Francisco, Minneapolis; 1976 das erste Mal in Berlin, dann Amsterdam, Köln und in vielen anderen Städten in Holland, Belgien, Italien, Österreich und Frankreich, zuletzt in Cloppenburg anläßlich der Tagung „Musik und Körper" des Arbeitskreises Musikpädagogische Forschung, sowie in Essen und Düsseldorf. Sie erhielt verschiedene

Stipendien und Auszeichnungen, die internationale Presse äußert sich über ihre Performances manchmal ratlos, meist begeistert bis euphorisch. Ihre Performance beim Komponistinnen-Festival in Kassel 1987 wurde als Inbegriff weiblicher Ästhetik gefeiert: „die virtuose Vokal- und Körperakrobatik dieses sagenhaften Energiebündels liegt jenseits männlicher Aufführungskunst", schrieb Gisela Gronemeyer im Kölner Stadtanzeiger (Nr. 47/25, Februar 1987). Tatsächlich ist die Energie, Kraft und Authentizität, die Jana Haimsohn in ihrer Performance und auch im persönlichen Gespräch austrahlt, von ungewöhnlicher Eindringlichkeit.

„Es ist die Hölle, eine Performance vorzubereiten, die letzten Tage sind schrecklich, man wird verrückt, kriegt Lampenfieber. Die Hälfte der Zeit denke ich, daß ich überhaupt keine Energie habe. Aber sie ist da, wenn ich sie aufrufe, von mir verlange. Wir haben sehr viel Energie, Liebe und menschliche Ressourcen, aber wir müssen sie aufrufen."

Das, was möglich ist, aufrufen; sich nicht fremd stellen gegen das, was im Leben, fern der Kunst, sich ereignet, sondern es aufgreifen und zu beeinflussen versuchen, nicht durch auswendige Ideologien, sondern durch persönlichen Einsatz im Leben und in der Kunst: Merkmale, die der künstlerischen Haltung Jana Haimsohns und ihrer Performance wesentlich sind. So ist ihre Performance eine Kunst des Dabei-Seins in doppeltem Sinne: for me, it's a microcosmos of my life.

Anmerkung

Die Zitate entstammen einem Gespräch, das der Verfasser am 14. Oktober 1989 in Cloppenburg mit Jana Haimsohn nach ihrer Performance geführt und auf Tonband aufgezeichnet hat.

Dr. Heiner Gembris
Hunoldsgraben 9
8900 Augsburg

Körperbewußtsein und „innere Bewegtheit des Ganzen"
Voraussetzungen lebendiger Interpretation in der Musikpädagogik Heinrich Jacobys

FRAUKE GRIMMER

1. Zum gegenwärtigen Interesse an der „Nachentfaltung des Menschen"

Die musikpädagogische Theorie und Praxis Heinrich Jacobys (1889-1964) ist in den 60er und 70er Jahren weitgehend unentdeckt geblieben. Heute dagegen finden seine grundlegenden Überlegungen zum „Schöpferischen Musikunterricht", seine Kritik an einem rein reproduzierenden, leistungsfixierten Kulturbetrieb sowie seine Ideen zur „Nachentfaltung des Menschen" zunehmend Resonanz. Einige geistige Strömungen unserer Zeit - ich denke an das „holographische Paradigma" (Pribram 1988), an Ansätze „holistischer Erziehung" und ganzheitlicher Körpertherapie (Schutz 1983; Masters/Houston 1983; Painter 1984), aber auch an die Ökologie- und Friedensbewegung - haben einen neuen Verstehenshorizont für die praktische Umsetzung der Vorstellungen Jacobys über ganzheitliches Wahrnehmen und Erleben sowie „unzweckmäßiges Verhalten" und „Erziehung vom Körper" her eröffnet.[1]

Ich möchte das gegenwärtige Interesse einer „aufgeschlossenen Instrumentalpädagogik" an der musikpädagogischen Arbeit Jacobys - abgeleitet aus drei verschiedenen inhaltlichen Zusammenhängen - verdeutlichen. Dabei meint die Bezeichnung „aufgeschlossene Instrumentalpädagogik" ein erzieherisches Handeln, das an der Überwindung von Lernschwierigkeiten interessiert ist, sich auf deren Entstehungsbedingungen besinnt und sich am Dialog zwischen Lernenden und Lehrenden und dem musikalischen Gegenstand bzw. dem musikalischen Tun orientiert.

Unter dem Signum drohender Selbstvernichtung und einer durch positivistische Wissenschaften ausgelösten Sinn- und Lebenskrise werden wir Menschen allmählich aufgeschlossener und sensibler gegenüber einer so weitreichenden

---
[1] Jacobys Denken steht der Gestaltpsychologie der zwanziger Jahre nahe. Es gründet in der anthropologischen Setzung: Der Mensch ist von Natur aus ein schöpferisches Wesen.

Forderung: „Überleben durch Bildung", wie sie von Heinz Joachim Heydorn aufgestellt worden ist (1980, Bd. 3, S. 284). Auch wenn sich die theoretischen Prämissen Heydorns und Jacobys unterscheiden, so ist die in seinen frühen Schriften und späteren Kursen in der Schweiz vertretene und angebahnte „Nachentfaltung des Menschen" im Kontext allgemeiner Menschenbildung zu sehen (Grimmer 1988, S. 259).

Durch seine „Nachentfaltung", d.h. durch die Wiederbelebung seiner (künstlerischen) Wahrnehmungs- und Äußerungsfähigkeit soll bzw. kann der Mensch zu einem Wesen werden, das an der „Entwicklung der Menschheit und damit einer positiv friedlichen Gestaltung ihrer gesellschaftlichen Verhältnisse interessiert ist" (Jacoby 1947, in: ZfMP, 1983, S. 3ff.). Auf die Möglichkeiten und Grenzen einer solchen „Nachentfaltung" bzw. „Erziehung im Nachhinein" werde ich im Rahmen der von mir vorgegebenen Thematik im einzelnen eingehen.

Unter dem Einfluß gesamtgesellschaftlicher Veränderungen (Arbeitslosigkeit, erweiterte Freizeit, Suche nach 'schöpferischer Lebensgestaltung') wird das musikpädagogische Arbeitsfeld Musikalische Erwachsenenbildung nach und nach hoffähig. Lag es bislang quer zum musikalischen Höchstleistungsbetrieb, an welchem sich noch die meisten Ausbildungsinstitutionen orientieren, so scheint es nun an der Zeit zu sein, Bedürfnisse von Erwachsenen - auch als Anfänger instrumentalen Lernens! - ernst zu nehmen und Ziele bisheriger Instrumentalausbildung neu zu definieren (Grimmer 1989, S. 123). In diesem Kontext geht von der pädagogischen Arbeit Heinrich Jacobys etwas eminent Zuversichtliches aus: „Musikalische Erziehung im Nachhinein" ist für Menschen bedeutsam, wenn es gelingt, die negativen Auswirkungen von Kindheits- und Umwelteinflüssen zu überwinden und die verschütteten Fähigkeiten ästhetischer Wahrnehmung und Äußerung freizulegen.

Künstlerische Instrumentalausbildung steht im Zeichen einer großen Tradition. Seit dem 19. Jahrhundert wurden Höchstleistungen am Podium immer wieder gefeiert und gesteigert. Die pianistische Autorität großer Meister animierte Generationen von Lernenden zur Nachahmung. In der Nachfolge Carl Czernys waren KlavierlehrerInnen damit befaßt, die „psychologische und manuelle Seite des Klaviertrainings" kontinuierlich zu verbessern (Wehmeyer 1983, S. 167). Eine Flut von Exerzitien und Etüden regte den sportlich-motorischen Ehrgeiz von Spielerinnen und Spielern an, trug jedoch (zuweilen) dazu bei, die ästhetische Auseinandersetzung mit Musik zu vernachlässigen. Auf die verhängnisvollen Folgen einer „Herrschaft des Geistlos-Mechanischen" über das „Künstlerisch-

Mechanische" ist zwar in der Klavierliteratur mehrfach hingewiesen worden (Steinhausen 1913, S. 105; Martienssen 1954, S. 128). Dennoch gehört die Verselbständigung des Mechanischen im Rahmen instrumentalen Lernens zu den häufig anzutreffenden Erscheinungen. Wer von uns Hörerinnen und Hörern hätte sich nicht schon aus einem Konzert oder einer Fachpraktischen Prüfung davongestohlen, betroffen über so viel inhaltlichen Leerlauf, über den gewalttätigen Umgang mit Körper und Instrument?

Bei Heinrich Jacoby finden interessierte Musiklernende und -lehrende eine ganz konkrete Anleitung, wie einer Selbstentfremdung des Menschen in der Auseinandersetzung mit Musik am Instrument entgegenzuwirken ist. Seine KursteilnehmerInnen hat er immer wieder erfahren lassen, was es bedeutet, still zu werden, zu lauschen, vom Gehalt der Musik bewegt zu sein, und „unser Körperinstrument im Kontakt mit der Aufgabe zweckmäßig für die zu lösende Aufgabe verwandeln zu lassen" (1983, S. 13).

In seiner autobiographischen Skizze aus dem Jahre 1937 legt Jacoby dar:

> „In immer zunehmendem Maße wichtig wurde (...) *die Gewinnung einer bewußten Beziehung zum eigenen Körper*, als Instrument, auf dem sich - in dem sich - alle Zustandsschwankungen abspielen, die Voraussetzung aller Wahrnehmung und aller Äußerung ist" (1986, Einleitung, S. 21; Hervorhebung von der Verf.).

Von dem üblichen „beziehungslosen Üben und Bewegen des Körpers - gleichgültig, ob es nach Kommando oder nach Musik erfolgt", das „von außen her geschieht" und „produktives Verhalten" sowie „Sinnesschulung verhindert", grenzte sich Jacoby deutlich ab. Nicht Jacques-Dalcroze, sondern die bewegungstherapeutische Arbeit Elsa Gindlers, die er ab 1925 in Berlin kennenlernte, inspirierte ihn zu einer „Erziehung von der Seite des Körpers her", die im Erarbeiten einer „wachen Beziehung zu den ordnenden, regenerierenden Tendenzen des eigenen Körpers aufgrund bewußten Zustandsempfindens" beruht (1986, S. 21).

Ich möchte den bei Heinrich Jacoby entwickelten Zusammenhang von Körperbewußtsein und „erfülltem Musizieren" erhellen und dabei auf seine geistige Nähe zu gegenwärtigen Vorstellungen zur Beziehung von Körperarbeit, Persönlichkeitsentwicklung und musikalischem Lernen aufmerksam machen (Feldenkrais 1987; Klier 1989; Masters/Housten 1983; Painter 1984).

Meiner Darstellung liegt die Rezeption der von Sophie Ludwig herausgegebenen Kursdokumentation Heinrich Jacobys (24 Kurse aus dem Jahre 1945 und 1 Kurs aus dem Jahre 1954) zugrunde.[2] Sie wird von drei Fragestellungen geleitet:
- Was heißt „Aufbau von Körperbewußtsein" im Sinne Jacobys?
- Inwiefern bildet die Einheit von „Körperbewußtsein" und „innerer Bewegtheit des Ganzen" die Grundlage lebendigen Musizierens?
- Welche Anregungen und Irritationen enthält die musikpädagogische Arbeit H. Jacobys für die heutige Instrumentalpädagogik?

2. Bedingungen der Konstitution von Körperbewußtsein

Wer mit Studierenden oder erwachsenen Laien am Instrument arbeitet oder diese zumindest häufiger in Situationen instrumentalen Lernens erleben kann, wird immer wieder feststellen, wie tiefgreifende psychomotorische Verspannungen zu unbefriedigenden musikalischen Resultaten führen und die Betroffenen in der Möglichkeit, sich selbst am Instrument auszudrücken, behindern.

Viele dieser Spielerinnen und Spieler finden - von sich aus - nicht diejenigen Körperbewegungen, die ihnen die Möglichkeit eröffnen würden, Musik persönlich zu gestalten. Ihr Körperbewußtsein ist rudimentär ausgebildet - oder verschüttet.

Dabei verstehe ich unter 'Körperbewußtsein' - Jacoby verwendet diesen Begriff m.W. nicht - das Bewußtsein, in welches unsere 'leib-haftigen' Erfahrungen (Dauber 1989, S. 185), - diejenigen Erfahrungen, die wir mit unserem und durch unseren Körper im Welt- und Selbstbezug machen - eingehen, verarbeitet und gespeichert werden.

Für Musiker am Instrument ist Körperbewußtsein die zentrale Instanz, welche in Spielsituationen diejenigen Bewegungsformen nahelegt und steuert, die sich aus dem jeweiligen interpretatorischen Anliegen ergeben.

Nach Jacoby existieren „Bewegungsprobleme" für Menschen nur, weil sie „ohne Beziehung zu sich selbst" und „ohne Beziehung zu den Dingen, zur Umwelt" leben (1983, 23, S. 462).

---

[2] Die 24 Kurse aus dem Jahr 1945 werden im folgenden als Jacoby 1983, der Kurs aus dem Jahre 1954 als Jacoby 1986 zitiert.

Bewegungsstörungen werden durch „jede psychische Verstörung bzw. Verstörtheit (Verängstigung, Zur-Schau-Stellung, Geltungsbedürfnis, Auslösung der Tendenz zu aggressivem Verhalten etc.) sowie durch isolierte oder überbetonte intellektuelle Ansprüche, Ansprache und Beanspruchung bewirkt" (1983, 23, S. 462).

Der Keim für solche Bewegungsstörungen ist bereits oft in der Kindheit angelegt:

„Was alles stürzt an Gewalttätigkeit, an Vorschriften, An-uns-Herumkritisieren, an Besserwissen der Erwachsenen, an Vormachen und Einschüchterung der kindlichen Initiative, an Angst-Erzeugendem und an Vertrauen-Erschütterndem von der frühesten Kindheit an auf die kleinen Wesen ein, während sie von sich aus dabei sind, sich den Zugang zum Leben und zur Bewältigung der Lebensanforderungen tastend und forschend selbst zu erarbeiten" (1986, S. 134).

Je tiefgreifender solche Störungen sind, umso langfristiger und härter wird die Arbeit von Musikern an sich selbst sein, die Jacoby unter dem Begriff „Nachentfaltung des Menschen" zusammengefaßt hat. Dabei bedeutet „harte Arbeit an sich selbst" nicht Drill, nicht falsch eingesetzter Wille, sondern das unermüdliche Suchen und Erproben neuer und angemessener Verhaltensqualitäten in der Beziehung zu Körper, Musik und Instrument. Die von Jacoby angestrebte „Nachentfaltung des Menschen" bezieht sich auf alle seine Aktivitäten und Äußerungen. Folgen wir zunächst seinen Vorstellungen über das Aufbauen einer bewußten Beziehung zur Körperbewegung. „Bewegung" hat mit den Phänomenen „Weg" und „Wägen" zu tun.

„Der 'Weg' ist die Distanz, die Strecke vom Ausgangspunkt zum Ziel, und 'Wägen' ist das, was zu geschehen hat, um Kontakt mit der Last zu bekommen, die vom Ausgangsort zum Ziel befördert werden muß" (1983, 23, S. 463).

Eine „zweckmäßige Bewegung" zeichnet sich daher nach Jacoby durch den „angemessenen Energieaufwand aus, wie er zum Bewegen von Last über die in Frage kommende Distanz notwendig ist" (1983, 23, S. 463).

„Haben wir Beziehung zu der Last, die wir jeweils bewegen?", so lautet seine Ausgangsfrage, die für ihn „Schlüssel für das bewußte Erarbeiten zweckmäßiger Bewegungen, für entfaltende Bewegungen", für solche Bewegungen ist, „die zugleich ein Optimum an Regeneration ermöglichen" (S. 463).

Elsa Gindler hat nach Jacoby als erste die entscheidenden Voraussetzungen „zweckmäßiger Bewegungen" erkannt und systematisch erarbeitet.

„Die bewußte Empfindung des Leibes, der leibseelischen Prozesse und die bewußte Empfindung der Schwere des eigenen Organismus wurden zur Grundlage der Orientierung des Menschen in sich selbst, zur Wiedergewinnung naturgegebener Ordnung" (S. 466).

Elsa Gindler und Heinrich Jacoby waren in ihrer gemeinsamen Arbeit darauf bedacht, Menschen zu sensibilisieren für ihre Wahrnehmungen, empfangsbereiter für Empfindungen und Eindrücke werden zu lassen, in ihnen die innere Bereitschaft zu wecken, „Prozesse ablaufen, geschehen zu lassen, statt sie zu machen". Diese Verhaltensqualitäten gründen in der Stille, dem Lauschen, sowie der Gelassenheit und „Selbständigkeit des Erfahrenden und Sich-Äußernden" (1983, S. 13).

Feldenkrais strebt solche Einstellungen und Verhaltensqualitäten „auf dem Wege organischen Lernens" an (1987, S. 57).[3] Masters und Houston gehen in Übereinstimmung mit Intentionen von Jacoby und Feldenkrais von einer „psychophysischen Umerziehung" des Menschen aus. Sie betonen dabei den Aspekt des Psychophysischen, weil sie „jede falsche Trennung zwischen dem Geistigen und Physischen vermeiden wollen - eine Trennung, die keiner menschlichen Handlung eigen ist" (1983, S. 13).[4] „Umerziehung" meint dabei, „die unangemessenen Formen dessen, wie wir mit uns umgehen und von denen wir abhängig geworden sind, zu verlernen, und dann die Möglichkeiten wiederzuentdecken,

---

[3] In seiner Schrift 'Die Entdeckung des Selbstverständlichen' hat Feldenkrais von seiner (zeichnerischen) Begegnung mit Jacoby in Zürich berichtet:
„Heinrich Jacoby lebte damals in Zürich und war viel älter als ich, nicht nur an Jahren. Ich empfand das deutlich, als ich erfuhr, daß er das, was ich für meine eigene Entdeckung hielt, auf seine Weise schon seit vielen Jahren in Gruppen lehrte; er hatte hervorragende Schüler, darunter auch Wissenschaftler, Ärzte und Künstler."
M. Feldenkrais: Die Entdeckung des Selbstverständlichen, Frankfurt 1987, S. 33

[4] Die Einheit von Körper und Seele ist auch Voraussetzung und Ziel der Arbeit Jack Painters.
„Erkennen wir aber erst einmal, daß wir eine Einheit von Körper, Seele und Geist sind, beginnen wir auch zu sehen, daß die Arbeit mit dem Körper immer auch Arbeit mit der Seele ist und umgekehrt. Jegliche Veränderung im Körper wirkt sich auch im Geistigen aus, Körper und Geist sind zwei Aspekte derselben Einheit. Sie orientieren sich - jeder auf seine Weise - an denselben Erfahrungen." J. Painter: Körperarbeit und persönliche Entwicklung, München 1984, S. 23

die wir einmal besessen haben, bzw. besitzen würden, wenn wir uns ohne Schädigungen entwickelt hätten" (1983, S. 13).

Jacoby betont ausdrücklich die qualitative Differenz zwischen bewußtem Spüren und über seinen Zustand „Bescheid wissen zu wollen".

„Sich bewußt erleben, sich in seiner Leiblichkeit bewußt empfinden, sich bewußt über die Empfindung zur Kenntnis zu nehmen, daß und wie man existiert, ist etwas grundsätzlich anderes, als sich zu beobachten und über sich zu spekulieren" (1983, 8, S. 161/162).

Den Verlust (Mangel) an Beziehung zu sich selbst, zum eigenen menschlichen Organismus macht Jacoby dafür verantwortlich, daß Menschen sich „in kritischen Situationen" (z.b. beim Vorspielen am Instrument) „nicht selber raten und helfen können" (1983, 13, S. 269).

Dieser Verlust ist gleichzeitig ein Zeichen mangelnden Vertrauens in die eigene Fähigkeit, bewußter zu empfinden, und aus diesem Empfinden heraus die angemessene, organische, gelöste und damit zweckmäßige Bewegung für das Umsetzen von Musik zu finden.

Sogenannte „Begabte" im Sinne Heinrich Jacobys sind Menschen, die sich diese „Vertrauensbereitschaft" erhalten haben, die „nicht so durch Erziehung verstört" worden sind wie der „Durchschnittsmensch", und die in der Lage sind, „bewußt zu erfahren, wie sich ein Zustand (z.B. der Gelassenheit) als Körperempfinden erleben läßt" (1983, 20, S. 398).

„Begabte Musiker" empfinden bewußt, daß die „Erfahrbereitschaft im Moment der Berührung mit einer Aufgabe" eher ein geistiges als ein manuelles Problem ist.

„Es ist eine Frage des Bei-sich-Seins, des so Stillseins, daß man deutlicher 'lesen' kann, was einem von den Dingen mitgeteilt wird" (1983, 9, S. 179).

3 Voraussetzungen lebendigen Musizierens

Die Konstitution einer bewußten Beziehung zur eigenen Körperempfindung und Körperbewegung stellt eine wichtige Dimension der „Nachentfaltung des Menschen" und eine wichtige Voraussetzung lebendigen Musizierens dar.

Lebendiges, erfülltes Musizieren ereignet sich nach Jacoby dann, wenn wir spüren, wie „einen das im Ganzen bewegen kann" (1986, S. 45).

Die meisten Schwierigkeiten, auf die wir im Leben stoßen, sind für ihn „das Resultat des Verlustes einer Beziehung zu einem Ganzen".

„Kein Mensch, der Klavier spielt, hat deshalb schon einen wirklichen Zugang zur Musik. Auch das Klavierspiel muß für den Spieler ein Soziales sein, in dem jedes Motiv mit allem anderen, was gleichzeitig klingt, in Beziehung steht und die Teile nur etwas sind, durch dessen Vorhandensein das Ganze in Erscheinung tritt!" (1986, S. 59).

Der Münchner Dozent für Gitarre, Johannes Klier, hat unlängst in einem bemerkenswerten Artikel über eine „Ganzheitliche Methode des Übens und Musizierens" auf die „vieldimensionale Ganzheit künstlerischer Weltsicht" verwiesen.

„Auf der Ebene seines Selbst- und Weltverständnisses wird es dem wissenden Musiker bewußt werden, daß er selbst als vielfach strukturiertes, „sich selbst organisierendes System" sich in seiner Ganzheit (Körpergeistigkeit) leben und manifestieren muß und dies auch beim Musizieren zum Ausdruck bringen kann" (1989, S. 164).

Der Musiker, der sich als Ganzes empfindet, ist selbst „Teil eines Ganzen und Vermittler einer Ganzheit". Bewegungsvorstellung, Klangvorstellung und Selbstvorstellung dienen nach Klier der Vermittlung einer Ganzheit. Dabei versteht er unter dem Phänomen der Selbstvorstellung die innere Haltung, bzw. Vorstellung von sich selbst, die der übende Musiker im Moment des Übens „im emotionalen Bereich" hat (1989, S. 165).

Viele Musiker haben jedoch - wie Jacoby immer wieder beobachten konnte - eine gestörte Beziehung zum Ganzen. Wie können sie in seinem Sinne die Gestörtheit überwinden, ein Sensorium für das Ganze entwickeln bzw. zurückgewinnen?

Nach Jacoby ist es die Musik selbst, welche die Erlebnisfähigkeit für das Ganze fördert, vorausgesetzt, wir lassen uns von dem Wesentlichen eines musikalischen Gehaltes bewegen.

Das Wesentliche eines musikalischen Gehaltes, das Menschen „berührt, verwandelt und beglückt", ist „der Wechsel von Stille, Bewegtheit und Wieder-zur-Ruhe-kommen" (1983, 17, S. 334).

Von der Bewegtheit durch das Wesentliche eines musikalischen Gehaltes geht eine „Einstellwirkung" aus, eine „Verhaltens-, Reagier- und Empfangsbereitschaft", welche Musiker „auf eine zweckmäßigere Weise bewegungsbereit macht als alle technischen Übungen" (1986, S. 214).

Es ist die „innere Bewegtheit durch Musik", welche Instrumentalisten die angemessene Körperbewegung für den Umsetzungsprozeß von Musik am Instrument nahelegt. Lassen sie sich ein auf den musikalischen Gehalt, finden sie die geeigneten Bewegungsformen. Jacoby kritisiert die „übliche Musikerziehung", welche Musiklernenden den umgekehrten Weg gewiesen hat.

> „Sie kommen von der Bewegung, der Spielbewegung zur Musik soweit sie überhaupt zur Musik kommen. Sie haben zuerst gelernt, sich nach Vorschriften zu bewegen, nach Takt und Tempo, nach Haltungsvorschriften, Anschlagsbewegungen. Der einzige zweckmäßige Weg kann aber nur gehen: Von der Musik, vom Erfülltsein mit Musik, zum Sich-Bewegen!" (1986, S. 108).

„Innere musikalische Bewegtheit des Ganzen" und Körperbewußtsein stellen die Voraussetzungen lebendigen Musizierens dar. Ihre Symbiose ist nach Jacoby „ein Schlüssel, um Musik ganzheitlicher, gestalthafter, zugleich mit mehr Volumen und farbiger" zu erleben und darzustellen (1986, S. 52).

Jacoby hat seine KursteilnehmerInnen immer wieder dazu ermuntert, durch das 'Rosinige' eines musikalischen Zusammenhanges, durch das, was uns spontan anspricht und bewegt, „im Ganzen bewegen kann", zum Lauschen, zum „antennigen Verhalten" sowie zur befreiten musikalischen Äußerung zu gelangen. Die unermüdlich diskutierten Versuche seiner Schülerinnen und Schüler, lebendig zu musizieren, stehen beispielhaft für seine These: „Wir sind, sobald wir ernsthaft Beziehung zu etwas gewinnen wollen, unterwegs" (1986, S. 49).

Erfülltes Musizieren gründet in „echter Verwandlung, echtem Ergriffensein, Bewegt - und - Wieder - Gestillt - Werden". Es ereignet sich so selten, weil sich Menschen durch Üben und technisches Training meistens nur mit „den Struktureigentümlichkeiten des betreffenden Stoffes" beschäftigt haben und sich beim „Wiedergeben von Festgelegtem" nicht „improvisatorisch" verhalten können (1983, 19, S. 384). Das improvisatorische Verhalten beim Musizieren stellt nach Jacoby eine Art Idealzustand menschlichen Umgangs mit Musik am Instrument dar.

> „Mit dem Erfülltsein von etwas, durch das ein Äußerungsbedürfnis entsteht, mit dem Ablauf, durch den wir getragen werden und während dessen Verlaufs uns aller Sprach- und Klangstoff ganz von selbst zuwächst, begegnen uns die Wesenseigentümlichkeiten allen Ausdrucks, die Improvisation, und zugleich die gesetzmäßigen Voraussetzungen geglückter Improvisation" (1983, 17, S. 352).

Jede schöpferische Leistung beruht nach Jacoby auf der Fähigkeit des Menschen, „intellektuelle Reflexion" so lange zurückzuhalten, bis „Empfundenes klare Gestalt" gewonnen hat (1925, S. 19). Wer am Instrument improvisiert, bedarf keines „intellektuellen Zieles", braucht kein „bewußtes Wissen" um ein Ziel zu haben, denn er „braucht nur dem gehorsam zu sein, was mit den ersten Worten oder Klängen hörbar geworden ist". Im Sich-Einlassen auf das, „was aus der ersten Ladung zu entstehen begonnen hat", im Vertrauen auf die aus dem Unbewußten herrührende innere musikalische Bewegung liegt die Kraft der Vision eines vorher weder „bewußt gesehenen" noch „bewußt gewußten Zieles" (1983, 17, S. 352).

Das von Jacoby postulierte „improvisatorische Verhalten" während der Interpretation von Musik entspricht einem Mitschwingen im Es, das von Klausmeier in Anlehnung an das psychoanalytische Modell Paul Federns als Tagtraum gedeutet wird (Klausmeier 1978, S. 129).[5]

Während des Tagtraumes wird dem Körper-Ich Energie entzogen, das seelische Ich ist „teilaktiviert". In diesem Prozeß verlieren Menschen das Evidenz- und Zeitgefühl (ebenda S. 130).

Im Augenblick ihrer Neukonstitution wird lebendige Interpretation tradierter Musik - vergleichbar der Improvisation - von der schöpferischen Kraft des Unbewußten geleitet. Sie ist das Ganzheit-stiftende Element, welches Körperbewußtsein und innere musikalische Bewegtheit zur Synthese führt.

4. *Anregungen und Irritationen durch die Instrumentalpädagogik H. Jacobys*

Versuchen wir, die skizzierten Bedingungen von „Nachentfaltung" und „lebendiger Interpretation" im Sinne Jacobys nicht nur verstehend nachzuvollziehen, sondern auch in unsere Lebens-, Lehr- und Musizierpraxis umzusetzen,

---

[5] Nach Federn besteht das Ich aus zwei „Teilorganen":
Das seelische Ich, welches Träume, Phantasieren, Wahrnehmen und Denken beeinflußt und das körperliche Ich, welches Motorik, Sinnesempfindungen und viszerale Empfindungen steuert.
"Im Wachen sind beide Teilorgane gleichmäßig aktiviert. Die Person vermag aber, das eine Teilorgan mit mehr Energie zu besetzen als das andere." F. Klausmeier: Die Lust, sich musikalisch auszudrücken, Hamburg 1978, S. 129

geraten wir in beträchtliche Konflikte. Dies mag das folgende Beispiel veranschaulichen.

Im SS 1989 arbeitete ich mit Musikstudierenden der Gesamthochschule im Rahmen des erziehungswissenschaftlichen Kernstudiums in einem Seminar über das Thema: Erziehungsschicksal und ästhetische Wahrnehmung der Welt. In der Eingangsphase setzten wir uns mit der Schrift H. Jacobys „Grundlagen einer schöpferischen Musikerziehung" (1922) auseinander. In einem abschließenden dreitägigen 'workshop' versuchten wir, in Form eines Theorie-Praxis-Bezuges die dokumentierten Schweizer Kurse Jacobys durch Kurzreferate und inszenierte Handlungssituationen zu verlebendigen. Die 12 zur Kompaktphase zugelassenen TeilnehmerInnen und die Seminarleiterin trugen u.a. - wie verabredet - je eine „Rosine" vor, d.h. ein Musikstück, zu dem sie derzeitig eine besonders intensive persönliche Beziehung zu haben meinten.

Trotz optimaler gruppendynamischer Bedingungen, einer angenehmen, entspannten Atmosphäre in privatem Seminarrahmen, einem erstklassigen Instrument und sehr aufgeschlossenen Studierenden ähnelte so manches „Rosinige" weit eher „Korinthigem", bestätigte sich die Beobachtung Jacobys, wie schwer es selbst (oder gerade?) Musikstudierenden fällt, sich frei zu äußern.

Die Auswirkungen jahrzehntelangen Drills (Haltungsvorschriften, Interpretationsnormen, eingeengte Körperbewegungen aufgrund spezifischer technisch-ideologischer Systeme, die Unfähigkeit frei zu atmen, innerlich „still und gelassen" zu werden) wurden den meisten TeilnehmerInnen schmerzlich bewußt. Sie manifestierten sich mitunter auch in vehementem Abwehrverhalten gegenüber den - sich selbst auferlegten - Ansprüchen Jacobys.

Solche schmerzlichen Erfahrungen, Irritationen und aufgedecktes Abwehrverhalten sind für Betroffene dann bedeutsam, wenn sie zum Auftakt einer veränderten Beziehung zum eigenen Körper, zur Musik, zum Instrument und zu sich selbst werden. Der Anstoß, den hierzu ein Seminar vermitteln kann, reicht freilich nicht aus, um zu ermessen, was es heißt, im Sinne der „Nachentfaltung" beharrlich an sich selbst zu arbeiten.

Die von Jacoby immer wieder hervorgehobene Notwendigkeit, eine bewußte Beziehung zum eigenen Körper aufzubauen, lebt zwar in Konzepten Körper-zentrierter Arbeit weiter, ist jedoch in der Regel nicht Leitprinzip traditioneller Instrumentalpädagogik.

'Eutonie' und 'Alexandertechnik' werden als Spezial- und Zusatzkurse für Instrumentalisten angeboten, nicht selten zudem für solche Musiker, die während ihrer künstlerischen Ausbildung beträchtlichen Schaden an Körper und Seele genommen haben.

Jacobys Gedanken zur „Nachentfaltung des Menschen" sind auch an die Adresse von Erziehenden und Lehrenden in allen Lehrbereichen - vor allem aber im Instrumentalunterricht - gerichtet. Nach ihm brauchte es keine „unbegabten Erzieher" mehr zu geben, sofern es als „eine der zentralen und wichtigsten Aufgaben in der Ausbildung zum Erzieher und Lehrer erkannt" wird, den jungen Menschen bewußt erleben und erkennen zu lassen,

> „daß Angstloserwerden, Vertrauenkönnen und Stillseinkönnen Voraussetzung sind für jeden Kontakt, und daß solch ein Kontakt wiederum Voraussetzung für jedes Sichmitteilen, für jedes Schulen zu sein hätte" (1983, 8, S. 166).

Vom Erziehungsschicksal zukünftiger Instrumentalpädagogen, von dem „intelligenten Gebrauch ihres Körpers" (Polany 1985, S. 23), von ihrer Bereitschaft, eine Beziehung zu sich selbst und zu den Bedingungen der (Ver-)Störungen ihrer Studierenden aufzubauen, wird es beträchtlich abhängen, ob die nächsten Generationen von Musiklernenden - auch am Instrument - glücklicher leben können.

Literatur

H. Dauber: Leib-haftige Bildung, in: H. Dauber (Hrsg.): Bildung und Zukunft, Weinheim 1989, S. 185-206

M. Feldenkrais: Die Entdeckung des Selbstverständlichen, Frankfurt 1987

F. Grimmer: Entfaltung musikalischer Ausdrucksfähigkeit - Erziehung im Nachhinein. Die musikpädagogischen Vorstellungen Heinrich Jacobys zwischen Geschichtlichkeit und Aktualität, in: Üben & Musizieren, H. 4, August 1988, S. 259-265

dies.: Lebensgeschichtliche Determinanten als Herausforderung einer Instrumentalpädagogik für Erwachsene, in: G. Holtmeyer (Hrsg.): Musikalische Erwachsenenbildung. Grundzüge - Entwicklungen - Perspektiven, Regensburg 1989, S. 123-133

H.J. Heydorn: Ungleichheit für alle. Zur Neufassung des Bildungsbegriffs. Bildungstheoretische Schriften, Bd. 3, Frankfurt 1980, darin: Überleben durch Bildung. Umriß einer Aussicht, S. 283 ff.
H. Jacoby: Jenseits von Begabt und Unbegabt. Zweckmäßige Fragestellung und zweckmäßiges Verhalten. Schlüssel für die Entfaltung des Menschen, Hamburg, 2. Aufl. 1983
ders.: Musik. Gespräche-Versuche 1954, hrsg. von Sophie Ludwig, Hamburg 1986
ders.: „Jenseits von Musikalisch und Unmusikalisch". Voraussetzungen und Grundlagen einer lebendigen Musikkultur, Stuttgart 1925
F. Klausmeier: Die Lust, sich musikalisch auszudrücken, Hamburg 1978
J. Klier: Üben beginnt mit dem Kopf. Bemerkungen über eine ganzheitliche Methode des Übens und Musizierens, in: Üben & Musizieren, H. 3, Juni 1989, S. 163-168
R. Masters/J.Houston: Bewußtseinserweiterung über Körper und Geist, München 1983
J. Painter: Körperarbeit und persönliche Entwicklung, München 1984
M. Polany: Implizites Wissen, Frankfurt 1985
K.H. Pribram: Worum geht es beim holographischen Paradigma? in: K. Wilber (Hrsg.): Das holographische Weltbild. Wissenschaft und Forschung auf dem Weg zu einem ganzheitlichen Weltverständnis, 2. Aufl., Scherz Verlag 1988
W. Schutz: Holistische Erziehung, in: R.J. Corsini (Hrsg.): Handbuch der Psychotherapie, Bd. 1, S. 321 ff., Weinheim/Basel 1983
G. Wehmeyer: Carl Czerny und die Einzelhaft am Klavier, Kassel/Basel/London 1983

Dr. Frauke Grimmer
Westfalenstraße 2
3500 Kassel

Afrikanisches Trommeln. Aspekte einer körperorientierten Musikpädagogik

WOLFGANG MEYBERG

Einleitung

Es ist gut fünfzehn Jahre her, daß in der Bundesrepublik afrikanische Musiker damit begannen, ihre Trommelkunst in workshops weiterzugeben. Im Zuge der sich in den folgenden Jahren stark ausbreitenden alternativen Kultur-Bewegung hat auch das sogenannte „Afrikanische Trommeln" einen festen Platz gefunden in dem vielfältigen und nur noch schwer durchschaubaren Angebot esoterischer, meditativer, ethnischer Kulturtechniken. Mittlerweile wird afrikanisches Trommeln auch an Volkshochschulen, Universitäten und Musikhochschulen angeboten.

Diese Entwicklung ist symptomatisch für einen Trend, der heute mit dem Markenzeichen „New Age" versehen ist und selbstverständlich - wie jede andere Form neuer kultureller Erscheinungen - der kritischen Betrachtung und Analyse bedarf.

Ich erlaube es mir, auf diesen Punkt hier nicht näher einzugehen, da er zu wichtig ist, um in wenigen Zeilen abgehandelt zu werden. Stattdessen möchte ich auf den Artikel „Musik im neuen Geist" von Wolfgang Martin Stroh[1] hinweisen. Stroh setzt sich nicht nur mit dem Grundphänomen der New-Age-Bewegung auseinander, sondern leitet hieraus auch zukunftsweisende Überlegungen und Projekte für die musikpädagogische Theorie und Praxis ab.

Wie das Markenzeichen „New-Age" hat auch der bei uns schon recht geläufige Begriff „Afrikanisches Trommeln" eher eine Signalfunktion, als daß er eine bestimmte inhaltliche Aussage impliziert. Denn: *das* afrikanische Trommeln gibt es nicht. Afrikanische Trommelstile zeichnen sich durch eine große Vielfalt an Rhythmen und Anschlagstechniken aus, und diese lassen sich niemals auf einen gemeinsamen Nenner bringen.

---

[1] Stroh, W.M.: Musik im neuen Geist. In: Esothera 7/89

Sehen wir jedoch einmal ab von den entschuldbaren und nicht entschuldbaren Oberflächlichkeiten sowie den unterschiedlichen kommerziellen Motiven, die u.a. zur Etablierung des „Afrikanischen Trommelns" geführt haben, bleiben in der Praxis des bei uns (d.h. in Europa) unterrichteten afrikanischen Trommelns dennoch genügend Anhaltspunkte übrig, die sich generell auf Art und Weise afrikanischer Trommelmusik beziehen lassen:

1. Ein Rhythmus wird über einen längeren Zeitraum durchgetrommelt (meist zusammen mit anderen Rhythmen, die gleichzeitig gespielt werden).
2. Es wird ohne Noten gespielt.
3. Die Improvisation (Solo-Trommel) erfolgt durch die Kombination bestimmter rhythmischer Muster.
4. Es gibt direkte Bezüge u.a. zu Tanzfiguren.

Ich nehme mir an dieser Stelle die Freiheit, den Begriff „Afrikanisches Trommeln" zu verlassen. Das, was mit ihm inhaltlich verbunden ist, tritt in den Hintergrund bzw. wird erweitert und übertragen speziell auf die musikpädagogische Arbeit mit Kindern, Jugendlichen und Erwachsenen.

Die Rede ist nun vom Trommeln:

- es findet in der Gruppe statt;
- die Instrumente werden mit den Händen gespielt;
- es wird auf Trommeln gespielt, die selbständig auf dem Boden stehen, im Sitzen gut angeschlagen werden können und möglichst geringe Verletzungsgefahren für die Hände aufweisen;
- das Spiel zeichnet sich durch experimentelle Phasen aus, als auch durch Phasen, in denen Rhythmen eingeübt und miteinander kombiniert werden (beides auch in Verbindung mit Stimme und Bewegung);
- das rhythmische Repertoire besteht u.a. aus leichten (u.U. abgewandelten, vereinfachten) bis zu schwierigeren afrikanischen Rhythmen (z.B. Coo Coo, Djigbo oder Kpanlogo (Westafrika)). Die Schlagtechnik basiert auf den drei Grundschlägen Kante, Baß und Slap. Es wird wechselhändig gespielt;
- formale Abläufe und Rhythmen können zwar notiert werden, beim Spielen selbst wird jedoch keine Notation benötigt.

Im folgenden soll auf diese Art des Musizierens näher eingegangen werden. Besonders berücksichtigt werden hierbei die Aspekte der Körperwahrnehmung, des Körperausdrucks und der Bewegung.

(Der Sammelbegriff „Trommel" wird ab nun ersetzt bzw. präzisiert durch die „Conga" - eine Trommel, die die oben angeführten Bedingungen erfüllt und bei uns (z.B. in Schulen, Musikschulen) am häufigsten anzutreffen ist).

Aufmerksamkeit und Interesse

Die Conga ist ein Instrument, auf das Kinder, Jugendlichen aber auch Erwachsene in der Regel spontan zugehen. Die Trommel weckt - bevor auch nur ein Ton erklingt - Aufmerksamkeit durch ihre Größe und durch die klar strukturierte Bauweise.

Die kreisförmige Felloberfläche fällt ins Auge und bietet sich den Händen zum Spielen an.

Auch ohne spieltechnische Anweisungen findet man sich schnell auf dem Instrument zurecht: intuitiv unterscheiden die Hände zwischen Fellmitte und Fellrand. Das Zentrum und die Randbereiche der Trommel sind eindeutig zu erkennen.

Dementsprechend gestalten sich auch die klanglichen Resultate: das Wechseln zwischen mindestens zwei verschiedenen Klangfarben (Fellmitte: dumpf; Fellrand: hell) wirkt sich fördernd auf die Experimentierfreude der Spieler aus.

Bewegung, Beweglichkeit und Körperwahrnehmung

Trommeln heißt zuallererst: Schlagen. Es geschieht aus der Bewegung von Armen und Händen heraus. Dieser Bewegungsablauf kann in vielen Bereichen des täglichen Lebens beobachtet werden, er ist jedem Menschen geläufig. Das Trommeln, das spontane, improvisatorische Spiel, ist ein prinzipiell unkomplizierter und elementarer Vorgang.

Beim Trommeln wird Bewegung unmittelbar in Klang und Rhythmus umgesetzt. Das musikalische Ergebnis wiederum kann einen Anreiz bieten, Bewegungen zu wiederholen und zu verstärken. Hier spielt die Gruppe eine entscheidende Rolle. Das, was durch das Trommeln ungefiltert mitgeteilt wird, kann in der gemeinsamen Improvisation in Umlauf gebracht und verändert werden. Auch bei dem gemeinsamen Spiel eines Rhythmus wird das Gruppen-timing gefördert durch die Freude an der Bewegung; die visuelle Kontaktaufnahme wirkt sich ausgleichend aus auf rhythmische Unebenheiten.

Trommeln ist ein Prozeß intensiver Körpererfahrung und Körperwahrnehmung. Da die Conga ohne Schlegel gespielt wird, entsteht ein direkter Kontakt von der Haut zum Fell. Die Handinnenfläche wird durch die mehr oder weniger intensive Berührung warm, es stellen sich Gefühle des Kribbelns, Prickelns und u.U. des Schmerzes ein. Diese Erfahrungen werden in der Gruppe auch verbal mitgeteilt. Dadurch werden sie bewußt gemacht und können akzeptiert und verarbeitet werden. Ein solcher Austausch erfolgt oft spontan nach einer Trommel-Runde. Es fällt auf, daß auch schmerzhafte Auswirkungen des Trommelns eher humorvoll registriert werden - eine Freude am körperlichen Spüren tritt in Erscheinung.

Die körperliche Wahrnehmung betrifft nicht nur die der Hände. Beim Trommeln werden auch die Funktionen der Arme, der Schultern sowie wichtiger Teile der Nacken- und Rückenmuskulatur intensiv in Anspruch genommen. Spannungen, die den Fluß der Bewegung hemmen oder blockieren, können gespürt werden, ein Kontakt zu ihnen entsteht. Durch längeres Trommeln verlieren im Inneren festgehaltene Spannungen ihre blockierende Wirkung und gelangen als eine allmählich fließende Bewegung nach Außen.

Musikalischer Ausdruck

Das experimentell-improvisatorische Spiel auf der Conga eröffnet ein breites Spektrum an klanglichen und rhythmischen Möglichkeiten. Die Spieler finden innerhalb kurzer Zeit heraus, daß die unterschiedliche Intensität des Trommelns sich sofort in der Lautstärke des Trommelklanges nieder-schlägt. Angeregt durch das Spiel der anderen Gruppenteilnehmer setzt ein Prozeß ein, in dem experimentell die verschiedenen Differenzierungen zwischen den Extremen hoher und niedriger Lautstärke erfahren werden. Dieser Vorgang des Erkundens kann auch im Umgang mit Differenzierungen im Bereich der Spielgeschwindigkeit beobachtet werden.

Hinzu kommt das Erproben verschiedener Klänge und Geräusche durch die Veränderung der Handhaltung und Handspannung beim Spielen der Conga. Bald wird entdeckt, daß es viele Möglichkeiten des An-spielens der Trommel gibt: das Fell kann z.B. gestreichelt oder gekratzt werden, es kann mit der Faust geschlagen werden, mit der flachen Hand, mit der hohlen Hand oder auch nur mit einem Finger. Ohne spieltechnische Vorkenntnisse lassen sich Klänge hervorbringen, die sich durch ihre dumpfen, hellen, stumpfen, klaren, aggressiven, schlaffen Charaktere deutlich voneinander unterscheiden. Der kreative Ausdruck wird gefördert, wobei die Gruppe eine wesentliche Stützfunktion übernimmt.

Die Rolle der Gruppe kommt nicht zuletzt dort zur Geltung, wo durch das Trommeln eines gemeinsamen Rhythmus' ein Stimulus geschaffen wird, ausdauernder zu spielen. Wird dieser Rhythmus über einen längeren Zeitraum hinweg gespielt, fällt es leichter, anfänglichen Schwierigkeiten mit größerer Geduld und Gelassenheit zu begegnen. In dem Maße, wie Kopf und Körper es langsam lernen, miteinander zu arbeiten, anstatt sich gegenseitig im Wege zu stehen, wächst die Lust am musikalischen Spiel, wächst das Vertrauen in die eigenen Fähigkeiten.

Transfer

Lautstärke und Geschwindigkeit des Trommelspiels lassen sich deutlich an den Bewegungen von Armen und Händen ablesen. Dieses führt dazu, daß beim gemeinsamen Spiel auf Congas die Kommunikation zu einem nicht unerheblichen Teil auch auf der visuellen Ebene stattfindet. Die Bewegung macht aufmerksam auf Klang und Rhythmus - und umgekehrt.

Dieser Transfer-Effekt (Trommeln ist Bewegung - Trommeln bewegt; Klänge und Rhythmen werden sichtbar - Sichtbares wird gehört) kann auch in einer gedehnteren, räumlich erweiterten Dimension wirksam werden. Dann nämlich, wenn sich das Trommeln und das Sich-im-Raum-Bewegen einer oder mehrerer Personen aufeinander beziehen. Durch den Transfer des Trommelns in die ganzkörperliche Bewegung im Raum - und umgekehrt - besteht die Möglichkeit, kommunikative und strukturelle Prozesse noch klarer werden zu lassen.

Auch die Einbeziehung der Stimme erweitert das Spektrum der Möglichkeiten, die vom Trommeln und von bestimmten Rhythmen ausgehenden Impulse auf ein anderes Medium zu übertragen. Bei Improvisationen auf Congas geschieht es häufig, daß freiwerdende Spannungen nicht nur durch das Trommeln hörbar und sichtbar werden, sondern zusätzlich im Ausdruck der Stimme nach Außen gelangen - z.B. durch Lachen, Schreien oder Singen.

Dieses ist ein Hinweis dafür, daß das musikalische Handeln ein Prozeß ist, in dem sich der Mensch in seiner Ganzheit ausdrückt. Ist es jedoch für das Kleinkind noch normal, Bewegungen mit Stimme zu begleiten, so treten bei Kindern und Jugendlichen mit zunehmendem Alter diesbezüglich immer stärkere Hemmungen auf. In dem Maße, wie das gesprochene Wort an Bedeutung gewinnt, nimmt der experimentell-spielerische Umgang mit der Stimme ab.

Durch die Hinzunahme der Stimme (z.B. auch beim Experimentieren mit rhythmisierten Silben und beim Sprechen von Rhythmen) bekommt das Spiel auf der Conga einen entspannteren Charakter und gewinnt an musikalischer Prägnanz.

Zusammenfassung

1. Das Schlagen der Trommel ist ein prinzipiell unkomplizierter und elementarer Vorgang.
2. Beim Trommeln wird Bewegung unmittelbar in Klang und Rhythmus umgesetzt.
3. Experimentell können die Differenzierungen zwischen den Extremen hoher und niedriger Lautstärke erfahren werden (dieses gilt auch für die Spielgeschwindigkeit).
4. U.a. durch die Veränderung der Handhaltung und Handspannung werden im improvisatorischen Spiel Klänge und Geräusche erprobt.
5. Trommeln ist ein Prozeß intensiver Körpererfahrung und Körperwahrnehmung[2].
6. Die aus der jeweiligen Spielweise resultierenden Körperreaktionen (z.B. Schmerz, Wärme, Verspannung, Entspannung) können bewußt wahrgenommen und u.U. durch eine veränderte Spielweise beeinflußt und gelenkt werden.
7. Die Bewegungsabläufe beim Trommeln begünstigen den Transfer zur Bewegung im Raum (und umgekehrt).
8. Die Körperbewegungen beim Trommeln (einschließlich Mimik und Körperhaltung) sind reich an Gestik.

---

[2] Vgl. Meyberg, W.: Trommelnderweise. Trommeln in Therapie und Selbsterfahrung. Hemmoor: Großer Bär 1989

9. Hierdurch wird speziell in experimentellen, improvisatorischen Spielphasen ein hoher Grad an musikalischer Phantasie und Authentizität des Ausdrucks erlangt[3].
10. Durch das Prinzip des wechselhändigen Trommelns werden beide Körperhälften gleichmäßig und kontinuierlich bewegt und geübt. Es ist davon auszugehen, daß sich dieser Vorgang auf eventuelle Dominanzprobleme der beiden Gehirnhälften im Sinne einer Integration positiv auswirkt[4].

Wolfgang Meyberg, M.A.
Alfred-Kubin-Str. 12
2900 Oldenburg

---

[3] Vgl. Behne, K.-E.: Musik - Kommunikation oder Geste? In: Musikpädagogische Forschung, Bd.3. Laaber 1982

[4] Vgl. Dennison, P.E.: Befreite Bahnen. Freiburg: Verlag für Angewandte Kinesiologie 1988

Musik und Bewegung in der Unterrichtspraxis.
Bericht über eine Befragung von Musiklehrern

ULRICH GÜNTHER

Gustavo Becerra-Schmidt zum 65. Geburtstag

1. Vorbemerkung

Angeregt zu diesem Beitrag hat mich die Examensarbeit von Anne Schwanken[1] am Ende ihrer Ausbildung für das Lehramt an Sonderschulen für Lernbehinderte. Sie hatte während ihres Unterrichtpraktischen Halbjahres in der Einphasigen Lehrerausbildung - das einem Teil der Referendarausbildung entsprach - im Fach Musik den Lernbereich „Musik und Bewegung" als einen Unterrichtsschwerpunkt gewählt, zum einen weil dieser sich für die Sonderschule besonders eignet, zum anderen weil die Studentin sich bereits vor ihrem Lehramtsstudium zur Gymnastiklehrerin hatte ausbilden lassen. Indes, ihre Unterrichtsversuche in diesem Lernbereich „bereiteten große Schwierigkeiten", „blieben unbefriedigend" oder „mißlangen gänzlich", wie sie schreibt, und weiter: „Zufällige Gespräche mit LehrerInnen zeigten mir, daß ich nicht allein solche Probleme hatte", nachdem sie anfangs ihre Schwierigkeiten lediglich als ein „Anfängerproblem" gedeutet hatte. Deshalb beschloß sie, „meine Erfahrungen und die anderer MusiklehrerInnen in den Mittelpunkt meiner Arbeit zu stellen" und sie mit dem zu konfrontieren, wovon sich LehrerInnen für ihre tägliche Unterrichtspraxis anregen lassen: von den Rahmenrichtlinien und den Beiträgen in Fachzeitschriften. Dabei beschränkte sich die Vfn. - im Hinblick auf die zeitliche Begrenzung beim Anfertigen einer Examensarbeit - auf die Rahmenrichtlinien Musik für die allgemeinbildenden Schulen in Niedersachsen (einschließlich der gymnasialen Oberstufe) sowie auf die beiden Fachzeitschriften „Musik und Bildung" und „Zeitschrift für Musikpädagogik".

In meinem Beitrag, in dem ich weitgehend die Untersuchung von Anne Schwanken referiere, möchte ich über Inhalt und Ergebnisse dieser Gespräche

---

[1] A. Schwanken: Musik und Bewegung als Lernbereich des Schulmusikunterrichts. Unveröff. Examensarbeit Universität Oldenburg, 1987

berichten, zuvor aber auch darüber, was die niedersächsischen Rahmenrichtlinien zu dem Lernbereich „Musik und Bewegung" aussagen und was sich dazu in den Fachzeitschriften MuB, ZfMP, „Forschung in der Musikerziehung" sowie „Musikpädagogische Forschung" während ihres gesamten Erscheinungszeitraums findet. Der Beitrag will und kann keine allgültigen Aussagen machen, sondern möchte nur auf konkrete Probleme mit dem Lernbereich „Musik und Bewegung" im Schulalltag aufmerksam machen. - Ich beginne mit ein paar historischen Bemerkungen.

2. Historische Aspekte

„In unserer Zeit, die dem Sport und der Körpererziehung jede Unterstützung gewährt, muß auch die rhythmische Erziehung durch die Musik mit allen Kräften gefördert werden."

In unserer Zeit? Es war das Jahr 1923, und das Zitat stammt aus Leo Kestenbergs „Denkschrift über die gesamte Musikpflege in Schule und Volk"[2] für den preußischen Landtag, der über seine Reformvorhaben zu entscheiden hatte. Wir finden den Begriff „Rhythmische Erziehung" ab 1924/25, folgerichtig, in den neuen Musik-Richtlinien für die allgemeinbildenden Schulen[3], bei Gymnasium und Mittelschule nur für die Unterklassen, dagegen umfassend und am ausführlichsten in den Volksschul-Richtlinien, und zwar als „körperliche Darstellung rhythmischer Vorgänge", aber auch als „rhythmische Belebung" (Mittelschule), jedoch nur in Verbindung mit anderen Schulfächern (Prinzip der „Fächerverbindung"), insbesondere natürlich mit dem Schulturnen. Dementsprechend wurde „Rhythmische Erziehung" auch in der neukonzipierten Ausbildung und Prüfung der künftigen (preußischen) *Gymnasialmusiklehrer* vorgesehen: Im Unterrichtsplan (1929) der Berliner Akademie für Kirchen- und Schulmusik als für „Damen und Herren" getrenntes Angebot in „Rhythmischer Gymnastik" (für Herren „einschließlich Sportunterricht")[4]; in der Prüfungsordnung von 1922 als eins von

---

[2] L. Kestenberg: Denkschrift über die gesamte Musikpflege in Schule und Volk. In: G. Braun: Die Schulmusikerziehung in Preußen, Kassel 1957, Anl. 11; S. 127 ff. (hier S. 133)

[3] Abgedr. bei Braun (Anm. 2): Anl. 16 (höh. Schulen; S. 155 ff.); Anl. 18 (Mittelschulen; S. 170 ff.); Anl. 19 (Volksschulen; S. 178 ff.)

[4] Unterrichtsplan der Staatl. Akademie für Kirchen- und Schulmusik Berlin (1929). In: Braun (Anm. 2), Anl. 14; S. 153

fünf verbindlichen Wahlfächern (Prüfungsdauer 1 Std.) alternativ zu Musikgeschichte, Sprechkunde, Kompositionslehre und Musikwissenschaft.[5] Demgegenüber enthielt die Prüfungsordnung für die neue *Volksschullehrerausbildung* (1928) noch keine inhaltlichen Bestimmungen; diese finden wir erstmals 1976 in der Prüfungsordnung für den niedersächsischen Modellversuch Einphasige Lehrerausbildung, freilich ohne den Teilbereich Rhythmische Erziehung. Dieser taucht allerdings auch für den Gymnasialbereich nur noch in der Prüfungsordnung von 1940 auf, danach, zumindest in Niedersachsen, nicht mehr - bis heute.[6]

Die 20er Jahre: Reformpädagogik, Jugendbewegung und Jugendmusikbewegung erlebten damals ihre Glanzzeit, und der avantgardistisch sich verstehende Zeitgeist war „gegen die fortschreitende Technisierung des Lebens und gegen den trockenen Intellektualismus, der Körper und Seele schrumpfen ließ".[7] Eine neue Körper- und Bewegungskultur blühte auf. Sie gründete sich vor allem auf Jaques-Dalcroze, der erkannt hatte, „daß unmittelbare körperliche Lernerfahrungen und ein intensives Körpergefühl der Stufe der Vergeistigung und Abstraktion im künstlerischen Unterricht vorausgehen müsse".[8] Sogar seinen methodischen Ansatz aus den 1890er Jahren, die Gehörbildung mit Taktierübungen und später mit „rhythmischer Gymnastik" zu verbinden, finden wir noch in Kestenbergs „Denkschrift" von 1923; denn, so heißt es dort, „die eigene Betätigung führt sicherer und besser in das Wesen der musikalischen Elemente als alle Theorien und Belehrungen".[9]

Rhythmische Erziehung[10] als Bewegung im Raum wurde vor allem in Gymnastikschulen entwickelt, weshalb man, wie Jaques-Dalcroze, von „Rhythmischer Gymnastik" sprach. Dabei spielte die Musik eine eher begleitende und anregende Rolle. Erst Elfriede Feudel führte in den 30er Jahren die „Rhythmische

---

[5] L. Kestenberg/W. Günther (Hg.): Prüfung, Ausbildung und Anstellung der Musiklehrer an den höheren Lehranstalten in Preußen, Berlin 2./1925, S. 70

[6] s. U. Günther: 65 Jahre Musiklehrerausbildung im Spiegel ihrer Prüfungsordnungen am Beispiel Preußens, des Deutschen Reiches und Niedersachsens (3 Teile): ZfMP Nr. 45-47, Mai, Sept., Nov. 1988

[7] W. Laqueur: Die Deutsche Jugendbewegung, Köln 1962, S. 67

[8] U. Gebhard/M. Kugler: Didaktik der elementaren Musik- und Bewegungserziehung, München 1979

[9] Denkschrift bei Braun (Anm. 2), S. 133

[10] Zu den flg. Abschnitten s. U. Günther: Die Schulmusikerziehung der Kestenberg-Reform bis zum Ende des Dritten Reiches, Darmstadt 1967, S. 162 ff.

Erziehung" als Fach der Musikerziehung ein; sie sprach von „Musikerziehung durch Körperbewegung".

Auch Carl Orff kam von der Gymnastik her. Seit 1924 entwickelte er in der von ihm mitgegründeten Münchner „Günther-Schule für Gymnastik, Musik und Tanz" zusammen mit dem Instrumentenbauer Karl Maendler und in Zusammenarbeit mit D. Günther, G. Keetman und H. Bergese ein neues Instrumentarium, das für die Bewegungserziehung geeignet, für Bewegungsschülerinnen spielbar und als Basis einer „elementaren Musikerziehung" verwendbar war. Diese Musikerziehung, mehr Übung als Lehre, wurde vor allem mit Bewegungsschülerinnen erprobt; dafür konzipierte er sein „Schulwerk" (1932 ff.). Dessen entscheidende Komponenten waren Körperbewegung, Instrument, Erfindung und Klang, die freilich sehr hohe Anforderungen sowohl an die musikalische Phantasie wie an die Beherrschung des damals ganz neuartigen Instrumentariums stellten. Ebenso neuartig war die Thematik, wie aber auch die Bereitschaft gering war, sich auf solches Neuland zu begeben. Daran änderten weder Lehrgänge noch Aufsätze etwas, auch nicht die 1935 erschienene „Einführung" von W. Twittenhoff. So wurde mit dem „Schulwerk" fast nur an Sport-, kaum dagegen an Musiklehrstätten gearbeitet, im Schulmusikunterricht so gut wie überhaupt nicht. Dafür war auch das Instrumentarium zu neu, zu ungewohnt und vor allem zu teuer, so daß wir seit Mitte der 30er Jahre das „Schulwerk" kaum noch erwähnt finden.

Die in der Schulmusik hauptsächlich vertretene Gymnastik nach Jaques-Dalcroze hatte zu Orffs „Schulwerk" offensichtlich keine Beziehung. Die Dalcroze-Schülerin Feudel erwähnte dann auch in ihrem 1939 erstmals erschienenen Buch „Rhythmische Erziehung" Orff mit keinem Wort. Ihr Buch zeigt, daß die Rhythmische Erziehung noch immer Neuland war und um Anerkennung rang. So war es auch in den neuen Richtlinien 1937-39, wo zwar auf ihre Wichtigkeit hingewiesen wurde; aber tatsächlich verstanden sie darunter kaum etwas anderes als Volks- und Gemeinschaftstanz sowie Taktier- und Dirigierübungen.

Die heute allgemein bekannte 2. Fassung des „Schulwerks" entstand 1948, als der Bayrische Rundfunk Orff um eine Schulfunkreihe bat. Während Orff bis dahin fast ausschließlich mit Erwachsenen und Jugendlichen gearbeitet hatte, wandte er sich jetzt an Kinder; deshalb hieß das neue „Schulwerk" nun „Musik für Kinder". Es gab allerdings noch einen weiteren, wesentlichen Unterschied; der bestand darin, daß, bedingt durch die Rundfunkübertragung, nun Sprache und Klang zu den tragenden Elementen wurden, während das Bewegungsmoment an Bedeutung verlor.

Aber selbst wenn nach 1945 im Schulunterricht die musikalische Bewegungserziehung bereits eine Tradition gehabt hätte, so hatte sie angesichts der überfüllten Klassen und der noch immer großen Anzahl von wenig gegliederten Volksschulen - ein Zustand, der bis weit in die 60er Jahre anhielt - sich kaum verwirklichen lassen. Das gilt auch für Veröffentlichungen wie das „Schulwerk für Spielmusik-Tanz", das Hans Bergese, 1932-40 Orffs Assistent in München, zusammen mit Anneliese Schmolke an der Kölner Sporthochschule (!) erarbeitet hatte und 1951-53 veröffentlichte[11], oder die von Felix Hoerburger und Helmut Segler 1962 herausgegebenen Kindertänze „Klare, klare Seide".[12] Ein weiteres Hindernis bildeten die für musikalische Bewegungserziehung nicht ausgebildeten Lehrer.

Als sich dann seit den 60er Jahren die äußeren Unterrichtsbedingungen allenthalben besserten, begann die Musikdidaktik die bis dahin dominierende Musische Erziehung abzulösen und durch neue Ziele und Inhalte zu ersetzen, wobei - bedingt durch die damals rasche Verbreitung der Massenmedien - das Musikhören eine besondere Aufmerksamkeit fand. Die 1969 von Dankmar Venus[13] vorgeschlagenen fünf Verhaltensweisen: Produzieren und Reproduzieren, Rezipieren und Transponieren von Musik sowie deren Reflexion bilden seither weithin das inhaltliche Gerüst des Schulmusikunterrichts. Das Transponieren (oder besser, nach H. Lemmermann, das Transformieren) meint die Verbindung von Musik mit Sprache, Bild und Bewegung (daher auch „verbundene Musik"). Damit bekam auch der Lernbereich „Musik und Bewegung" seinen systematischen Ort in der Musikdidaktik, noch nicht hingegen in der Unterrichtspraxis. Diese Erfahrung machte auch Anne Schwanken in ihrem Unterrichtspraktischen Halbjahr; aber auch jeder, der den Schulalltag kennt, kann diese Erfahrung machen - von den berühmten Ausnahmen, wie immer, abgesehen.

---

[11] bei Möseler, Wolfenbüttel
[12] bei Bärenreiter, Kassel und Basel
[13] D. Venus: Unterweisung im Musikhören, Wuppertal 1969, S. 21 ff.

3. „Musik und Bewegung" in den niedersächsischen Rahmenrichtlinien[14]

Allen diesen Richtlinien liegt ein handlungsorientierter Ansatz zugrunde: Handeln und Verstehen sollen im Musikunterricht eine Einheit bilden. Deshalb soll das musikbezogene Lernen mit einem vielfältigen Umgehen mit musikalischen Inhalten und mit verschiedenen Verhaltensweisen verknüpft werden, neben Singen und Musizieren, Improvisieren und Hören sowie Nachdenken und Sprechen über Musik auch die Verbindung von Musik und Bewegung.

Diese Verbindung finden wir in allen Richtlinien, jedoch bildet sie nur in denen für Haupt- und für Sonderschulen einen eigenen Lernbereich. Die übrigen Richtlinien - für Grundschulen, Orientierungsstufe, gymnasiale Mittel- und Oberstufe - ordnen „Musik und Bewegung" einem anderen Lernbereich (Realschule, gymnasiale Mittel- und Oberstufe) oder mehreren (OS) zu, oder diese Verbindung bildet zusammen mit anderen Inhalten einen Lernbereich (Grundschule).

Allerdings spielt der Lernbereich „Musik und Bewegung", bezogen auf die Verteilung der Gesamtstundenzahl und auf die Aussagen zu seiner Gewichtung, insgesamt betrachtet eine relativ geringe Rolle, auch wenn er auf den unteren Klassenstufen (bis Klasse 7) ein größeres Gewicht hat als auf den höheren; dabei geht man davon aus, daß Kinder ein größeres, natürliches Bewegungsbedürfnis haben als ältere Schüler und daß sie eine besonders enge Verbindung von Handeln und Begreifen brauchen. Demgegenüber definieren die Richtlinien für die oberen Klassenstufen die Verbindung von Musik und Bewegung fast nur noch als Tanzen, überdies mit geringem Stellenwert, während er für das Gymnasium sogar nur anklingt und nicht einmal thematisiert wird.

Letztlich bleibt es dem praktizierenden Lehrer überlassen, wie er die Verbindung Musik und Bewegung in seinem Unterricht verwirklicht; die Richtlinien bieten ihm dabei keine konkrete Hilfe. Aber vielleicht die Fachzeitschriften?

---

[14] Rahmenrichtlinien (Musik) für die Grundschule, Hannover 1984; Orientierungsstufe: 1979; Hauptschule: 1986; Realschule: 1985; Gymnasium 7-10: 1986, Gymn. Oberstufe: 1985; Schule f. Lernbeh.: 1985

4. „Musik und Bewegung" in Fachzeitschriften

Die Analyse beschränkt sich auf „Musik und Bildung" (MuB, seit 1969) und auf die „Zeitschrift für Musikpädagogik" (ZfMP, seit 1976), vor allem in Hinblick auf Unterrichtspraxis und Fortbildung des Lehrers. Das Ergebnis läßt sich so skizzieren: Vielfältig sind die Beiträge, die „Musik und Bewegung" in verschiedenen Zusammenhängen behandeln wie Improvisation oder Hören, Oper oder Musiktheater, Tanzpantomime oder Musical, Schultheater oder szenisch-musikalisches Schulspiel. Demgegenüber ist die Anzahl der Beiträge, die sich mit der Thematik im engeren Sinne befassen, relativ gering.

So steht das Thema „Musik und Bewegung" in MuB und in der ZfMP bis 1981 eher am Rande. Erst 1982 und 1983 wird es intensiver diskutiert. So stellt das Januarheft 1983 von MuB die Rhythmische Erziehung in den Mittelpunkt; es geht dabei zunächst um den Versuch, „den Bereich Rhythmik aus anthropologischen Grundtatsachen zu erklären und ihm so Ziele und Wege zuzuweisen", dagegen (noch) nicht um Unterrichtspraxis. Dies versprach das Editorial zwar für ein Nachfolgeheft, das allerdings bisher nicht erschien.[15]

Mittelbar spielt „Musik und Bewegung" in zwei weiteren Schwerpunktheften von MuB eine Rolle. So widmet MuB dem interdisziplinären Schwerpunkt „Schulspiel - Schultheater" das Juniheft 1982 in der Absicht, „das konzeptionell wie unterrichtsmethodisch vielgestaltige Spektrum von Spiel in der Schule aufzuzeigen". Und das Septemberheft 1983 will zum Themenschwerpunkt „Tanztheater und Ballett" vor allem Sachinformationen geben; dazu dienen fünf Aufsätze, zwei weitere der Unterrichtspraxis. Darüber hinaus sind in anderen Heften dieses Jahrgangs vier Aufsätze zur Verbindung „Musik und Bewegung" zu finden. Auch die ZfMP schenkt 1982 und 1983 der Thematik - im weitesten Sinne - mit insgesamt vier Aufsätzen größere Beachtung.

Seitdem wird „Musik und Bewegung" in der ZfMP kaum mehr, in MuB nur noch in Beiträgen zum übergreifenden Bereich „Verbundene Musik" diskutiert, und zwar in Form von projektorientierten, komplexen Unterrichtsbeispielen, nicht hingegen im engeren Sinne. Wie läßt sich dieser Trend erklären?

---

[15] Nach Fertigstellung des vorliegenden Beitrags erschien Anfang August 1989, nach genau sechseinhalb Jahren, erstmals wieder ein Heft von MuB (7/8-1988) mit dem Schwerpunkt „Musik und Bewegung". Darin finden sich einige sehr anregende Aufsätze; vier davon beziehen sich auf die Unterrichtspraxis. Sie konnten aber in meinem Beitrag leider nicht mehr berücksichtigt werden.

Eine Erklärung könnte darin liegen, daß sich seit Ende der 70er Jahre die Diskussion eines handlungs- und schülerorientierten Musikunterrichts verstärkte. Damit einher ging eine Tendenz, fächerübergreifend zu arbeiten und mehrere oder gar alle Lernbereiche, die in den 60er und 70er Jahren isoliert entwickelt worden waren, miteinander zu verbinden, also Themen zu wählen, die ein vielfältiges Umgehen mit Musik erfordern und ermöglichen. Diesen Trend zu einem mehr ganzheitlich-orientierten Musikunterricht finden wir in vielen Aufsätzen; darunter sind nicht wenige, die einen wachsenden Einfluß spiel-, tanz- und theaterpädagogischer Erkenntnisse und Aspekte erkennen lassen. Das wird besonders deutlich an den unterrichtspraktischen Beispielen, die sich übrigens in MuB erheblich häufiger finden als in der ZfMP.

Im Zuge dieser Entwicklung nimmt auch das Interesse an der Verbindung von Musik und Bewegung zu. Das läßt sich an folgenden Sätzen im Editorial des Schwerpunktheftes „Rhythmische Erziehung" (MuB, Januar 1983) erkennen:

„Die Wiederentdeckung des Körpers als Ausdrucksmittel, das heißt: die Einsicht, daß wir auch mit dem Körper und/oder Leib verstehen und dieses Verstehen formulieren können, daß wir mit ihm erfahrene Wirklichkeit so gestalten und darzustellen vermögen ..., steht sicher im Zusammenhang mit der Kritik an und der Abwendung von der Einseitigkeit kognitiver und rationaler Erziehung der 60er und 70er Jahre."

Dennoch bleibt, aufs Ganze gesehen, der Themenbereich „Musik und Bewegung" in den musikpädagogischen Fachzeitschriften ein Randgebiet, zumal in unterrichtspraktischer Hinsicht, auch in „Musik und Bildung" (s. Anm. 15). Das trifft auch auf die Fachzeitschriften zur Musikpädagogischen Forschung zu. So beschäftigt sich in den 13 Jahren, in denen „Forschung in der Musikerziehung" erschien (1969-81), nur ein Aufsatz (1970) mit unserer Thematik, und zwar mit der Rhythmik in der musikalischen Früherziehung; er schließt bezeichnenderweise mit dem Satz: „Die Sache bedarf des genialen Lehrers."[16] In der AMPF-Zeitschrift „Musikpädagogische Forschung" (seit 1980) gibt es bisher keinen einzigen Beitrag; deshalb erscheint es mehr als gerechtfertigt, daß der AMPF in seiner diesjährigen Tagung „Musik und Körper" dieses Thema endlich aufgreift.

---

[16] R. Sieber: Musikalische Früherziehung auf der Grundlage rhythmisch-musikalischer Bewegungsübungen. In: Forschung in der Musikerziehung 3/4, 1974, S. 26

5. Die Gespräche

In den Gesprächen zwischen Januar und Mai 1987 ging es um die Frage nach der Unterrichtswirklichkeit von neun LehrerInnen, die in allen Schularten und -stufen tätig waren. Darüber hinaus hatte Anne Schwanken sich um männliche und weibliche, erfahrene und weniger erfahrene, jüngere und ältere, für das Fach Musik ausgebildete und nicht ausgebildete, es gleichwohl unterrichtende Lehrkräfte bemüht. In zwei Vorgesprächen entwickelte sie Gesprächsaspekte, die sie zu folgendem Fragenkatalog zusammenstellte:

> Was verstehen Sie unter 'Musik und Bewegung'?
> Haben Sie 'Musik und Bewegung' studiert - während der Ausbildung; privat?
> Praktizieren Sie 'Musik und Bewegung' - was, wie, wo, wann, wie oft, warum; warum nicht?
> Halten Sie 'Musik und Bewegung' für wichtig? Warum; warum nicht?
> Woher haben Sie Ideen für Ihre Musik- und Bewegungsstunden?
> Wie steht es mit Ihren KollegInnen?
> Wie reagieren Ihre SchülerInnen?
> Praktizieren Sie schon immer 'Musik und Bewegung'?
> Was ist Ihr Lieblingsthema im Musikunterricht? Warum?

Diesen Fragen voran stellte Anne Schwanken einige Fragen zur Person und zu deren institutionellen und persönlichen Bedingungen:

> In welchem Jahr sind Sie geboren?
> Welche musikalische Ausbildung haben Sie?
> In welcher Schulart unterrichten Sie?
> Wieviele Dienstjahre haben Sie?
> Wieviele Wochenstunden unterrichten Sie, wieviele davon Musik?
> Auf welchen Klassenstufen unterrichten Sie Musik?
> Wieviele Lerngruppen mit wievielen SchülerInnen im Durchschnitt?
> Musikraum? Ausstattung?

Die Anzahl der befragten LehrerInnen aus dem weiteren Umkreis von Oldenburg läßt selbstverständlich keine verallgemeinernden Aussagen und Erkenntnisse zu, deshalb erhebt die Untersuchung auch nicht den Anspruch, repräsentativ zu sein; sie wirft indes Fragen auf, deren Antworten und Ergebnisse zu einer umfassenden empirischen Studie anregen könnten.

*

(1)[17] Die 29jährige Lehrerin ist seit zweieinhalb Jahren an einer Sonderschule für Lernbehinderte tätig und die einzige Lehrkraft, die hin und wieder Musik unterrichtet, obwohl auch sie nicht dafür ausgebildet ist, sondern Musik lediglich als Hobby betreibt: Sie singt gern und spielt Klavier und möchte in ihrem Musikunterricht den lernbehinderten SchülerInnen vor allem ein musikalisches „Allgemeinwissen" vermitteln, aber auch viel mit ihnen singen; dabei spielt auch die Musik der Kinder, Rock- und Popmusik, eine wichtige Rolle. Dagegen praktiziert sie „Musik und Bewegung" nur sehr selten, dann auch nur mit jüngeren Kindern, und zwar hauptsächlich als „Musikhören und sich danach bewegen" sowie „Tanzen". Die älteren SchülerInnen, so ihre Erfahrungen, wollen das nicht, haben Hemmungen, und das überträgt sich auch auf sie selbst. Hinzu kommt der große organisatorische Aufwand. Dennoch hält sie den Bereich „Musik und Bewegung" für wichtig und betrachtet ihn, überzeugend realisiert, auch als einen Lustgewinn für die Schüler, insbesondere in einer Sonderschule; denn die bewegen sich und tanzen sehr gern. „Bei jüngeren SchülerInnen hilft es mir, musikalische Sachverhalte zu verdeutlichen. Außerdem hören sie aufmerksamer zu, wenn sie sich z.B. zu einem Lied bewegen."

(2) Die 38jährige Lehrerin unterrichtet erst ein halbes Jahr an einer Grundschule. Da sie dort die einzige Musikfachlehrerin ist, gibt sie nur Musikunterricht, in allen Klassen, mit Ausnahme der 1. Schuljahre. Außerdem leitet sie eine Tanz- und eine Blockflöten-AG. „Musik und Bewegung" heißt für sie, Musik in Bewegung umsetzen, ferner Tänze und Singspiele. Lied und Singen sind für sie zentral, aber sie hat die Erfahrung gemacht, daß ihre SchülerInnen „die Lieder durch die Verbindung mit Bewegung besser aufnehmen", und fügt hinzu: „Es ist wichtig, daß sie die Lieder nicht nur über den Kopf aufnehmen, sondern auch über andere Sinne. Außerdem haben sie viel Spaß dabei."

(3) Die 30jährige Lehrerin ist seit sechs Jahren in einem Privatgymnasium als einzige Musikfachlehrerin tätig und unterrichtet nur Musik auf allen Klassenstufen (5-13), überwiegend jedoch auf der Oberstufe. Ihr zweites Fach ist Sport, aber trotz dieser „idealen Fächerkombination" praktiziert sie „Musik und Bewegung" nur sehr selten; denn sie scheut sich davor. Zwar hat sie im Rahmen ihrer

---

[17] Die Reihenfolge der wiedergegebenen Gespräche folgt der zeitlichen Reihenfolge ihrer Entstehung.

Sportlehrerausbildung „Jazztanz" und „Bewegungsspiele" studiert, nicht jedoch „Musik und Bewegung" innerhalb ihres Musikstudiums. Von diesem Bereich hat sie allerdings eine sehr differenzierte Vorstellung und versteht darunter vor allem das Umsetzen von Musik in Bewegung und das Tanzen; aber in ihrem Musikunterricht kam das alles so gut wie gar nicht vor. Nur gelegentlich studiert sie z.B. in einem Oberstufenkurs ein Menuett ein, das dann auch getanzt wird, um „nicht nur darüber zu reden, sondern es auch zu machen". Und wo liegen die Gründe für die Zurückhaltung gegenüber dem Bereich „Musik und Bewegung"? Kein geeigneter Raum; die Pausenhalle ist zwar ideal dafür, aber Lehrer und SchülerInnen in den angrenzenden Klassenräumen werden zu sehr gestört; zu wenig Zeit; Abiturvorbereitungen gehen vor. Gleichwohl mißt die Gymnasiallehrerin der Verbindung von Musik und Bewegung große Bedeutung bei, weil die SchülerInnen durch sie „tiefergehende Erfahrungen" machen und ihre Gefühle ausleben können. „Es werden mehrere Sinne angesprochen, nicht nur der Kopf, besonders bei den Rhythmusübungen und bei der Notenlehre..." Aber „ich müßte mich mehr vorbereiten. Es wäre zu viel Arbeit; außerdem erfordern derartige Stunden einen wesentlich größeren organisatorischen Aufwand", vor allem aber:

> „Die älteren SchülerInnen - und ich auch - haben Hemmungen. Ich habe Angst, daß die SchülerInnen lachen und es nicht annehmen. Ich glaube, sie kommen sich komisch vor. Es ist für mich schwierig, sicher aufzutreten. Ich komme mir lächerlich und kindisch vor. Ich kann mich so schwer auf dieses Kindliche einlassen. Mit jüngeren SchülerInnen kann ich mir das gut vorstellen. Das sind Kinder, sie mögen das Sichbewegen, im Zusammenhang mit Musik. Die Pubertierenden aber wollen gerade von diesem Kindlichen sich lösen. Ich glaube, sie fühlen sich genau so unwohl dabei wie ich. Ich fühle mich so beobachtet; es sind Bewegungen, die so fremd sind und die man sonst nicht macht."

(4) Die 31jährige Lehrerin, fünfeinhalb Jahre an einer Orientierungsstufe und einer Realschule, ist dort die einzige Fachlehrerin und unterrichtet deshalb fast nur Musik (Jg. 6-10). Ihre Vorliebe gilt dem Instrumentalspiel, und dafür ist das Schulzentrum sehr gut ausgestattet: zwei geeignete Musikräume und ein reichhaltiges Instrumentarium. Demgegenüber findet sie zum Bereich „Musik und Bewegung", zu dem sie hauptsächlich Tanzen, Umsetzen von Rhythmen in Bewegung, Pantomime zu Musik, Musikspiele (auf Musikzeichen mit Bewegungsabläufen reagieren; sich mit Trommeln unterhalten) rechnet, nur schwer Zugang:

„Ich mag das sowieso nicht und habe wenig Erfahrung damit. Ich fühle mich unsicher. Auch habe ich dazu keine Ideen und greife höchstens das auf, was zufällig in den Musiklehrbüchern steht." Auch sind ihre Musik- und Bewegungs-Stunden zu unruhig: „Die SchülerInnen sind dann nur schwer zu handhaben, sind unruhig. Das kostet mich zu viel Kraft. Immerhin habe ich von meinen 26 Stunden 14 Stunden Musik, und eine Musikstunde reicht dann auch gar nicht aus bei dem organisatorischen Aufwand."

Dennoch hält sie „Musik und Bewegung" für sehr wichtig, weil die SchülerInnen über Bewegung ein Gefühl für Musik bekommen:

„Sie können dann das Musikgefühl besser nachempfinden; denn es ist wichtig, daß sie sich einschwingen, bevor sie anfangen zu musizieren. Das innere Vorstellen und die Bereitschaft werden gefördert, und außerdem ist es ein gutes Rhythmustraining."

(5) Auch der 34jährige Lehrer, seit eineinhalb Jahren an einem Schulzentrum mit Orientierungsstufe und Hauptschule tätig, ist dort die einzige Musikfachkraft - seit 10 Jahren - und unterrichtet von seinen insgesamt 20 Wochenstunden 17 Musik in den Jg. 5-9. Zunächst hatte er allerdings einen Klassenraum in einen Musikraum verwandeln und diesen ausstatten müssen. Zwar möchte er, soweit wie möglich, für Schülerwünsche offen sein, aber da er „keine Beziehung zum Tanzen und zum Einstudieren von Tänzen" hat, fühlt er sich auch nicht in der Lage, „das spontane Bewegungsbedürfnis der SchülerInnen zu lenken und auszubauen." Und „da viele Themen im Musikunterricht möglich sind, sucht sich ein Lehrer logischerweise aus, was ihm liegt", und das ist bei ihm das Singen; das spielt eine bedeutende Rolle in seinem Unterricht.

„Alle Klassen mögen es gern. Es ist die problemloseste Möglichkeit, die SchülerInnen tätig sein zu lassen. Gern mag ich auch Instrumentenkunde, und meistens verbinde ich die Lernbereiche miteinander."

Gleichwohl hält auch er den Bereich „Musik und Bewegung" für wichtig; denn

„Musikmachen ist mit Bewegung verbunden. Der Körper, körperliche Erfahrung, ob bewußt oder unbewußt, gehören dazu. Musik in Verbindung mit Bewegung bewirkt, daß die SchülerInnen mehr beteiligt sind. Es ist dann nicht so trocken, und das Gemeinschaftserlebnis ist intensiver."

(6) Der 48jährige Lehrer mit Hauptfach Musik, seit 27 Jahren im Schuldienst, unterrichtet seit langem in einem Schulzentrum mit Orientierungsstufe, Haupt-

und Realschule, jedoch nur auf den Klassenstufen 7-10, und zwar hauptsächlich Musik. Im Mittelpunkt seines Musikunterrichts steht der Rhythmus:

> „Ich gehe von ihm aus: Rhythmus und Harmonie, Rhythmus und Melodie, Rhythmus und Körper- bzw. Raumbewegung, Rhythmus und Tempo - das Rhythmische ist für mich die musikalische Grundaussage."

Mit der Verbindung von Musik und Bewegung hat der Lehrer sehr viel Erfahrung:

> „Ich mache das sehr häufig in meinem Unterricht. Ich spiele viel. Musik ist Bewegung. Um einen Klang oder Musik zu erzeugen, muß man sich bewegen. Wenn SchülerInnen 10 Minuten lang einen Rhythmus spielen, erleben sie ihn, sie erfahren ihn körperlich."

Musik und Bewegung nahmen aber nicht immer einen so breiten Raum in seinem Unterricht ein:

> „Früher habe ich das nicht so oft gemacht. Anregungen erhielt ich hauptsächlich als Kontaktlehrer von Studenten, außerdem durch das Feedback der Kinder. Bestimmte Schrittfolgen bei Tänzen habe ich aus Musiklehrbüchern."

Musik und Sport haben nach seiner Ansicht den gleichen Rang in der Schule, sind gleich wichtig; denn:

> „Die Menschen bewegen sich wenig, deshalb ist Sport in der Schule so wichtig. Die Menschen hören viel Musik, werden sogar dauerberieselt. Deshalb muß die Schule anders mit ihr umgehen. Und Bewegung bewirkt, daß die SchülerInnen besser zuhören, weil sie etwas machen. Sie nehmen aktiv teil - anders als beim passiven Hören wie sonst in ihrer Freizeit. Und sie lernen z.B. Musiktheorie besser und nachhaltiger, weil sie dabei körperliche Erfahrungen machen. Dadurch begreifen und behalten sie es besser als nur über den Kopf. Und sie sollen und können sich dabei beobachten und ihre Gefühle ausleben."

(7) Der 37jährige Lehrer an einer Sonderschule für Lernbehinderte unterrichtet seit 14 Jahren auch Musikunterricht, obwohl dafür nicht ausgebildet, derzeit in den Jahrgängen 4, 7 und 9; er hat aber Erfahrungen damit in allen Jahrgängen. Seine musikalischen Fähigkeiten hat er sich als Hobby-Tanzmusiker 12 Jahre lang und während seines postgradualen Sonderpädagogikstudiums in einem zweisemestrigen Rhythmusseminar erworben; außerdem nahm er an einer Multipli-

katoren-Ausbildung teil. Musikunterricht ohne Bewegung kann sich der Lehrer nicht vorstellen.

„Es gehört für mich dazu. Alles gehört zusammen. In meinem Musikunterricht soll immer von allem etwas drin sein: Hören, Singen, Bewegung und Instrumentalspiel. Dabei findet immer Bewegung statt. Schon bei der Klangerzeugung benötigt man Bewegung."

Als Ursache für seine „Sicherheit im Bereich Musik und Bewegung" sieht er seine langjährige Berufspraxis und das Vertrauen zwischen ihm und seinen SchülerInnen.

„Am Anfang habe ich das nicht gemacht. Die Anregung kam durch das Rhythmusseminar. Aber es gehört auch viel Erfahrung dazu. Ich werde immer sicherer - sowieso und weil ich die SchülerInnen kenne und die mich. Ich bin schon lange an dieser Schule. Zuerst habe ich das nur mit jüngeren Schülern gemacht. Mittlerweile scheue ich mich nicht mehr, es auch mit den Klassen 9/10 zu machen. Die haben Spaß daran. Aber es geht nicht mit allen Klassen, z.B. mit schwierigen oder chaotischen, die gibt es immer wieder. Wenn ich morgen an eine andere Schule käme, wäre ich vorsichtig, da hätte ich bei neuen Schülern Angst und würde langsam rangehen. Aber sicher würde mir meine lange Erfahrung helfen."

Diese Erfahrungen hätten ihn auch gelehrt, daß Bewegung ein natürliches Bedürfnis von Kindern ist:

„Wenn dieses Bedürfnis bei Kindern fehlt, dann läuft etwas schief bei dem Kind. In der Schule wird dies Bedürfnis unterdrückt. Wir haben Probleme mit den SchülerInnen, weil wir sie dazu bringen wollen, ganz ruhig zu sein. Das geht nicht. Ich selbst kann doch auch nicht die ganze Stunde hindurch am Pult sitzen, ohne mich zu bewegen. Wenn sie sich sonst schon nicht bewegen dürfen, dann wenigstens im Musikunterricht oder beim Sport. 'Musik und Bewegung' gehören für mich zusammen. Musik löst Bewegung aus. Zur Persönlichkeitsbildung gehört 'Musik und Bewegung'."

(8) Der 45jährige Lehrer ist seit 19 Jahren im Schuldienst und unterrichtet seit 10 Jahren an einem Schulzentrum für die Sekundarstufe II ausschließlich Musik (11.-13.Schj.). Für ihn ist „Musik und Bewegung" in erster Linie ein Prinzip, ein Ansatz, der von der Bewegung bei Instrumentalspiel über „Rhythmus" bis zum Tanzen reicht.

„Wir haben in unserer Kultur keinen Bezugspunkt zu 'Musik und Bewegung' und können uns, außer Tanzen, darunter nichts vorstellen."

Der Lehrer bezieht „Musik und Bewegung" häufig in seinen Unterricht ein, allerdings weniger in den normalen Musikunterricht als in Projektgruppen und Arbeitsgemeinschaften. Ein Beispiel:

„Wenn es auf der Kursstufe 11 um Parameter und Rhythmus geht, arbeite ich häufig mit Bewegung. Und bei lateinamerikanischen Rhythmen z.b. geht es nicht ohne körperliches Fühlen. Wenn ich da nur zähle, also denke, klappt's nicht. Aber für die SchülerInnen ist es schwer, sich am Körper zu orientieren; wir sind eben so sozialisiert, daß wir uns primär am Denken orientieren."

Ein anderes Beispiel:

„In zwei AGs zu den Musicals 'Hello Dolly' und 'My fair Lady' haben wir auch Bühnentänze gemacht und sogar mal versucht, selbst ein Musical zu machen. Es war ein geschichtlicher Abriß mit Tänzen als Ausgangspunkt - von Pavane und Menuett über Walzer und Charleston bis Rock und Disco-Tanz, haben es aber aus verschiedenen zeitlichen und organisatorischen Gründen nicht zu Ende gekriegt."

Allerdings ist für den Lehrer „Musik und Bewegung" nicht nur ein praktischer Bereich:

„Schüler sollen auch eine kulturhistorische, eine ästhetische Position dazu gewinnen. Wir tun es, und wir sprechen darüber. Es gehört im Gymnasium dazu, daß die SchülerInnen auch darüber schreiben, z.B. über die gesellschaftliche Bedeutung des Walzers. Der Zugang Jugendlicher zur Musik ist körperlich, aber bei Kunstmusik ist das schwierig. Aber auch Beethovens Musik wurde körperlich empfunden. Die SchülerInnen sollen das nicht nur hören, sondern auch erleben, z.B. die Spannung in solcher Musik; dann bekommen sie auch einen Bezug und einen Zugang zu ihr."

Der Lehrer hat die Erfahrung gemacht, daß in Stunden, in denen die Musik mit körperlicher Bewegung verbunden wird, „die Atmosphäre in der Gruppe von entscheidender Bedeutung" ist:

„SchülerInnen wollen sich anfangs nicht präsentieren. Aber wenn's dann klappt, finden sie es toll. Mädchen sind i. allg. aufgeschlossener dafür als Jungen. Das Ganze hängt aber vor allem von der Gruppendynamik ab. Wenn's einige erst mal machen, dann kommen die anderen schließlich auch dazu. Natürlich gibt es Sprüche und Gekicher, und sie tun sich sehr schwer, aber durchs Üben miteinander kommen sie dann in der Regel zu einer sachlichen Einstellung dazu."

Der Lehrer hatte während seines Schulmusikstudium vier Semester lang ein Rhythmikseminar besucht und diese Erfahrungen von Anfang an in seinen Unterricht einbezogen, aber natürlich im Laufe der Jahre immer noch dazugelernt; die meisten Anregungen bekam er jedoch durch die Lerngruppen, aus Zeitschriften allenfalls mal ein paar neue Ideen. Und welche Bedeutung hat für ihn „Musik und Bewegung"?

„Es ist ein Ansatz, um einen Bezug zum Rhythmus zu bekommen. Der Weg über den Körper ist ein wesentlich besserer Weg als nur über den Kopf und nur übers Gehör. Die Wahrnehmungsfähigkeit wird intensiviert, dann ist auch die Reflexion danach besser. Die Inhalte sollten sowieso nicht losgelöst von Emotionen sein."

(9) Die 42jährige Lehrerin ist seit 20 Jahren im Schuldienst und unterrichtet an einer Grundschule. Derzeit führt sie eine 2. Klasse und unterrichtet dort Musik, obwohl sie dafür nicht ausgebildet ist. Deshalb macht sie mit den Kindern Musik im Rahmen des Gesamtunterrichts. Dabei ist „Musik und Bewegung" ein wesentlicher Bestandteil, auch deshalb, weil sie weder ein Instrument spielt noch gern singt.

„'Musik und Bewegung' ist ein Teil von Bewegung im Unterricht allgemein. Es ist ein starkes Gegengewicht zur 'Leistung', eine Art Entspannung für den Kopf. Wenn ich merke, die SchülerInnen können nichts mehr aufnehmen, unterbreche ich, und wir machen etwas anderes. Oft bewegen wir uns zunächst einmal und tanzen z.B."

„Musik und Bewegung" ist für die Lehrerin „Musik, durch Körpersprache unterstützen und ausdrücken", außerdem „Tanzen"; Beispiele: „auf Klänge reagieren; im Raum gehen, ohne anzustoßen; Pantomime; Naturereignisse darstellen; Konzentrationsübungen". Kinder brauchen Bewegung, auch und gerade im Unterricht; deshalb sei, besonders für Grundschüler, „Musik und Bewegung" so wichtig.

„Unbewußt machen viele Kinder automatisch Bewegungen zu Musik. Das ist für mich ein Zeichen, daß 'Musik und Bewegung' bei ihnen noch natürlich ist. Aber wenn ich es ihnen bewußt mache, stoppen sie; einige wollen dann gar nicht mehr. Deshalb müssen, so meine ich, Grundschüler auch lernen, sich bewußt zur Musik zu bewegen und sich körperlich auszudrücken, mit dem ganzen Körper."

Aber so ganz leicht ist es nicht, diesen Bereich zu unterrichten:

„Zunächst sind natürlich alle interessiert. Einige machen auch sofort mit, andere dagegen brauchen lange bis zum Mitmachen, z.B. bei Rollenspielen; da können dann Masken helfen. Einige kriechen unter den Tisch, andere sind albern und übertreiben die Bewegungen. Am besten geht es im 2. und im 3. Schuljahr; die Jüngeren im 1. kennen sich noch nicht genug, und die Älteren im 4. sind schon in der Vorpubertät. - Ich kenne kein Mädchen, das sich weigert, aber Jungen schon. Vor allem ausländische Jungen haben Schwierigkeiten, sich körperlich auszudrücken."

Die Lehrerin hatte schon als Studentin viel von ihrer Mentorin gelernt und übernommen und gleich zu Beginn auch „Musik und Bewegung" in ihren Unterricht einbezogen; auch auf Lehrerfortbildungskursen hat sie manches dazugelernt. Außerdem läßt sie sich aus Büchern und anderen Publikationen anregen, übernimmt das aber nicht genau; denn die meisten Anleitungen sind, zumindest für sie, viel zu kompliziert; „das sind Ideensammlungen. Fachzeitschriften lese ich überhaupt nicht."

6. Zusammenfassung

Alle - die Rahmenrichtlinien, die Autoren der Beiträge in den Fachzeitschriften und die befragten LehrerInnen - messen der Verbindung von Musik und Bewegung eine große oder sogar sehr große Bedeutung für den schulischen Musikunterricht bei; dies, vor allem, in musikalischer und anthropologischer als auch in lernpsychologischer und didaktisch-methodischer Hinsicht. Indes, „Musik und Bewegung" und Musikunterricht stehen zueinander in einem komplexen Spannungsverhältnis, das aus den hohen Ansprüchen einerseits und den schulischen und personalen Möglichkeiten und Gegebenheiten anderseits resultiert. Die Verbindung von Musik und Bewegung im Unterricht ist trotz Einsicht und Überzeugung der LehrerInnen nicht selbstverständlich, sondern hängt stark ab von deren Vorlieben, Interessen, Fähigkeiten, Erfahrungen und Einstellungen. Prinzipielle Schwierigkeiten ergeben sich darüber hinaus aus institutionellen und personellen Bedingungen wie Schülervoraussetzungen, Klassenstärken, Unterrichtsorganisation, Raumverhältnissen, schulbedingten Arbeits- und Umgangsformen. Ganz entscheidend aber sind gerade in diesem Lernbereich das menschliche Miteinander, die Arbeitsatmosphäre und das Vertrauensverhältnis zwischen SchülerInnen und LehrerInnen. Das alles aber kann sich, falls überhaupt, nur sehr allmählich herausbilden; der häufig einstündige Fachunterricht, oft genug immer wieder jahrelang unterbrochen, bietet dafür keine günstigen Voraussetzungen. Gerade weil „Musik und Bewegung" ein sehr weitgespanntes und offenes Thema ist, ein Bereich, der mit ganzheitlicher Erziehung, ganzheitlichem Lernen, Ganzheit des Menschen verbunden ist, brauchen die LehrerInnen realistische, praktische Unterrichtsvorschläge; und daran mangelt es sehr. Berichte über gelungene Aufführungen und Experimente helfen allein nicht weiter, sie können sogar abschrecken. Statt dessen wären Berichte über tatsächliche Versuche, auch über Fehlschläge und deren mögliche Gründe und Ursachen, um so dringender. Sie könnten Mut machen zum Ausprobieren, Experimentieren und zum Sammeln von eigenen Erfahrungen; sie sind wichtig, um Ängste, Hemmungen und Unsicherheiten abzubauen. Die Gespräche mit den LehrerInnen machten Grenzen, aber auch realistische Möglichkeiten in diesem Lernbereich deutlich. Deren Verwirklichung setzt allerdings zweierlei voraus: Bescheidenheit in der jeweiligen Zielsetzung und Geduld. Aber gilt das letztlich nicht für alle Lehr- und Lernprozesse?

PS: Im Anschluß an dieses Referat führte Renate Müller ihr Konzept „Rock- und Poptanz im Musikunterricht" vor, das sie bereits 1985 beschrieben hat.[18] Die in ihrem Tagungsbeitrag skizzierten Überlegungen hierzu ergänzte sie durch einige praktische Beispiele, anhand derer die Tagungsteilnehmer an sich selbst und in der Gruppe erfahren konnten, daß es sich hier um einen didaktisch-methodischen Ansatz handelt, der zumindest für solche Musiklehrer praktikabel ist, die in diesem Bereich kompetent sind, der aber auch über den Aspekt Rock- und Poptanz hinauszuweisen verspricht, der aber, vor allem, die pädagogisch-soziale Dimension der Schüler berücksichtigt.

Prof. Dr. Ulrich Günther
Husbrok 4
2900 Oldenburg

---

[18] R. Müller: Rockmusik und Tanz im Musikunterricht, in: G. Kleinen/W. Klüppelholz/W.D. Lugert (Hg.): Rockmusik. Musikunterricht Sekundarstufen, Düsseldorf 1985, S. 95 ff.

Rock- und Poptanz im Musikunterricht.
Musikpädagogische Aspekte

RENATE MÜLLER

> „... eher scheinen wir uns noch im Vorfeld zu befinden"
> Günther Noll

1. Warum Rock- und Poptanz im Musikunterricht?

Musikalisches Lernen findet nicht nur in der Schule statt: Der musikalische Kenntnisstand, musikalische Präferenzen und Umgehensweisen mit Musik werden weitgehend in der außerschulischen sozialen Welt der Schüler geprägt; Vorbehalte gegenüber musikalischen Erscheinungsformen und Umgehensweisen mit Musik werden hier erworben. Bei diesen Prozessen musikalischer Sozialisation handelt es sich nicht um Lernprozesse, die von Pädagogen geplant wurden.

Organisierte Lernprozesse haben den Lernstand der Schüler zu berücksichtigen. Dies ist eine pädagogische Binsenweisheit. Das heißt für die Musikpädagogik, daß sie sich mit der musikalischen und sozialen Welt der Schüler auseinanderzusetzen hat: theoretisch, empirisch, didaktisch, unterrichtspraktisch. Dies hat nicht in abwertender Haltung zu geschehen, um die Jugend auf den „rechten" Weg zu bringen. Jugendliche lassen sich nicht einfach von ihrer musikalischen Kultur wegerziehen, die in ihrer sozialen Welt verankert ist. Insofern hat gerade eine ethnozentrisch auf ihre eigene Musikkultur beschränkte Musikpädagogik keine Chance, Vorbehalte von Jugendlichen gegenüber musikalischen Erscheinungsformen und Umgehensweisen mit Musik aufzuheben.

Das bedeutet nicht die musikpädagogische Resignation gegenüber dem Schülergeschmack und somit die unkritische Verlängerung der außerschulischen Musikerfahrungen Jugendlicher in die Schule. Musikpädagogik muß in der musikalischen und sozialen Welt Jugendlicher Anknüpfungspunkte für einen Musikunterricht finden, der ihre Umgehensweisen mit Musik in den Musikunterricht einbezieht und erweitert. Das ist möglich, wenn die Herangehensweisen Jugendlicher an Musik als gleichberechtigte Zugänge zur Musik neben anderen akzeptiert werden. Diese Akzeptanz läßt sich nicht kurzfristig vortäuschen, um sodann mit erhobenem Zeigefinger zu höherbewerteten Genres und musikalischen Umgehensweisen überzugehen.

Tanz zu Rock- und Popmusik nimmt einen besonders hohen Stellenwert in der musikalischen und sozialen Welt von Jugendlichen ein. Rock- und Poptanz im Musikunterricht ist ein besonders geeigneter Ausgangspunkt musikpädagogischer Bemühungen:

Tanzen zu Rock- und Popmusik im Musikunterricht geht von der Bewegungsfreude, den Bewegungsformen und der Musik der Schüler aus.

Freude bildet den Ausgangspunkt musikalischer, motorischer und sozialer Lernprozesse. Die Freude am Körper wird von der Musik verstärkt; die Freude an der Musik wird in Körperbewegung umgesetzt.

Tanz ist zum einen intensive körperbezogene, gefühlsbetonte, nonverbale Auseinandersetzung mit Musik; Tanz ist zum anderen, etwa bei komplexen Gestaltungsaufgaben (Choreographieren), intensives kognitiv-analytisches Umgehen mit Musik, das darüber hinaus sprachliche Auseinandersetzung mit Musik erforderlich macht.

Tanzen zu Rock- und Popmusik motiviert die Schüler zu sehr intensiver und ausdauernder Auseinandersetzung mit musikalischem Material, mit den Partnern, mit Bewegungsformen. Z.B. arbeiten Jugendliche beim selbständigen Gestalten von Choreographien in Arbeitsgruppen oder im Klassenverband intensiv und ausdauernd an den Umsetzungsmöglichkeiten stilistischer, formaler und inhaltlicher musikalischer Merkmale in Bewegung. Damit erschließt die Schule den Schülern einen Erfahrungsbereich, in dem sie sich engagieren können. Das ist zum einen notwendig, damit Jugendliche positive Erfahrungen mit ihrem individuellen Leistungsverhalten machen. Diese positiven Erfahrungen lassen sich dadurch verstärken, daß die Jugendlichen ihre Arbeitsergebnisse in Form von Aufführungen präsentieren. Zum anderen muß die Schule solche Erfahrungsbereiche anbieten, damit Jugendliche lernen, wie man lernt.

Tanzen zu Rock- und Popmusik in der Schule ist ein Ernstfall: es ist keine fiktive Situation wie z. B. das Rollenspiel, und es ist keine künstliche Situation, wie Schule sie im Regelfall darstellt. Vielmehr ist Rocktanz in der Schule eine reale musikalische Handlung in einer realen sozialen Situation.

Tanzen zu Rock- und Popmusik motiviert die Schüler gleichermaßen, neue Bewegungsformen und neue soziale Verhaltensweisen zu erproben, d.h. aus stereotypen Bewegungs- und Verhaltensmustern auszubrechen.

Tanzen zu Rock- und Popmusik im Musikunterricht ist handlungsorientiertes Lernen. Wissen über den Gegenstand wird durch handelndes Umgehen mit ihm erworben. Wenn z.B. zu einem Musikstück getanzt wird, das verschiedene Musik- und Tanzstilrichtungen miteinander verknüpft, werden diese Stile im Unterricht thematisiert und die popmusikalischen Traditionen beleuchtet, in denen sie stehen. Damit wird die musikalische Umwelt der Schüler erhellt.

Ihr Körper ist das Instrument, mittels dessen Jugendliche musikalische Erfahrungen machen und ausdrücken können. Das ist vor allem bedeutsam für diejenigen, die zum Erlernen des Instrumentalspiels kaum eine Chance haben, weil finanzielle, soziale und motivationale Gründe dem entgegenstehen. Somit verfügen sie kaum über musikalische Ausdrucksmittel. Jugendliche können durch den Einsatz ihres Körpers bei der Umsetzung von Musik in Bewegung durchaus zu einem eigenständigen musikalischen Ausdruck kommen, der sowohl für die Ausführenden selbst ein Erfolgserlebnis darstellt als auch für Zuschauer attraktiv ist. Insofern wird beim Tanzen im Musikunterricht die schöpferische Auseinandersetzung mit Musik gefördert. Außerdem sind die Jugendlichen intensiv um die Erweiterung der eigenen Bewegungskompetenz bemüht und machen mit den eigenen Fortschritten die Erfahrung, daß der Erwerb von Techniken der Körperbeherrschung sinnvoll ist.

Körperbezug eröffnet Jugendlichen Zugänge zur Musik, die vielen von ihnen sonst eher versperrt wären: die intensive und zunehmend aufgeschlossene, differenzierte und schöpferische Auseinandersetzung mit Musik. Sie lernen, sich auf ungewohnte Musik einzulassen und kognitiv-analytisch, verbal und kreativ mit Musik umzugehen und musikalische Entscheidungen zu treffen.

2. *Zur Legitimation des Tanzens*

Die Argumentation für Rock- und Poptanz im Musikunterricht ist als Diskussionsgrundlage zu verstehen und nicht als eine Legitimationsbasis dafür, im Musikunterricht zu Rock- und Popmusik zu tanzen.

Demgegenüber scheint Musikpädagogik sich gerne unter Legitimationsdruck zu setzen, vor allem dort, wo für die Einbeziehung anderer Genres als Kunstmusik, z.B. Rockmusik, und anderer Umgehensweisen mit Musik als Hören und Musizieren, z.B. Tanzen, in den Musikunterricht argumentiert wird. Unter besonderem Legitimationsdruck befinden sich daher Versuche, das Tanzen zu Rockmusik in den Musikunterricht einzubeziehen. Möglicherweise deswegen gibt es weder eine musikpädagogische noch eine tanzpädagogische Hinwendung zu Tanz und Bewegung nach Rock- und Popmusik. Selbst in Didaktiken zur populären Musik im Unterricht wird Tanzen weitgehend sowohl konzeptionell als auch unterrichtspraktisch ausgeklammert. Dem Tanzen zu Rock- und Popmusik als Unterrichtsthema haftet der Ruch des totalen Kotaus vor den Schülern an, des musikpädagogischen Ausverkaufs.[1] Das Tanzen Jugendlicher nach Rockmusik steht in dem Ruch der Nervenkrankheit.[2] Ekstatisches Musikerleben ist in der Musikpädagogik tabuisiert[3], und es wird mit Eskapismus gleichgesetzt (Wiechell 1975, 7 ff; 1977, 177 f).[4] Demgegenüber betrachtet Schütz Rocktanz als Ekstasetechnik, die nicht als Flucht vor der Realität, sondern als mutige Auseinandersetzung mit ihr begriffen wird (Schütz 1988, 104), zu der die Schüler im Musikunterricht befähigt werden sollen (ebd., 105).[5]

Wer unter Legitimationsdruck steht, läuft Gefahr, sich darauf einzulassen und läuft in eine Sackgasse: er bemüht sich um einen auf den oberflächlichen Blick plausiblen Rekurs auf eine legitimatorische Basis. Das Haltmachen der argumentativen Diskussion an Punkten, auf die legitimierend rekurriert wird, ist im

---

[1] Darüber hinaus muß sich der Verfechter von Rock- und Poptanz im Musikunterricht mit Stereotypen wie „Tanzen zu Rock- und Popmusik im Musikuntericht ist ein Selbstgänger" und „Die Kids fahren alle auf dieselbe Musik ab" auseinandersetzen. Daß diese Stereotypen nicht zutreffen, ist den Ausführungen unter 3. zu entnehmen.

[2] „Andere, bei denen die hämmernden Ostinati alle motorischen Hemmungen weggeschwemmt haben, bewegen sich veitstanzhaft" (Wiechell 1975, 42).

[3] Noll vermutet, daß darauf die Zurückhaltung der Musikpädagogik dem Tanz gegenüber zurückzuführen sei (Noll 1988, 405).

[4] Es erscheint übertrieben und unrealistisch zu befürchten, beim Tanzen im Musikunterricht kämen Ekstase oder Trance auf. Wir schließen uns der sorglosen Position Nolls an: „Natürlich 'macht Tanzen Spaß 'und führt auch teilweise zu entfesselter Freude. Tanzen ist aber mehr als das und stellt auch eine spezifische Form musikalischen Lernens dar, das letztlich einen hohen Grad an geistiger Konzentrationsfähigkeit und körperlicher Geschicklichkeit entwickelt bzw. voraussetzt" (Noll 1988, 405).

[5] Rekurriert Schütz auf Platon (Schütz 1988, 103 f), um die musikpädagogische (und gesellschaftliche) Brisanz seines Ansatzes ein wenig zu dämpfen?

mer vorschnell, voreilig, weil es keine Instanz gibt, die uns verläßlich angibt, wann wir an Endpunkten der Legitimationssuche angekommen sind. Es gibt kein Kriterium dafür, wann wir diejenigen Legitimationsgrundlagen im Griff haben, die selbst nicht mehr hinterfragt werden müssen. Die Suche nach letzten Entscheidungsgründen ist vergeblich (Aldrup 1971, 105 ff). Stattdessen wird hier vorgeschlagen, im Rahmen eines musikpädagogischen Forschungsprogrammes „Rock- und Poptanz" Argumente für Rock- und Poptanz im Musikunterricht einer systematischen Kritik durch Konfrontation mit Alternativen und durch empirische Überprüfung zu unterziehen.

Ein Beispiel für einen erfolglosen Begründungsversuch dafür, im Musikunterricht zu tanzen, ist die folgende Legitimationsstrategie:

Der Mensch habe ein ursprüngliches Bedürfnis nach körperlicher Bewegung zu Musik (Schütz 1988, 103); es dokumentiere sich darin, daß in allen Kulturen getanzt werde und daß Kinder aller Kulturen sich spontan zu Musik bewegen (Amrhein 1988, 83). Dem stehe die Unterdrückung der Körperlichkeit in der abendländischen Musikkultur entgegen (Blaukopf 1974, 56; Amrhein 1988, 82; Schütz 1988, 102). In den trotz aller Körperfeindlichkeit immer wieder entstehenden Formen körperlicher Musik dokumentiere sich ebenfalls das Bedürfnis nach körperlicher Bewegung zur Musik (Blaukopf 1974, 56; Amrhein 1988, 82; Schütz 1988, 102). Von diesem Bedürfnis her müsse sich Musikpädagogik legitimieren (Amrhein 1988, 83); weil Tanzen somit das Individuum in Einklang mit seinen Bedürfnissen bringe, solle es verstärkt in den Unterricht einbezogen werden (Schütz 1988, 101).

Die Argumentation, im Musikunterricht müsse getanzt werden, weil körperliche Bewegung ein wesentliches menschliches Bedürfnis sei, schließt vom Sein auf das Sollen: Der Mensch will tanzen bzw. hat das Bedürfnis zu tanzen, also soll im Musikunterricht getanzt werden. Das Vorhandensein des Bedürfnisses nach Bewegung zu Musik wird aber nicht geprüft, sondern für evident gehalten. Daher scheint es sich hier um eine zirkuläre Argumentation zu handeln, bei der eigene Wertvorstellungen (der Mensch soll tanzen) in die Realität projiziert werden (der Mensch hat das Bedürfnis zu tanzen) , um daraus Normen abzuleiten (im Musikunterricht soll getanzt werden).[6]

---

[6] Darüber hinaus sei angemerkt, daß der Mensch eine ganze Reihe von Bedürfnissen hat, denen nicht schon durch ihre bloße Feststellung die Dignität eines Unterrichtsgegenstandes zukommt. Schon gar nicht muß jedes Bedürfnis im Unterricht ausgelebt oder befriedigt werden.

3. Ziele, Inhalte, Unterrichtsstrategien und methodisches Arrangement

Musikpädagogisch fruchtbar ist nicht jede tanzpädagogische Konzeption. Vielmehr sind die hier angestrebten musikalischen Lernprozesse an Ziele, Inhalte und methodische Arrangements gebunden, die auf einer sozialisationstheoretisch orientierten Unterrichtsstrategie des Tanzens zu Rock- und Popmusik im Musikunterricht basieren (Müller 1985):

Diese geht davon aus, daß Umgehensweisen mit Musik und Einstellungen zur Musik Ergebnisse von Prozessen musikalischer Sozialisation sind. Wenn bestimmte Umgehensweisen mit Musik und Einstellungen zur Musik durch Musikunterricht gefördert bzw. entwickelt werden sollen, muß Musikunterricht als Prozeß musikalischer Sozialisation geplant werden, d.h. musikalische und soziale Lernprozesse müssen verknüpft werden. Wenn musikalische Lernprozesse Jugendlicher nicht an soziale Lernprozesse gebunden werden, bleiben sie wirkungslos: die Restriktivität jugendlicher Peergruppenbeziehungen behindert Aufgeschlossenheit gegenüber unbekannten musikalischen Erscheinungsformen und ungewohnten Umgehensweisen mit Musik.

Die entsprechende Unterrichtsstrategie besteht darin, musikalisches Lernen, soziales Lernen und Bewegungslernen miteinander zu verknüpfen. Dabei werden die Musik der Schüler und die Bewegungsformen der Schüler zum Ausgangspunkt des Tanzens im Musikunterricht gemacht.

Die Verknüpfung sozialer, bewegungsbezogener und musikalischer Lernprozesse muß methodisch arrangiert werden. Wir gehen nicht davon aus, daß die angestrebten Lernprozesse von selbst über die bildende Kraft von Musik, Bewegung, Gemeinschaft ablaufen. Demgegenüber verstehen wir die Herstellung einer nichtrestriktiven Interaktionssituation der Schüler untereinander und zwischen Schülern und Lehrer im Musikunterricht als eine Voraussetzung für musikalische und bewegungsbezogene Lernprozesse.

Zu den sozialen Lernprozessen, die geplant werden, gehören der Abbau von Ängsten und Hemmungen, die Förderung von Kontaktfreude, von sozialer Sensibilität, von Kooperationsfähigkeit und Toleranz, von Ausdauer und Selbstbewußtsein. Auch soll die Fähigkeit gefördert werden, Tanz als Ausdrucksmittel zur Kommunikation einzusetzen. Ängste und Hemmungen behindern die angestrebten Lernprozesse. Sie werden nicht automatisch abgebaut, indem zu Rock- und Popmusik getanzt wird. Insofern ist nicht jede tanzpädagogische Konzeption praktikabel: Die bei Lehrern und Schülern durchaus vorhandenen Ängste und Hemmungen, wie Günther sie darstellt[7], müssen als pädagogische Probleme aufgefaßt und als solche im Unterricht systematisch berücksichtigt werden; sie sind erklärbar und veränderbar.[8]

Die Musikauswahl an den Schülern zu orientieren heißt nicht, die Musikauswahl auf den Schülergeschmack zu beschränken. Vielmehr sollen die Schüler aufgeschlossener werden gegenüber Musik verschiedener Genres und Stile. Ansatzpunkt zur Arbeit an diesem Lernziel bietet die Tatsache, daß es nicht *die* Musik der Schüler gibt, sondern es gibt z.T. sehr heftig gegeneinander abgegrenzte Präferenzunterschiede zwischen Jugendlichen. Dabei bedeutet die Verschiedenheit der Präferenzen (z.B. für deutsche Rockmusik, für Hitparadenmusik, für Hard Rock/Heavy Metal, für Funk/Rap/HipHop) die Zugehörigkeit zu verschiedenen Subkulturen.

Tanz bietet musikalische Erfahrungen verschiedener Art: Musik wird als Bewegungsimpuls, als Träger von Bewegung, als Hilfe beim Abbau von Hemmungen, als Mittel zum Wohlfühlen erfahren. Tanz bietet die Erfahrung, sich von der Musik mitreißen lassen. Tanz ist intensive Auseinandersetzung mit Musik: durch die Aufgabe, Musik in Bewegung umzusetzen, wird Musik differenziert wahrgenommen: ihr Formverlauf, ihr Inhalt, ihre stilistischen Merkmale, ihre Gestaltungsmerkmale wie Kontrast und Steigerung.

Den Körper einsetzen zu können, um musikalische Erfahrungen zu machen und den Körper als Ausdrucksmittel musikalischer Erfahrung benutzen zu können, setzt voraus: Körperbewußtsein, Körperbeherrschung, Bewegungstechnik, Bewegungsrepertoire, Bewegungsideen (Kreativität). Daher werden ein Bewegungsrepertoire erarbeitet und Bewegungstechniken vermittelt, mit denen Schüler flexibel umgehen können. Bewegungsabläufe werden gelernt, variiert, improvisiert, gestaltet und zu Choreographien kombiniert.

Wie initiieren wir nun die angestrebten musikalischen, sozialen und motorischen Lernprozesse im Musikunterricht? Wir nehmen an, daß die erwünschten Verhaltensweisen gelernt werden, indem sie geäußert werden, learning by doing.

---

[7] Vgl. Ulrich Günther: Musik und Bewegung in der Unterrichtspraxis, in diesem Band.

[8] Vgl. die o.a. Unterrichtsstrategie (Müller 1985), die Eingang gefunden hat in den Hamburger „Lehrplan Musik für die Beobachtungsstufe und die Haupt- und Realschule" sowie in flankierende Lehrerfortbildung.

Das methodische Arrangement besteht darin, Situationen zu schaffen, die den Jugendlichen Chancen bieten, neue musikalische, soziale, bewegungsbezogene Verhaltensweisen zu erproben.

Neue Handlungsmuster können dann von Jugendlichen erprobt werden, wenn das methodische Arrangement die Erfüllung der gesetzten Anforderungen einerseits notwendig und andererseits attraktiv/belohnend macht. Neue Handlungsmuster werden dann in das eigene Verhaltensrepertoire aufgenommen, wenn positive Erfahrungen damit gemacht werden konnten. Wir behaupten, daß Tanz und Bewegung zu Rock- und Popmusik für Jugendliche ein schier unerschöpfliches Potential positiver musikalischer, sozialer und bewegungsbezogener Erfahrungen darstellt.[9]

Zum methodischen Arrangement gehören u.a.: die Musikauswahl; die Gestaltung der Unterrichtssituation als soziale Situation; die Definition der Beziehungen zwischen Lehrern und Schülern, zwischen Schülern und Schülern; die Plazierung von Aufgabenstellungen; die Definition von Anspruchsniveaus an die Auseinandersetzung mit Musik, an das Bewegungsvermögen, an das Sozialverhalten; die Gestaltung von Raum- und Lichtverhältnissen.

Das methodische Arrangieren von Poptanzsituationen im Musikunterricht besteht darin, sowohl Sicherheit durch Vertrautes zu vermitteln (vertraute Musik, vertraute Partner, vertraute Bewegungsformen), als auch vielfältige neue musikalische, soziale und bewegungsbezogene Erfahrungen so anzubieten, daß die Schüler diese Angebote annehmen können.

4. *Rock- und Poptanz im Musikunterricht als musikpädagogisches Forschungsprogramm*

Im Rahmen der dargelegten Argumentation verstehen wir das skizzierte musikpädagogische Konzept „Rock- und Poptanz" als ein musikpädagogisches Forschungsprogramm.

Wir betrachten ein Forschungsprogramm als eine Weise, Wissenschaft zu betreiben, als eine Weise, die Welt zu sehen und sprachlich zu fassen (Kuhn 1962). Aber wir gehen von einem theoretischen Pluralismus aus, d.h. von einer Vielfalt

---

[9] Vgl. dazu die Unterrichtsmodelle von Müller 1987, 1988a, 1989.

gleichzeitig bestehender konkurrierender Forschungsprogramme, die sich gegenseitig kritisieren und aufgrund von Kritik modifiziert werden können (Lakatos 1974, 168; Feyerabend 1976, 49; 1981, 300)

Bei dem musikpädagogischen Forschungsprogramm handelt es sich um ein System von normativen, sozialisationstheoretischen und praktischen Aussagen. Dieses musikpädagogische Aussagensystem soll kritisch diskutiert und empirisch überprüft werden.[10]

Um zu verdeutlichen, worin die Arbeit an dem musikpädagogischen Forschungsprogramm „Rock- und Poptanz im Musikunterricht" zunächst besteht, werden im folgenden einige der normativen und empirisch prüfbaren Aussagen expliziert, die in dem hier skizzierten Konzept und den oben dargelegten pragmatischen Argumenten enthalten sind und die der kritischen Diskussion bzw. der empirischen Überprüfung bedürfen.

Normative Aussagen

Musikpädagogik hat die vielfältigen musikalischen Erscheinungsformen und Umgehensweisen mit Musik als gleichberechtigt zu betrachten und sie nicht in Bezug auf ihre Wertigkeit zu hierarchisieren. Die musikpädagogische Grundhaltung soll also die eines kulturellen Pluralismus im Gegensatz zum Ethnozentrismus sein.

Empirische Aussagen

Tanz zu Rock- und Popmusik hat einen hohen Stellenwert in der sozialen und musikalischen Welt von Jugendlichen.

Freude verstärkt musikalische, motorische und soziale Lernprozesse. Freude wird verstärkt durch Musik, die die Schüler mögen.

---

[10] Zum Problem der Kritik an und der Entscheidung zwischen Forschungsprogrammen vgl. Müller 1988b.

Darüber hinaus sind in den obigen Argumenten eine ganze Reihe von Aussagen enthalten, die im Rahmen von Evaluationsuntersuchungen zum Rock- und Poptanz im Musikunterricht empirisch zu überprüfen sind[11], z.B.

Choreographieren im Klassenverband ist eine besonders erfolgreiche Unterrichtsmethode, um Schüler zur intensiven kognitiv-analytischen und verbalen Auseinandersetzung mit Musik zu führen.

Jugendliche, die zu Rock- und Popmusik im Musikunterricht getanzt haben (gemäß der oben skizzierten Unterrichtsstrategie) äußern weniger stereotype Bewegungsformen als Jugendliche, die nicht im Unterricht getanzt haben.

Musikunterricht ist erfolgreicher bei der Erhellung der musikalischen und sozialen Welt von Schülern, wenn er diese nicht abwertend einbezieht.

Daneben sind in den sozialisationstheoretischen Argumenten Aussagen enthalten, die sozialpsychologische Theorien anwenden, z.B. Lerntheorien. Diese müßten auf musikalisches Lernen angewendet werden und im Rahmen von musikpädagogischer Grundlagenforschung überprüft werden, z.B. Aussagen über Zusammenhänge zwischen musikalischen und sozialen Lernprozessen, zwischen musikalischen und motorischen Lernprozessen.

Literatur

Aldrup, D.: Das Rationalitätsproblem in der politischen Ökonomie, Tübingen 1971

Amrhein, F.: Musik und Bewegung - über den Zusammenhang von Musik- und Motopädagogik. In: Motorik, 11. Jg. 1988, S. 81-89

Blaukopf, K.: Neue musikalische Verhaltensweisen der Jugend, Mainz 1974

Feyerabend, P.K.: Wider den Methodenzwang, Frankfurt a.M. 1976

Feyerabend, P.K.: Erkenntnis für freie Menschen, 2. Aufl. Frankfurt a.M. 1981

Kuhn. T.S.: Die Struktur wissenschaftlicher Revolutionen, Frankfurt a.M. 1973 (1962)

Lakatos, I.: Falsifikation und die Methodologie wissenschaftlicher Forschungsprogramme. In: I. Lakatos, A. Musgrave (Hrsg.): Kritik und Erkenntnisfortschritt, Braunschweig 1974, S. 89-189

---

[11] Zum Problem der Erforschung von Handlungsprozessen vgl. Müller 1977.

Müller, R.: Sozialtechnologie und Handlungsforschung als experimentelle Handlungs- und Forschungsstrategien: Grundlagenprobleme. In: U. Hameyer, H. Haft (Hrsg.): Handlungsorientierte Schulforschungsprojekte, Weinheim und Basel 1977, S. 199-222

Müller, R.: Rockmusik und Tanz im Musikunterricht. In: G. Kleinen, W. Klüppelholz, W. D. Lugert (Hrsg.): Rockmusik. Musikuntericht Sekundarstufen, Düsseldorf 1985, S. 95-128

Müller, R.: Poptanz: Aktuelle Choreographien für die Schule. In: Populäre Musik im Unterricht (PMIU), Heft 20, 1987

Müller, R. (1988a): Let's twist again! In: PMIU, Heft 23, 1988

Müller, R. (1988b): Kritisch-rationale Sozialtechnologie: Vom Revisionismus zum Pluralismus. In: K. Eichner (Hrsg.): Perspektiven und Probleme anwendungsorientierter Sozialwissenschaften, Braunschweig 1988, S. 36-54

Müller, R.: He's a Rebel. Schüler choreographieren einen Popklassiker. In: PMIU, Heft 24, 1989

Noll, G.: Tanz im Musikunterricht? Zur wechselhaften Geschichte eines musikpädagogischen Feldes. In: Musik und Bildung, 20. Jg. 1988, S. 404-412, S. 590-609

Schütz, V.: It's good for your body, it eases your soul. Zur Funktion und Bedeutung von Rocktanz. In: Motorik, 11. Jg. 1988, S. 101-107

Wiechell, D.: Didaktik und Methodik der Popmusik, Frankfurt am Main 1975

Wiechell, D.: Musikalisches Verhalten Jugendlicher, Frankfurt 1977

Dr. Renate Müller
Blütenweg 8
2087 Ellerbek

Sinnlichkeit - Spiel - Kultur
Erinnerung an verpönte Spiel-Arten

HORST RUMPF

Wer die drei Worte der Überschrift liest und sich fragt, welcher Zusammenhang sie aneinander binden könnte, der wird sehr wahrscheinlich so oder so ähnlich verknüpfen: Das Spiel ist ein Medium, kraft dessen die menschliche Sinnlichkeit kultiviert bzw. zur Hochkultur erhoben wird.

Darin schlägt sich eine tief sitzende Vorstellung über das nieder, was den Menschen per Erziehung (= eruditio, Entrohung) angedeihen soll. Sie prägt, sie imprägniert die Lehr- und Lernprozesse - vom Rechtschreiben bis zur Mathematik, von der Physik bis zum Lesenlernen, vom Sprachenlernen bis zum Barrenturnen und zum Schwimmunterricht. Von ihr ist auch der pädagogisch gemeinte Umgang mit Kunst aller Art durchdrungen.

Allenthalben, so scheint es, geht es darum, das Ungeordnete zu ordnen; das Unbekannte bekannt und beherrschbar zu machen; dem Einmaligen seine Stumpfheit und Skurrilität zu nehmen; das Befremdliche vertraut zu machen; das Ungebärdige zu zähmen.

Die Chiffre für das Ungebärdige, Unvorhergesehene, Rohe, skurril-Einmalige, Befremdliche, Chaotische - in dem Aufsässigkeit gegen die Kultur steckt - heißt „Sinnlichkeit".

Erziehung, Kulturarbeit im Dienst des Zivilisationsprozesses versteht sich stillschweigend und selbstverständlich wenn nicht mehr in der Rolle des Drachentöters, so doch des Drachenzähmers.

Dabei, so jedenfalls wurde Schillers Vorstellung von ästhetischer Erziehung kraft des Spiels weithin verstanden, ist das Spiel ein hervorragender Zähmungshelfer. Es greift, so scheint es, Wünsche aus dem ungebärdigen Untergrund auf - und es leitet sie auf die rechte Bahn. Man betrachte die Spielfelder aller Arten. Auch die Spielplätze. Als wären sie für „Spielbeamte" eingerichtet, zu denen uns Kinder zu geraten drohen. Spielzeiten, Spielaufseher, Spielleiter, etablierte Spielgegenstände - welcher Zähmungsaufwand!

Zugrundeliegt dem eine Vision von Spiel, die einäugig bleibt. Sie betrachtet als „richtiges Spiel" nur jenes, das konstruktiv ausgerichtet ist - bei dem man auch etwas Vernüftiges lernen kann, das regelgetreu ein bestimmtes Ziel ansteuert, das Beziehungen einübt: ein Spiel, das also das Ernstleben der Erwachsenen in irgendeiner Weise anbahnt, vorwegnimmt, simuliert: Kuchen backen, Puppenwagen schieben, Klettern (d.h. Hindernisse überwinden). Ich muß nur den Namen „Lernspiele" nennen oder „Spielen und Lernen". Man eignet sich Nützliches an.

Einerlei ob Reaktionsgeschwindigkeit, Mut oder geographische Grundkenntnisse (bei einem Spiel „Auf Autostraßen durch Europa") eingeübt werden. Die Spiel-Lust wird in Dienst genommen.

Das Spiel als Zähmungsgehilfe - es tritt auch da auf, wo die sogenannten musischen Tätigkeiten (oder Fächer, in Schulen) als *Ausgleich* empfohlen und betrieben werden. Ausgleich gegenüber den sogenannten Einseitigkeiten - des Sitzens, des Denkens, des Redens und Schreibens, eine Prise Sinnlichkeit, eine Prise Phantasie.

Die Zivilisation, die Schule - sie beanspruchen nur bestimmte Potentiale. Die musisch getönten Spiele - sie kultivieren das anthropologische Brachland. Ein Hauch von Erinnerung an die „allseitige Entwicklung" des Menschen ist darin spürbar.

Dies ist eine fast allgegenwärtige Rechtfertigung von Spielen - Affekt, Sinnlichkeit, Bewegung. Alles, was bei der Durchrationalisierung des Lebens unter die Räder zu kommen droht - alles das wird hier kompensatorisch eingeholt, so scheint es.

Schließlich - und eng damit verwandt: Nicht nur Ausgleich, auch Heilung verheißt es, das Spiel. Die medizinisch-therapeutische Indienstnahme des Spiels weist ihm die Funktion einer angenehm schmeckenden Arznei zu. Sei es, daß es sich um physiologisch orientierte Spielgesten zur Revitalisierung beschädigter Organleistungen handelt, sei es, daß Konflikte, Traumatisierungen durch „heilende Kräfte im kindlichen Spiel" (wie ein Buch des Pädagogen und Psychoanalytikers Zulliger heißt) bearbeitbar werden.

Nicht, daß nicht alle diese genannten Arten, das Spiel in den Dienst der Kultivierung der Sinnlichkeit zu nehmen, ihren guten und berechtigten Sinn hätten. Nicht, daß also das Spielen im Dienst des Lernens, der musischen Ausgleichsbemühungen, der Heilung prinzipiell etwas Anrüchiges sei.

Alle genannten oft genug auch volkspädagogisch erwachsenenbildnerisch verwendeten Modellierungen des Spiels haben indes eine bestimmte Drift - ich habe sie schon oben angedeutet: die Drift, Hilfen zur Einpassung in die Realität zu geben; die Drift, die unstabile, ungebärdige, nicht recht kalkulierbare sinnlich-affektive Mitgift irgendwie in Façon zu bringen, die Materie mit der Form gewaltlos zu versöhnen.

Konventionelle Theaterinszenierungen kommen darin überein mit landläufigen Präsentationsformen von Kunst in Museen und Konzerten wie mit der Art, Kunst schulfähig zu machen.

Ein erster Zweifel an der Alleinherrschaft dieser Drift mag sich schon an der historischen Rückschau entzünden. Die Prachtbauten der königlichen und kaiserlichen Hoheiten für Theater, Museen, Konzerte - sie verheißen, daß hier etwas voll in Dienst genommen und eingeschmolzen werden sollte. Wie zuvor Christentum und Kirche als Instrumente zur Niederwerfung des Niedrig-Sinnlichen, des Drachens, den St. Georg oder St. Michael töten, verstanden wurden - so jetzt Theater, Gemälde, Skulpturen, Bauten, Tänze, Musikstücke. Die Spiele, die Kunst-Stücke bekamen damit den Charakter von Trophäen, von Waffen, von Bildungsgütern. Die Schul-Stilisierung war kräftig beteiligt. Bildung als Besitz - für den Besitz. Unterricht als Einweisung in die von der Gesellschaft besessenen Kulturgüter.

Es ist gewiß nichts Neues, wenn man dazu feststellt, daß durch diese Indienstnahme den Spielen, den diversen, die Zähne gezogen wurden. Daß sie in gute und schlechte aufgeteilt wurden (Sutton-Smith 1989, S. 75 f.) Wenn sie nur so auftauchen, daß es zum Triumph der Form, der Idee, des Sinns kommt; wenn Unstimmigkeiten, Verrücktheit und Chaos nur Durchgang sind und wie Nebel *verschwinden*, dann verbergen sich darin nicht nur gesellschaftliche Stabilisierungsinteressen - dann steckt darin auch eine noch immer fast allgegenwärtige Idee vom Ablauf des eigentlichen, des richtigen Lernens: von der Verwirrung zur Klarheit, vom Einzelnen zum Zusammenhang, von der Verfallenheit an sinnliche Faszination und Abhängigkeiten zu feldunabhängigen universalen Leistungsfähigkeiten. Diese Idee enthält eine Anthropologie der Lernentwicklung, die frühere Phasen (größerer Abhängigkeit von Sinnen, Bildern, Gesten, Klängen) abstößt wie Trägerraketen, wenn es denn hinauf zur Feldunabhängigkeit geht.

So etwas meldet sich nicht nur in landläufigen Lehrplänen und Leistungseinschätzungen. Es zeigt sich auch in den törichten Zauberflöte-Inszenierungen, die den mit Todesangst durchdrungenen Gang durch das aorgische Feuer und Wasser, den Gang, der sich dem Sturz ins Bodenlose aussetzt - die diesen Gang zum unangefochtenen Stolzieren verharmlosen - einem Stolzieren, das proforma abgewickelt wird, obwohl doch das Ergebnis der Prüfung schon längst feststeht.

Oder in den ebenso törichten Inszenierungen des „Barbier von Sevilla", in denen die grundstürzende Verrücktheit aller Beziehungen und die Bodenlosigkeit des Geschehens zu einer fad-lustigen Komödienlimonade verkommt, die gut ausgeht: Verwirrung nur als Durchgang, der Zuschauer als der unangefochtene Souverän. Kein Beben.

Spiel ist auch in anderer Hinsicht ungebärdig: Unsere Lebenspraxis ist gezeichnet von bestimmten Handlungsfiguren: Erledigen, beherrschen, zurücklegen. Sie wandern ein in unsere Gefühle, Gebärden. „Was Zeit kostet, kostet zuviel Zeit" (Anders). In eins damit dominieren Normen der Beschleunigung. Alles ist gut, was der Beschleunigung in der Zielerreichung, der Wegminimierung dient. Glättung, Einebnung, Begradigung. Daraufhin werden die Bewegungen, die Gedanken getrimmt. Man will zurücklegen, vorankommen. Der Überdruck des Vielzuvielen, das auf uns einbrandet, uns anfordert, scheint keine anderen Reaktionsmuster zuzulassen. Die Gesten werden glatt, technisch; die Welt muß möglichst reibungslos stilisert werden. Rennbahnen, Schnellstraßen, Einordner, Beschleunigungshelfer, wohin man greift.

Auch in dieser Hinsicht kann das Spiel subversive Züge gewinnen. Das Spielen, das auf Indirektheit, Verzögerung, Umwege aus ist - im Interesse des Gewinnens von Intensität. Die Katze, sagen wir, „spielt mit der Maus". Die Kultur des Essens hat es mit Umwegen, Zergliederungen, Zwischenräumen zu tun. Das Spiel der Geschlechter ist mit dem Muster beschleunigter Erledigung vernichtet. Verlangsamung, Intensivierung, Annäherung - das sind Spiel-Ingredienzien. Das Sehen verlangsamt sich im Tasten. Der routinierte Schritt und sein Rhythmus - sie werden gebrochen, unterbrochen. Und dadurch wird die Bewegung aus der Funktionalität herausgelöst. Spielen als Kultur der umwegereichen Annäherung - als eine Art, Gegenstände wie Auffassungsformen aufzurauhen.

Die schleunig einordnenden Muster der Kulturübereignung sind blind für die andere Seite des Spiels, für die Gegendrift des Lernens - und zwar für die, die von der Beherrschung zur Irritation, von der Ordnung zur Verwirrung, von Vertrautsein zur Befremdung, von der Souveränität zur Aufmerksamkeit führt.

Die Gegendrift also. Was ist gemeint? Sie hat auch Wurzeln in den alltäglichen Spielen, von Kindern vor allem. Hat man es übersehen können, daß es auch eine Spiel-Leidenschaft gibt, die die geordnete und durchregulierte Welt nicht abbilden, sondern sie in die Luft gehen lassen will? Daß es also subversive Spiele gibt, die gerade nicht auf Versöhnung und Ausgleich aus sind, sondern die Salz in die Wunden streuen. Die also die Widersprüche und Fassadenhaftigkeit der ernsthaften Welt nicht in gnädiger musischer Harmonie überspielen, sondern sie stark machen!?

Dafür ein Beispiel aus der Autobiographie des in Berlin vor 1914 aufgewachsenen, emigrierten und in New York als Fotograf gestorbenen Erwin Blumenfeld:

„Jedesmal wenn ein schwarzbepuschelter Leichenzug herangetrottet kam, zerrten uns die Kindermädchen in den ersten besten dunklen, übelriechenden Hausflur, um den Kleinen die nackte Tatsache des Todes zu verheimlichen. Dagegen durften wir ungehemmt vom Salonfenster aus die über die Wilhelmstraße kriechenden Prachtleichenzüge Mommsens, Anthon von Werners, Adolph von Mentzels bewundern. Beerdigungspielen wurde unsere Leidenschaft. Meistens begann es mit einer Gehirnoperation, die ich, in von hinten zugeknöpftem Nachthemd an meinem armen Brüderchen Heinz unter Zuhilfennahme sämtlicher Instrumente meines Reißzeugs zu vollziehen hatte. Ich stoppte ihm Watte in alle Löcher, klebte Hühneraugenpflaster über Augen, Münder, Ohren, manipulierte mit geübter Hand Pinzetten, Sonden, fischbeinerne Korsettstangen, Frauenduschen und Brennscheren. Zur Schädelpenetration mußte ich bei Heinzens Dickkopf zum Hammer greifen. Krankenschwester Annie, in weißem Unterkleid, assistierte mit nassen Handtüchern. Rotes Tintenblut floß in Strömen. Stolz verkündete ich: „Operation gelungen, Patient tot!" wobei Heinz röchelnd den Geist aufgab. Darauf folgte eine gründliche Leichenwäsche, kitzlige Arbeit, mit anschließender Einbalsamierung. Eine Mixtur von grüner Seife, Vaseline und Senf verlieh dem Leichnam einen gelblichen Glanz. Darüber wurde die schwarze Sophadecke geworfen, das Leichenpaket auf ein zum Sarg erhobenes Plättbrett gelegt und liebevoll mit welken Blumen, vorzugsweise Immortellen, bestreut. Da die Leiche nichts mehr zu tun hatte, durfte Heinz aufstehen und sich als Leidtragender beliebt machen. Seine Überreste wurden danach ins offene Grab geschüttet, drei Hände voll Blumentopferde nachgeworfen, die tiefverschleierte Annie daran verhindert, dem Sarg nach in die Grube zu springen, wonach ich, nun als Rabbiner, in von hinten zugeknöpftem Wintermantel eine schmerzbewegte Leichenrede hielt, bis alle ihre vorher unter der Wasserleitung benetzten Taschentücher weinend unter den Augen auspreßten und sich beim Kondolieren vor Lachen nicht mehr halten konnten: 'Herzlichstes Beinkleid!' Zum Leichenschmaus: dickgeschmierte Blutwurschtstullen. Leichenkult ist älter als Zirkus. Der Clown kam nach dem Priester." (Blumenfeld 1976, S. 53-55).

Das durch Feierlichkeit und Ernst mühsam Kaschierte - es wird herausgebracht. Nicht irgendeine zahme Turteltaube Kreativität ist dabei federführend, sondern Grimm; und dabei die Lust, am Abgrund zu balancieren, ihn durch

Gesten ebenso zu beschwören wie in Schach zu halten. Eine weißgott von weither kommende Spieltradition. Diese clownesken Grimm-Spiele sind von der Technifizierung des Lebens und der keimfreien Sportifizierung aller Freizeittätigkeiten erheblich bedroht.

Hier noch einige Sätze des Theatermanns Ernst Wendt - was trieb ihn dazu, Theater zu machen: „Theaterarbeit habe ich immer als die Möglichkeit begriffen, Menschen in all ihrer Widersprüchlichkeit vorzuführen, als ungeklärte Wesen; die Heillosen als mit Träumen begabte; die Starken als die zugleich kräftigsten Verdränger; die Liebenden als Irrende; die Narren als die eigentlichen Weisen; die Mörder als von anderen oder mindestens von sich selbst Gepeinigte; die Unschuldigen als Gefährdete." Und: „'die Kunst ist nie mehr als ein Grabmal der Liebe gewesen' hat Clemens Brentano 1801 gesagt. Der Künstler also ist der Chronist der Trauer, der Enttäuschung, des Scheiterns." (Ernst Wendt, 1982, S. 113).

Nicht Erledigung, sondern Offenhalten der Trauer, der Bedrohung. Nicht problemlösende Erzeugung von Eindeutigkeit, sondern bildgeschaffene Erzeugung der Ungeklärtheit, die immer wieder zugeschüttet wird von den Verwaltern und Ausbreitern der eindeutigen Wahrheit.

In dem Spiel, das Blumenfeld beschreibt, werden Sterben und Begräbnis gnaden- und schamlos demaskiert. Die Tabus werden destruiert. Das Überschwiegene wird grell-sinnlich ans Licht gezerrt - und zwar ins Extrem getrieben, ein lustvoll anarchisches, ein „böses" Spielen. Über der pädagogischen Zähmungsarbeit ist diese Spiel-Art ziemlich ins Abseits geraten; ihre Kunst-Ableger fristen in den abgegrenzten Kulturparkzonen ihr Dasein. Thomas Bernhard, Pina Bausch, Zimmermanns „Soldaten" - hier wird das Entsetzliche, das die Ordnung aufsprengt, kraft des Spiels beschworen. Der Boden kommt ins Wanken und wird dadurch bewußt.

Und die Kinder, die nicht aufhören können, den von ihnen miterlebten Autounfall immer wieder, mit grotesken Übertreibungen und Verzerrungen, nachzuspielen; gar schnell stellt sich die Deutung ein, sie wollten den Schreck bearbeiten, um so in die Normalität hinüberzugleiten.

Genauso könnte man sagen, sie wollen die Wunde immer wieder aufreißen, erinnern an den plötzlichen unglaublichen Riß, der in der normalen Welt einen Abgrund sekundenlang sichtbar machte.

Hier noch ein etwas anderes Spiel-Beispiel: Kirchberg liegt an der Jagst, dort gibt es eine Schule mit Internatsbetrieb, ein Landerziehungsheim. Irgendwann in den letzten Jahren ist dort die Idee entstanden, man könnte doch einmal eine große Kugel aus Holzleisten bauen - und, gesetzt den Fall, sie gelinge schön groß und stabil - diese Kugel dann durch die Hauptstraße von Kirchberg zur Hauptverkehrszeit zu rollen. Das müsse es doch bringen.

„Wie aus Holzleisten eine Kugel formen? Keiner von uns hatte genügend sichere Kenntnisse in Mathematik, um ein Gitterwerk berechnen zu können. Was tun? Wir suchten nach einem Modell und kamen auf den Fußball. Er ist aus regelmäßigen Fünf- und Sechsecken aufgebaut. Füllt man diese dann noch mit Dreiecken aus, deren Spitzen auf der Kugeloberfläche liegen, erhält man ein recht druckstabiles Gebilde. Die Konstruktion hat den Vorteil, daß Leisten nur in drei verschiedenen Längen gebraucht werden: eine für die gemeinsamen Seiten der Fünf- und Sechsecke und zwei für die Dreiecke" (B. Seeber 1986, S. 32).

Ein kleines Papierflächenmodell wird gebaut, die Verbindung der Lattenenden mit Blechplatten wird beschrieben, gelb, blau und rot sind die Latten - schließlich kommt nach langer Arbeit eine Lattengitter-Kugel von 4,50 m Durchmesser heraus. Nach langem Hin und Her trifft schließlich in der Schloßschule z.Hdn. Herrn Seeber ein unter dem 14.7.80 geschriebener Brief ein - Briefkopf: Landratsamt Schwäbisch Hall/Außenstelle Crailsheim (Sachbearbeiter: Gräter/ Zimmer Nr. 13). Bezug: Antrag vom 4.7.80. Anlagen: 0. Betreff: Happening der Schloßschule Kirchberg/Jagst am 16. und 17.7.1980 auf der Poststraße in Kirchberg/Jagst und Seifenkistenrennen am 19.7.1980 auf der Ahornstraße und der Schulstraße in Kirchberg/Jagst; hier: Erlaubnis gemäß § 29 Abs. 2 der StVO zur mehr als verkehrsüblichen Inanspruchnahme der Straße

I. Der Schloßschule Kirchberg/Jagst, vertreten durch Herrn Bruno Seeber, Kirchberg/Jagst, wird hiermit gemäß § 29 Abs. 2 StVO die stets widerrufliche

Erlaubnis

erteilt, zur Veranstaltung eines Happenings und eines Seifenkistenrennens öffentlichen Verkehrsgrund in Kirchberg/Jagst mehr als verkehrsüblich in Anspruch zu nehmen und zwar

(A) am 16.7.1980 zwischen 5.00 und 6.00 Uhr die Schulstraße, die L 1041, die L 1040 und den Frankenplatz, um den Gegenstand des Happenings, eine Holzkugel vom Schulgelände zur Poststraße zu befördern.

(B) am 16. und 17.7.1980, jeweils zwischen 7.00 und 14.00 Uhr zur Veranstaltung des Happenings die Poststraße in Kirchberg/Jagst und (C) am 19.7.1980 zwischen 15.30 Uhr und 17.00 Uhr die Ahornstraße und die Schulstraße zur Veranstaltung eines Seifenkistenrennens.

II. Die Genehmigungen der Veranstaltungen werden unter folgenden Bedingungen und Auflagen erteilt (VwV zu § 29 Abs. 2 StVO):
1. Der Veranstalter hat den Bund, das Land Baden-Württemberg, den Landkreis Schwäbisch-Hall und die Stadt Kirchberg/Jagst von allen Ersatzansprüchen freizustellen, die aus Anlaß der Veranstaltung aufgrund gesetzlicher Haftpflichtbestimmungen von Teilnehmern oder Dritten erhoben werden" (a.a.O. S. 32/Kopie der Seite 1 des Schreibens).

Die Kugel wurde über Land gerollt, „die Bürger staunten nicht schlecht über das, was da durch ihre Gassen kam. Das sonst so verschlafene Kirchberg war voller Leute. Wann hatte es das zuletzt gegeben? Die Kugel gefiel ..." heißt es in dem kurzen Bericht (S. 32). Jetzt steht sie vor der Schule.

Eine Kugel, die nichts besonderes bedeutet, keine Reklame für eine Partei oder eine Sportartikelfirma, kein Leistungsbeweis für die Tüchtigkeit der Schüler, die etwas Praktisches zuwegebringen, was der Gemeinde nützt; kein Material für einen Wettkampf (wer die Kugel etwa am schnellsten eine bestimmte Strecke rollen kann), keine fastnachtszugverdächtige Verulkung von Politikern, keine wünschenswerte Wiederbelebung alten Brauchtums. Nichts von all diesen möglichen Einordnungen in gängige und akzeptierte Muster einer öffentlichen Darbietung - strahlende Zwecklosigkeit, man könnte auch sagen: strahlender Unsinn. Nur gut, daß es das Fremdwort gibt, das es dem Landratsamt erlaubt, dieses Verrückte unter die Gattung verwaltbarer Ereignisse zu subsumieren. Immerhin - es wird berichtet, daß die Verhandlungen mit der Behörde außerordentlich langwierig und zäh waren. Wer kann schon ein öffentliches soziales Ereignis mit Störqualitäten erlauben, von dem man eigentlich nicht einmal sagen kann, was es ist, ob es etwas ist, was als *wirklich* anzuerkennen ist - oder ob es ein Nichts, ein Traumgespinst ist. Wer kann das schon auf seine Kappe nehmen? Der Landrat persönlich mußte dazu herhalten.

Ich denke, an dieser Verrücktheit mit der strengen, handwerklich zu bemeisternden Form, mit der höchst kalkulierten Herstellung, die keine Unkorrektheit zuläßt - ich denke, daran läßt sich einiges für unser Thema entziffern. Ich zitiere wenige Sätze von drei Autoren mit einigem Gewicht für das Thema „Ästhetische Erfahrung und Erziehung".

(a) (Das ist ein Text, den die Herausgeber des zitierten Zeitschriftenheftes beifügten): „Mitten in dem furchtbaren Reich der Kräfte und mitten in dem heiligen Reich der Gesetze baut der ästhetische Bildungstrieb unvermerkt an einem dritten fröhlichen Reiche des Spiels und des Scheins, worin er dem Menschen die

Fessel aller Verhältnisse abnimmt, und ihn von allem, was Zwang heißt, sowohl im Physischen als im Moralischen entbindet." (Schiller)!
(b) „Wie kann der Mensch Freude am Unsinn haben? So weit nämlich auf der Welt gelacht wird, ist dies der Fall; ja, man kann sagen, fast überall wo es Glück gibt, gibt es Freude am Unsinn. Das Umwerfen der Erfahrung ins Gegenteil, des Zweckmäßigen ins Zwecklose, des Notwendigen ins Beliebige, doch so, daß dieser Vorgang keinen Schaden macht und nur einmal aus Übermut vorgestellt wird, ergötzt, denn es befreit uns momentan von dem Zwange des Notwendigen, Zweckmäßigen und Erfahrungsgemäßen, in denen wir für gewöhnlich unsere unerbittlichen Herren sehen; wir spielen und lachen dann, wenn das Erwartete (das gewöhnlich bange macht und spannt) sich ohne zu schädigen entladet. Es ist die Freude des Sklaven am Saturnalienfeste." (Nietzsche, Menschliches, Allzumenschliches 4. Hauptstück/213)
(c) „ ‚Die Lust am Unsinn', wie wir abkürzend sagen können, ist im ernsthaften Leben allerdings bis zum Verschwinden verdeckt. Es (das Kind) benützt nun das Spiel dazu, sich dem Drucke der kritischen Vernunft zu entziehen. Weit gewaltiger sind aber die Einschränkungen, die bei der Erziehung zum richtigen Denken und zur Sonderung des in der Realität Wahren vom Falschen Platz greifen müssen, und darum ist die Auflehnung gegen den Denk- und Realitätszwang eine tiefgreifende und lang anhaltende; selbst die Phänomene der Phantasiebetätigung fallen unter diesen Gesichtspunkt." (Freud 1981, S. 101/102)

Der Unsinn - wenn es ihm gelingt, in eine raffiniert intelligente Form zu schlüpfen, wird als Witz wieder zugelassen, wiewohl er die Normen stört der Zweckmäßigkeit. Das im groben, ist Freuds Witz-Deutung. Ein Protest gegen die Realitätszwänge ist die Lust am Unsinn allemal - und sie sucht sich eine Gestalt, die alles andere als unverbindlich ist; der geschliffene Witz, das perfekt gemachte Unsinnsding in Kirchberg - sie haben gemeinsame Züge; aufmüpfig und sich stachelig aus der Welt verabschiedende, keinesfalls einfach solche des harmlos spielerischen Genusses sogenannter „ästhetischer Werte".

Die Beispiele mögen zeigen: Die Lerndrift vom Niedrigen zum Hohen, vom Trüben und Mehrdeutigen, vom Verrückten zum Geordneten, vom Unvernünftigen zum Vernünftigen, von den Brüchen zur Harmonie, von den Verfangenheiten in die Souveränität - diese Lern- und Kultivierungsdrift bedarf zumindest der Ergänzung, wenn nicht der Korrektur. Dazu noch, gewissermaßen theoretisch resümierend, zwei Zitate, deren theoretische Brisanz deutlich werden mag, wenn man sie gegen die hier aufgeführten Beispiele und Erwägungen hält:

(1) Alfred Lorenzer schreibt in einem Buch mit dem Untertitel „Die Zerstörung der Sinnlichkeit": „Die durchsystematisierte Sprache soll jede Spannung zwischen Individuum und Gesellschaft aufheben. Die erlebnis- und handlungsregulierenden Symbole sollen abbildungsgleich dem objektiven Zeichensystem entsprechen" (Lorenzer 1981, S. 245).
(2) In dem Buch von K.J. Pazzini über „Die gegenständliche Umwelt als Erziehungsmoment" steht das folgende Zitat (von H. Brinkmann): „Denn damit ein Sinnliches als ein Fall des Allgemeinen verwendet werden kann, muß es entsinnlicht werden; qualitative Besonderung und Vereinzelung, die das Sinnliche ausmachen, lassen sich nicht verallgemeinern." (zit. bei Pazzini 1983, S. 71, Anm. 1)

Wenn man sich vergegenwärtigt, welche individuelle Bedeutung ein Tuch, ein Kissen, ein Stein, ein Löffel, ein Tisch für ein Kind haben können und im Normalfall haben; wie aufgeladen sinnliche Dinge von Einmaligkeit, von Bedeutung sind - und nicht nur Dinge, auch Räume, Landschaften, Bäume, Bäche. Wenn man sich das vergegenwärtigt, wird man wohl sagen dürfen, daß der individualgeschichtliche Prozeß der Zivilisation entsprechend dem kollektivgeschichtlichen Prozeß im Umgang mit materiellen Dingen darin eine Pointe hat, daß die Menschen lernen (müssen) Dinge und materielle Umwelten ihrer herausfordernden Individualität zu entledigen und sie zu Fällen von allgemeinen Gesetzlichkeiten, zu zufälligen Materialisierungen allgemeiner, unsinnlicher Formen zu neutralisieren. So verlieren sie die Brisanz, die zu zivilisatorisch unerwünschten, weil unvorhersehbaren Regungen verlocken kann. Das Ding, die Umwelt in ihrer materiellen Dichte schrumpfen zu Exemplaren, sie sind nichts Einzigartiges. Wer sich in eine Zitrone vergafft, sie hätschelt und pflegt aus welchen Gründen auch immer ist nichts als lächerlich - einem Kind mag das durchgehen, vielleicht auch einem Verliebten - ein realitätstüchtiger Mensch tut so etwas nicht. In dem Zitat wird der zivilisationsgeforderte Homogenisierungsprozeß bezüglich der materiellen Dinge als „Entsinnlichung" charakterisiert, weil ihm die doch fraglos auch existierenden, einmaligen, qualitativ besonderen Züge materieller Dinge und Gegebenheiten unter den Ausstrahlungen der auf Allgemeines gespannten Faktoren Wissenschaft, Ökonomie und Technik - weil ihm diese Züge in der Lebenspraxis fortschreitend gleichgültig und nebensächlich werden müssen. Die Sinnlichkeit der Menschen wird zivilisiert - das heißt so viel wie: die Empfänglichkeit für qualitative Besonderheiten sinnlicher Dinge und Umwelten wird eingeschränkt; in bestimmten Reservaten (Kunst, Mode, Antiquitäten, Museums-Objekte) behält sie ein gewisses Recht. Ansonsten dominiert eine neutralisierte Form des Umgangs, des Verbrauchs.

Mit Lorenzer gesprochen: Das System der diskursiven, eindeutig gemachten Zeichen, das vom sinnlich-szenisch-gestischen Symbolsystem abgeschnittene Zeichensystem einer formalisierten Sprache, es bringt den Einspruch zum Erlöschen, der in undomestizierten Klängen, Gesten, Bildern, Geschichten spielen mag und der etwas von der subjektiven Lebensgeschichte wachhält - ihren Ängsten, Wünschen, Hoffnungen. Vielleicht ließe sich eine Kultur- und Erziehungsgeschichte unter dem Gesichtspunkt schreiben, wie zumal in der westlichen Zivilisation der in der Spiel-Sinnlichkeit steckende Stachel in immer neuen seelsorgerisch-pädagogisch-politischen Bemühungen zu entschärfen versucht wurde - wie er womöglich zum Gleitöl für die bessere Einpassung in die gesellschaftlich mächtigen Sozialsysteme umgearbeitet wird - gibt es da nicht eine Parallele vom Jesuitentheater bis zum sozialistischen Realismus und zum Kampf gegen entartete Kunst?

Die Spiele, in denen Menschen sich und ihre Welt aneignen und zähmen - sie werden leicht schal, wenn sie nicht unterströmt oder konterkariert sind von Spielen, die sich nicht dem Zähmungs-, Glättungs- und Beschleunigungsdrang fügen; in denen Menschen also ihre Welt ver-rücken, hochgehen lassen, sie sich fremd und unbekannt machen. Läßt sich solches in einer über sich aufgeklärten Kulturarbeit ernst nehmen? Gar in der Schule? (Vgl. Rumpf 1986 und 1987)

Literatur

Blumenfeld, Erwin: Durch tausendjährige Zeit. Frauenfeld 1976. (Neuausgabe 1988)
Freud, Sigmund: Der Witz und seine Beziehung zum Unbewußten. Frankfurt/M. (Fischer TB 6083) 1981.
Lorenzer, Alfred: Das Konzil der Buchhalter. Die Zerstörung der Sinnlichkeit. Frankfurt/M. 1981
Pazzini, Karl-Josef: Die gegenständliche Umwelt als Erziehungsmoment. Weinheim-Basel 1983
Rumpf, Horst: Die übergangene Sinnlichkeit. 2. Aufl. Weinheim-München 1988
ders.: Mit fremdem Blick. Stücke gegen die Verbiederung der Welt. Weinheim-Basel 1986

ders.: Belebungsversuche. Ausgrabungen gegen die Verödung der Lernkultur. Weinheim-München 1987

Seeber, Bruno: Eine Kugel rollt durch Kirchberg. In: Lernen - Ereignis und Routine. Friedrich-Jahresheft IV, Friedrich-Verlag, Velber 1986, S. 31-33

Sutton-Smith, Brian: Kreativität durch Spiel. In: Wolfgang Zacharias (Hrsg.): Gelebter Raum - Beiträge zu einer Ökologie der Erfahrung. München 1989 (zu beziehen durch päd. Aktion München - Schellingstr. 109a, 8 München 40)

Wendt, Ernst: Erlaubt ist, was sich ziemt. In: Süddeutsche Zeitung Nr. 24/1982, S. 113 ff.

Prof. Dr. Horst Rumpf
Ostpreußenstr. 12
6100 Darmstadt-Ebenstadt

Musikpädagogik in der Erwachsenenbildung - eine gesellschaftliche und pädagogische Notwendigkeit: Einführung in die Problematik

URSULA ECKART-BÄCKER

Warum Musikpädagogik in der Erwachsenenbildung?

In dem Wohlwollen, das musikalische Lernangebote für Erwachsene bei Politikern, Verlagen, Verbänden, Institutionen, Pädagogen und erwachsenen Laien derzeit finden, zeigt sich u.a. die wachsende gesellschaftliche Bedeutung dessen, was unter dem Begriff „Musikalische Erwachsenenbildung" (= mEB) fungiert.[1] Verstehe ich diese „gesellschaftlich artikulierte Akzeptanz"[2] als Ausdruck eines Bedürfnisses nach „Musik in der EB"[3], für das es vielfältige Belege und Erklärungen gibt, dann bleibt zu fragen, wie die Musikpädagogik auf dieses Bedürfnis wissenschaftlich reagieren kann, um die Praxis, die viel zu wünschen übrig läßt, zu verbessern.

Eine Wissenschaft von „Musik in der EB" halte ich angesichts der vielfältigen Probleme, die sich der Praxis stellen, vordergründig zunächst einmal für erforderlich, weil wir

- zu wenig wissen über das Musik-Lernen von Erwachsenen,
- EB-Institutionen und Instrumentallehrer folglich auf ihre pädagogische Aufgabe zu wenig oder gar nicht vorbereitet sind.

---

[1] Beispiele: Musikpädagogische Tagungen 1986, 1987; Tagungen in Verbindung mit VHSn 1987, 1989; Tagung des VdM 1989; Publikation des VHS-Verbandes 1987; Schwerpunktheft der Zeitschrift „VHS im Westen" 1988; „Musikalische Erwachsenenbildung". Hrsg.: G. Holtmeyer, Regensburg 1989.

[2] Lenz, S. 103.

[3] Der Terminus „Musik in der EB" anstelle von „mEB" macht m.E. deutlich, daß dieser Bereich der EB sich inhaltlich mit unterschiedlichen Verhaltensweisen von erwachsenen Laien der Musik gegenüber befaßt. Die vorgeschlagene Umbenennung ist umfassender und zugleich sachlich neutraler als der bisherige Begriff und trifft präzise das, worum es inhaltlich in EB-Kursen geht: Musik machen, erfinden, hören, analysieren, reflektieren, zu erleben und zu verstehen suchen.

Unterricht wird zwar praktiziert, aber die Möglichkeiten, erwachsenengerecht zu arbeiten, sind weder qualitativ zufriedenstellend noch quantitativ ausgeschöpft.

Die Forderung nach einer Wissenschaft von „Musik in der EB" möchte ich an einigen Beispielen verdeutlichen, auch wenn die Professionalisierung für diesen Bereich der EB noch nicht gegeben ist. Findet sich die allgemeine EB in einem Übergang vom praktischen zum theoretischen Wissen, obwohl sich in der Literatur noch kein allgemeingültiger „Kern" herauskristallisiert hat[4], so zeichnet sich „Musik in der EB" durch eine unüberschaubare Heterogenität aus, die zu einer kritischen Überprüfung herausfordert.

Nicht anders als in der allgemeinen EB wirkt sich der Mangel an Professionalisierung auf die wissenschaftliche Beschäftigung mit „Musik in der EB" u.a. dergestalt aus, daß sich Denken und Sprechen über EB auf unterschiedlichen Sprachebenen und Erfahrungshorizonten vollzieht. Daraus folgt in der Regel eine geringe begriffliche Präzision im Gedankenaustausch und die Gefahr, „aneinander vorbei" zu reden.[5]

In Anlehnung an Lenz[6] mögen zwei Beispiele zeigen, was z.B. eine „Verwissenschaftlichung" von „Musik in der EB" bewirken könnte:

1. Verbesserung der Praxis durch systematische Planung

Da die Thematik in der Gesellschaft viel Gewicht hat, liegt die Entstehung einer Disziplin „Musikpädagogik in der EB" im Interesse einer wissenschaftsorientierten Zivilisation. Entspricht man dem in letzter Zeit mehrfach geäußerten Wunsch nach „Verwissenschaftlichung" von „Musik in der EB", so bedeutet das, die Praxis von „Musik in der EB", die bislang eher willkürlich und zufällig geplant und realisiert wird, „der Anwendung wissenschaftlicher Kategorien" zu öffnen und preiszugeben.[7] Die Musikpädagogik könnte der Praxis zu mehr Ansehen und Wirksamkeit verhelfen, wenn sie erreichte, daß der pädagogische „Umgang mit Musik und das Nachdenken darüber" aus „Zufälligkeit und Ab-

---

[4] vgl. Schmitz/Tietgens, S. 16.
[5] a.a.O., S. 16f.
[6] Lenz, S. 103 ff.
[7] a.a.O., S. 103 f.

hängigkeit" herausgeholt und auf der Basis von sachspezifischer Analyse transparent gemacht würde.[8]

2. *Verbesserung der Praxis durch theoriegeleitetes Lehren*

Die Begründung einer Disziplin „Musikpädagogik in der EB" ergibt sich aus dem Bedarf der Praxis an Theorie. Lehren nach den Prinzipien der Imitation oder von „Trial-and-error" erscheint mir angesichts des Musikverhaltens der Menschen u.a. aufgrund von Medieneinflüssen heute riskant und pädagogisch unverantwortbar. Gerade wegen der Komplexität des Problems sollte man das Ziel verfolgen, auf der Basis von Grundlagenforschung und wissenschaftlicher Systematisierung, die Praxis erwachsenengemäß zu bewältigen. Aus der Diskrepanz zwischen der hohen Zustimmung, die die Musik bei den Menschen findet, und der verschwindend geringen Angebote in den Bereichen Musikhören, Musikgeschichte, Musiktheorie ist der Wunsch von Erwachsenenbildnern nach „Theorie" verständlich. Dieser Wunsch beinhaltet aber häufig nicht das Verlangen nach einer Theorie der Wissenschaft von „Musik in der EB", sondern eher nach dem „Know-how" zur Bewältigung des Alltags. Um den Teilnehmerschwund in Kursen möglichst gering zu halten und z.B. um neue Interessenten für Veranstaltungen zu gewinnen, die bisher auf die Bildungsangebote nicht ansprachen, ist dieser Wunsch nach „Theorie" durchaus legitim.

Generell ist es wichtig, Fachgespräche über „Musik in der EB" zu führen, „indem die wissenschaftliche und die praktische Ebene" zueinander in Beziehung treten.[9] Aufgrund der Bedürfnislage haben die Menschen hohe Erwartungen an EB-Institutionen und an Instrumentallehrer. Meines Erachtens sollten die Pädagogen sie nicht enttäuschen und den Kreis der für „Musik in der EB" im weitesten Sinn ansprechbaren Menschen zu erweitern suchen.

Aufgaben und Forschungsfelder von Musikpädagogik in der EB

Sieht man die Situation der allgemeinen EB, deren systematische Forschungsarbeit in den 1960er Jahren einsetzt, und die sich als vorwiegend praxis- und ent-

---

[8] Abel-Struth, S. 69.
[9] Schmitz/Tietgens, S. 18.

wicklungsorientiert darstellt[10], so erscheinen die Forschungsaufgaben für „Musik in der EB" grob vorgegeben. In Anlehnung an die Terminologie des Deutschen Bildungsrates zielt Forschung heute vor allem in zwei Richtungen: Praxisorientierung und Entwicklungsorientierung.[11] Als Basis beider Richtungen nennt der Deutsche Bildungsrat ergänzend theorieorientierte Forschungen.

Alle drei Richtungen werden im folgenden zuerst in der Interpretation von Weinberg erläutert und dann im Blick auf „Musik in der EB" beleuchtet.

2.1   Praxisorientierte Forschung

Praxisorientierte Forschung beinhaltet „die beschreibende Dokumentation und Bestandsaufnahme der Wirklichkeit der Weiterbildung, zu dem Zweck, sie dem unmittelbaren pädagogischen sowie auch dem organisatorischen Handeln der Weiterbildungspädagogen verfügbar zu machen".[12] Das heißt, innovationsfreudige und wissenschaftlich befähigte Praktiker machen „ihre Praxis zum Gegenstand ihrer methodisch kontrollierten Wahrnehmung und Reflexion", um die pädagogische Arbeit der Institution, der Gesellschaft, den Teilnehmern im Sinne einer Dienstleistung anpassen zu können. Es geht also um Fragestellungen aus der Praxis, die untersucht und mit Mitteln des Handelns beantwortet werden, dergestalt, daß die wissenschaftliche Methode sowohl dem Sachproblem als auch dem Rahmen der theoretisch möglichen und praktisch gegebenen Planungs- und Entwicklungsspielräume angepaßt ist. Derartige Forschungen sollten es ermöglichen, die täglich anfallende Arbeit „unter optimalem Mitteleinsatz" den je aktuellen Situationen entsprechend flexibel zu gestalten.[13]

Beispielsweise kann es darum gehen, die Interdependenz zwischen Bedarfserhebung und Angebotsplanung kritisch zu betrachten, um Teilnehmerzahlen zu steigern; dazu gehört u.a. ein Nachdenken über Inhalte, Veranstaltungszeiten, Kurshäufigkeit im Semester, Gruppengröße etc.. Eine wichtige Funktion hat m.E. das Beratungsgespräch, individuell oder in der Gruppe, das vor und nach

---

[10]   Weinberg, S. 27.
[11]   a.a.O., S. 29.
[12]   ebd.
[13]   a.a.O., S. 30.

Semester-Veranstaltungen, sowie gegebenenfalls auch kursbegleitend angeboten, eine aufschlußreiche Quelle für die Gestaltung künftiger Arbeit sein kann.

Praxisorientierte Forschung besagt also, daß Alltagsprobleme beleuchtet und im Rahmen der institutionellen Möglichkeiten Lösungen erarbeitet werden, die aber nicht allgemeingültig sein können. Für „Musik in der EB" liegt bereits eine beachtliche Anzahl derartiger Untersuchungen vor, z.B. Fallstudien, Modellversuche, didaktische Empfehlungen, Planungshilfen, Kooperationskonzepte etc.. Sie befassen sich mit unterschiedlichen Inhalten und berühren im engeren und weiteren Sinne didaktische Fragen.

Solche „Vor-Ort-Berichte" sind insofern positiv, als im Einzelfall ein pädagogisches Problem gelöst wurde; die Aussagen und der Anwendungsbezug sind allerdings begrenzt, weil sie sich am Status quo einer Institution orientieren.

2.2 Entwicklungsorientierte Forschung

Entwicklungsorientierte Forschung, die nicht immer streng von praxisorientierter zu trennen ist, zielt nach Weinberg auf eine mittel- und langfristige Weiterentwicklung und -planung, d.h. intendiert eine größere Reichweite der Aussagen, einen höheren Anwendungsbezug und mehr Allgemeingültigkeit. Forschungsgegenstände sind u.a. neue Möglichkeiten des Lernens und Lehrens, der Leitung und Verwaltung von Weiterbildungs-Einrichtungen, der Planung und Evaluation des Angebots. Diese Forschungen zielen auf praktisch verwertbare Endprodukte.[14]

Neben der Curriculum-Forschung und -Entwicklung nennt der Deutsche Bildungsrat u.a. die „Modellforschung" als einen wichtigen Bereich, der von Experten verschiedener Disziplinen, Verwaltungsvertretern und Praktikern wahrgenommen werden soll. Nur auf diese Weise - d.h. in der Abfolge: theoretische Leistung, wissenschaftliche Realisierung, praktische Umsetzung - seien in der Pädagogik neue Initiativen zu verwirklichen, zu erproben und zu bewerten.[15] Weinberg folgert für die EB, daß die Experimentierfreudigkeit generell unterstützt und wissenschaftlich begleitet werden solle, weil man auf Veränderungen „mit Hilfe zentraler Maßnahmen" ohnehin nicht rechnen könne.[16]

---

[14] a.a.O., S.29 f.
[15] Deutscher Bildungsrat, S. 27.
[16] Weinberg, S. 30.

Als bedeutsame Aufgabe in diesem Bereich sieht Weinberg die Entwicklung von Curricula. Für den Wissenschaftler gelte es, die erkannten Probleme in der pädagogischen Praxis und „im soziokulturellen sowie politisch-ökonomischen Bedingungsgefüge des institutionalisierten Lehrens und Lernens" daraufhin zu untersuchen, „was aus ihnen mittelfristig, ..., für Konsequenzen zur Weiterbildung zu ziehen sind".[17] Allerdings sollte die Forschung „nicht nur Entwicklungsnotwendigkeiten präzisieren, sondern auch die benötigten neuen Entwicklungen" vornehmen können.[18] Entwicklungsorientierte Forschung im Bereich „Musik in der EB" kann auf Fallstudien oder Modellversuchen, die sich vor Ort bewährt haben, aufbauen, indem z.B. die Bedingungsfaktoren von Lernen und Lehren systematisch erweitert und von der individuellen Situation gelöst werden.

Für diesen Forschungsbereich sind Pädagogen gefragt, die empirisch-analytisch und geisteswissenschaftlich zu arbeiten verstehen und sich in der Praxis der EB auskennen, damit die gewünschten Veränderungen auch für die Praxis umgedacht werden können. Weinberg regt an, solche „Forschungsvorhaben, deren Befunde einer Verbesserung der Arbeitsweisen und der Didaktik in der Weiterbildung dienen", in kooperativer Form zu realisieren.[19] Auf die Musik bezogen, lassen sich u.a. folgende Problemstellungen ausmachen: Form und Struktur von Inhalten, die Ausbildung von Dozenten, die Bedeutung von Medien und Instrumenten, die generelle Zielsetzung von „Musik in der EB".

Exkurs: Ausgewählte Aspekte zur Didaktik

Als ein komplexer Bereich entwicklungsorientierter Forschung stellt sich mir die Didaktik dar, und zwar speziell das didaktische Wissen im weitesten Sinne, über das der Erwachsenenbildner verfügen sollte; denn nur wenn didaktisches Handeln auch in der Planung, Antizipation und Evaluation stattfindet, lassen sich Zufälligkeiten und Improvisationen vermeiden.

Durch Sieberts Argumentation angeregt, messe ich der Didaktik auch für den Bereich „Musik in der EB" einen zentralen Stellenwert bei, weil alle Bildungsarbeit von dem Zusammenkommen der subjektiven Faktoren - Lernender und Lehrender - mit den objektiven Bedingungen und Funktionen der EB abhängig

---

[17] ebd.
[18] a.a.O., S. 30 f.
[19] Weinberg, S. 38.

ist.[20] „Wichtigste Voraussetzung für das didaktische Handeln in der Erwachsenenbildung ist ein *Relationsbewußtsein*, das heißt die Fähigkeit, die Situations- und Kontextabhängigkeit didaktischer Entscheidungen zu erkennen und zu berücksichtigen".[21] Aus der Vielfalt von Aspekten einer erwachsenenpädagogischen Didaktik greife ich einige für Musik relevante heraus:[22]

a) Alltagsorientierung (Inhaltsentscheidungen)
b) Beziehungsprobleme in Lerngruppen (psychosoziale Dimension)
c) Lernbiographie (u.a. Lerngewohnheiten)
d) Lernvoraussetzungen (fachspezifische Kenntnisse und Fähigkeiten)
e) EB als Um-, Hinzu- und „Anschlußlernen"
f) Teilnehmererwartungen
g) Möglichkeiten der Bedürfnisweckung: Animation
h) Veranstaltungsformen - Lernziele - Lernverhalten
i) Methodisches Vorgehen - Lernziele.

Musikalisches Handeln mit Erwachsenen muß die o.g. Aspekte systematisch beachten, wenn mittel- und langfristige curriculare Lösungen gefunden werden sollen, um z.B. auf die unterschiedlichen, zum Teil noch unerforschten Teilnehmererwartungen mit Kurskonzeptionen reagieren zu können; d.h. die genannten Aspekte sollten generell im Vorfeld von Unterricht und während des Unterrichtsprozesses berücksichtigt werden.

Erläuterung einiger Aspekte:

Zu a)

Musikalisches Lernen und Lehren in der EB sollte insofern mit der Lebenspraxis der Teilnehmer verbunden sein, als „die Lerninhalte aus *Lebens- und Verwendungssituationen* gewonnen werden".[23] Der Veranstalter muß bei der Angebotsplanung ebenso wie der einzelne Dozent und Instrumentallehrer an konkrete Adressaten denken, die sich von bestimmten Aufgabenstellungen ansprechen lassen. Um das Angebot von „Musik in der EB" zu sichern und sinnvoll auszu-

---

[20] Siebert, S. 173.
[21] vgl. Tietgens, zit. nach Siebert, S. 173.
[22] vgl. Siebert (1984), S. 173-176.
[23] a.a.O., S. 173.

bauen, muß sich die Angebotsplanung erkennbar auf die Lebenswirklichkeit von bekannten und potentiellen Interessenten beziehen.

Entsprechend den soziologischen und musikpsychologischen Untersuchungen zum Musikverhalten und Musikgeschmack von Jugendlichen, aus denen Musiklehrer didaktische Anregungen gewinnen können, sind daher u.a. Forschungen erforderlich, um diesem Aspekt didaktischen Handelns gerecht zu werden.

„Alltagsorientierung" ist gleichermaßen eine Forderung für „Kurse", Ensemblespiel, Chorarbeit und den individuellen Instrumentalunterricht.[24]

Zu b)

Obwohl die meisten der oben aufgelisteten Aspekte vordergründig weniger die inhaltliche Seite von erwachsenenbildnerischer Arbeit betreffen, müssen sie auch unter inhaltlichem Gesichtspunkt in musikpädagogisches Denken einbezogen werden.

Die „Beziehungsprobleme" in den Lerngruppen können beim Instrumentalspiel und beim Gruppenmusizieren ohne besondere Schwierigkeit gelöst werden, u.a. durch geschickte Auswahl von Werken, die von den Teilnehmern z.B. auch erläutert, gedeutet oder erst arrangiert werden („man kommt über die Musik ins Gespräch").

Für Kursleiter, die einer Lerngruppe Fakten und historische oder ästhetische Zusammenhänge vermitteln wollen, ist es demgegenüber besonders wichtig, den sozial-emotionalen Bedürfnissen und Kontaktmotiven der Teilnehmer Rechnung zu tragen, weil eine „Vernachlässigung dieser psychosozialen Dimension" auch den kognitiven Lernfortschritt beeinträchtigt.[25]

Das Fach Musik bietet vielfältige Möglichkeiten, durch Werkauswahl, geeignete Lernhilfen und Medien, individuelle Klanggestaltung etc. das Lernen im affektiven, psychomotorischen und kognitiven Bereich miteinander zu verbinden und auf diese Weise auch die Isolierung des einzelnen Teilnehmers aufzubrechen. Man könnte im EB-Kurs über Erfahrungen und Gefühle sprechen, zusammen am Synthesizer arbeiten, mit Instrumenten oder mit der Stimme Klangerfahrungen machen.

---

[24] vgl. u.a.: Gellrich; Klöckner; Grimmer.
[25] Siebert, S. 175.

Ob dieser Bereich didaktischen Handelns spezifischer Forschungen bedarf, kann ohne Grundlagenforschungen zum Musik-Lernen nicht entschieden werden. Aus diesem Grund sollte der Dozent in der Planung zunächst auf geeignete didaktische Anregungen und Modelle für schulischen Musikunterricht - z.B. „Handlungsorientierung" - rekurrieren. Auf jeden Fall muß er die „kommunikative Atmosphäre" ernst nehmen, weil ein VHS-Musik-Seminar für viele Teilnehmer doch primär ein Ort menschlicher Kommunikation ist. Obwohl „Kommunikation" in fachspezifischen Bildungsveranstaltungen nicht als Selbstzweck gesehen werden soll, muß diese Dimension bei Planung und Durchführung des Unterrichts berücksichtigt werden. Vergleichbare Erkenntnisse offenbaren auch die Erfahrungen über Instrumentalunterricht mit Erwachsenen[26], die häufig außermusikalische Gründe als Motiv anführen, in fortgeschrittenem Alter ein Instrument zu erlernen.

Zu c)

Der Aspekt „Lernbiographie" bezieht sowohl Lernerfahrungen und - gewohnheiten im Fach Musik als auch generell in Schule, Berufsausbildung und Studium mit ein, die der Dozent in der Planung berücksichtigen sollte. Folgende Lernerfahrungen aus schulischem Musikunterricht sind z.B. bei Erwachsenen anzutreffen: Singen und Spielen von Liedern nur nach Noten oder nur nach dem Gehör, Notenschreiben und -lesen sowie Harmonielehre ohne Bezug zur klingenden Musik, ein Jahr lang Analyse des „Freischütz" oder Konfrontation mit der Zwölftontechnik als Inbegriff von Neuer Musik, die der Schüler im Abzählverfahren auf dem Papier nachvollziehen konnte. Weiterhin werden sicherlich polemisches Lehrerverhalten gegenüber Jazz und U-Musik erinnert oder ein Unterricht, der viel Musik präsentierte, aber die Reflexion aussparte.

Neben diesen Beispielen möglicher Lernerfahrungen im Musikunterricht spielen aber auch Lerngewohnheiten aus anderem Unterricht eine Rolle: angepaßtes, unkritisches Verhalten, ausgiebiges Debattieren im Vorfeld von Unterricht, reines Stoff-Lernen im Sinne abfragbaren Wissens oder die Entwicklung von Verständnis für Problemzusammenhänge im Sinne selbständiger Gedankenbildung und Problemlösung.

---

[26] vgl. u.a.: Klöckner.

Solche Vorgaben durch die Lernbiographie, ergänzt um am Arbeitsplatz erworbene Verhaltensweisen des einzelnen Teilnehmers, beeinflussen die pädagogische Arbeit in der EB erheblich. Folglich sollte der Dozent seinen Musik-Kurs flexibel planen, wachsam in der Erarbeitung sein und u.a. wegen der Heterogenität in der Lerngruppe verschiedene Vorgehensweisen verwenden, damit unvorbereitet eingebrachte moderne Lehr-/Lernmethoden die Teilnehmer nicht verunsichern.[27]

Entwicklungsorientierte Forschung kann die Arbeit in diesem Punkt generell erleichtern, wenn beispielhafte curriculare Modelle für unterschiedliche inhaltliche Schwerpunkte entwickelt werden, in die Forschungsergebnisse eingearbeitet wurden. Nach Möglichkeit sollten die Teilnehmer im Laufe eines Kurses einige der früher erworbenen Lerngewohnheiten wieder erkennen, damit der neue Stoff nicht zusätzlich durch ungewohnte Lehrverfahren kompliziert wird, wie das z.B. bei der Arbeit mit einem Buch-Programm oder einem auditiven Trainingsprogramm (Lernlabor, Keyboard oder Computer) der Fall sein könnte.

Zu d)

Die *musikalischen* Lernvoraussetzungen, Kenntnisse und Fähigkeiten der Teilnehmer sind selbstverständlich bei der Angebotsplanung und im pädagogischen Handeln zu beachten, damit EB in Musik - von wenigen Ausnahmen abgesehen - als Um-, Hinzu- bzw. „Anschlußlernen" gesehen werden kann. Das ist einfacher als es scheint. Sowohl der Anfänger im Notenlernen wie derjenige, der sich für das Gitarrespiel entscheidet als auch die Mutter, die mit ihrem Kind zum „Familienmusizieren" kommt: Sie alle möchten „Musik lernen", weil sie aufgrund positiver Vorerfahrungen Freude an Musik haben und motiviert sind. Diese Vorerfahrungen können auf unterschiedliche Weise erworben und von sehr unterschiedlicher Quantität und Qualität sein. Dem am Musik-Lernen interessierten Erwachsenen sollte es aber möglich sein, seine Erfahrungen in den neuen Lernabschnitt einzubringen. Außer dem „Vorwissen" und bereits ausgeprägten Fähigkeiten sollte der Dozent auch z.B. vorhandene Vorurteile über Sachverhalte zur Kenntnis nehmen.[28]

Da die musikalischen Vorerfahrungen von erwachsenen Instrumentalschülern in der Regel leicht zu eruieren sind, vermag der Instrumentallehrer ohne beson-

---

[27] Siebert, S. 175.
[28] ebd.

dere Schwierigkeiten den Unterricht so zu gestalten, daß der Schüler sich als Um-, Hinzu- oder Anschlußlerner fühlen kann; auf die Bedeutsamkeit dieses Aspektes weist auch die neuere Literatur hin.[29]

Wegen der sehr unterschiedlichen Vorkenntnisse und Fähigkeiten bei Teilnehmern in Kursen zum Musikhören und Musikverstehen oder zum klanglichen Gestalten etc. würde ich mit den Teilnehmern gemeinsam Ziele, Inhalte und Methoden z.B. analog dem Hamburger Modell von W. Schulz besprechen. In diesem Zusammenhang erscheint es mir interessant zu erfahren, wie Teilnehmer an und Lehrer in Bildungsveranstaltungen die musikalischen Vorerfahrungen, Vorkenntnisse und bereits ausgeprägten Fähigkeiten beurteilen im Blick z.B. auf:

- das psychosoziale Klima in der Gruppe,
- den Lernfortgang der Gruppe,
- die individuelle Motivation,
- die Unterrichtsvorbereitung für den Lehrer.

Forschungsergebnisse zu diesen Fragen könnten u.a. helfen, über neue Möglichkeiten des Lernens und Lehrens nachzudenken und auf diese Weise einen Beitrag zur Curriculumentwicklung zu leisten. Für derartige Untersuchungen müßten allerdings Qualität und Quantität der Vorkenntnisse ebenso näher bestimmt werden wie die Art der Lehr-/Lernsituation, z.B. vorwiegend kognitives Lernen, Nachempfinden und Interpretieren oder Musizieren und klangliche Gestaltung.

2.3 Theorieorientierte Forschung

Der dritte vom Deutschen Bildungsrat 1974 genannte Forschungsbereich - der „vorwiegend theorieorientierte" - ist als *grundlegend* zu sehen, weil praxis- und entwicklungsorientierte Forschungen auf Dauer ohne ihn nicht auskommen werden.[30] Weinberg zählt zu den Grundlagenproblemen der EB u.a. die Frage nach den anthropologischen Voraussetzungen des Lernens Erwachsener, geschichtliche Aspekte des Lernens von Erwachsenen und von Erwachsenenbildungs-Institutionen, „Bildungsökonomie und Bildungsverwaltung des Weiterbildungsbe-

---

[29] vgl. Beiträge in Holtmeyer (Hrsg.).
[30] vgl. Weinberg, S. 31.

reichs" sowie den „Prozeß der Internationalisierung der Weiterbildung".[31] Es sind - und davon würde die Musikpädagogik in der EB ebenfalls profitieren - „bildungstheoretische und sozialgeschichtliche Untersuchungen nötig, die das Zeitbedingte und Veränderbare, die Impulse und Begrenzungen für das Lernen Erwachsener aufdecken".[32]

Den Mangel an „theorieorientierter Forschung" in der EB erklärt Weinberg aus der zwingenden Notwendigkeit, aktuelle Probleme der Praxis aufzugreifen und zu lösen[33], so daß für allgemeinere Forschungsprojekte zu wenig freie Kapazitäten bleiben.

Für die Musikpädagogik in der EB sehe ich u.a. folgende Aufgabenbereiche:

a) Grundlagenforschungen zum Lernen und Lehren von Musik im Erwachsenenalter;
b) Forschungen unter anthropologischem Aspekt: Was bedeutet das Musik-Lernen für den Erwachsenen?
c) Forschungen unter philosophisch-ästhetischem Aspekt: Was besagt „Musik-Verstehen" für Erwachsene? Gibt es einen verbindlichen „Musik"-Begriff, einen verbindlichen „Verstehens"-Begriff?
d) Historische Forschung, die Lern-Situationen der Vergangenheit beschreibt und deutet;
e) Vergleichende Forschung: „Musik in der EB" in verschiedenen Ländern;
f) Theoriebildung von Musikpädagogik in der EB.

Zu a)

Neuere Veröffentlichungen zur EB lassen bereits einige Fragestellungen von Musikpädagogen erkennen.[34] So ist es z.B. wünschenswert, mehr über das Musik-Lernen unter psychologischen[35] und unter physiologischen Aspekten[36] zu erfahren. Defizite bestehen überdies im Wissen um die Motive und Ziele des Musik-

---

[31] ebd.
[32] ebd.
[33] ebd.
[34] Holtmeyer (Hrsg.).
[35] Gellrich.
[36] Klöckner.

Lernens in Verbindung mit der Lebens- und Lerngeschichte des Individuums[37] sowie um die Ausformung musikalischer Begabung über die gesamte Lebenszeit.[38]

Aus umfassender musikpädagogischer Sicht erscheint mir eine erfolgreiche Instrumentalpädagogik für Erwachsene ohne derartige Grundlagenforschung nicht realisierbar. In meinem Exkurs zur Didaktik habe ich weitere grundlegende Fragen angesprochen, andere offenbaren sich bei genauerer Betrachtung.

Wie aus der jüngsten Literatur über „Musik in der EB" hervorgeht, sind grundlegende Probleme für den *Instrumentalunterricht* mit Erwachsenen bereits präziser herausgearbeitet als für *Veranstaltungen mit Seminarcharakter*. Den vielfältigen konkreten Fragen der Instrumentalpädagogen steht qualitativ und quantitativ leider vergleichbar nichts gegenüber zur Arbeit im „Theorie-Bereich". Dozenten, die im Kurs Musiktheorie, Hörschulung, Hilfen zum Musikverständnis etc. anbieten, arbeiten mit einer großen Zahl von Teilnehmern, die mehr oder weniger regelmäßig kommen, sich - je nach dem Lehrcharakter des Dozenten - profilieren können (aber nicht müssen), Fragen stellen können (aber sich häufig nicht trauen). Das heißt, in Kursen herrscht häufig eine gewisse oder totale Anonymität, so daß in der Regel auch keiner nachfragt, wenn Teilnehmer eines Tages gar nicht mehr kommen: der Teilnehmerschwund gilt den Institutionen als Faktum.

Hier kann nur Grundlagenforschung weiterhelfen, und zwar im Blick auf Adressaten und Teilnehmer, auf die Institutionen, ihre Geschichte, Möglichkeiten und Grenzen des Lehrens sowie im Blick auf Curriculum- und Unterrichtsforschung.

Unter diesem Aspekt sind auch die zahlreichen Veröffentlichungen aus der Erwachsenenpädagogik aus dem letzten Jahrzehnt u.a. ebenso zu sichten wie die Publikationen aus den Bereichen der Sportwissenschaft und der Kunstpädagogik. Diese fachfremden Untersuchungen sind vor allem unter dem Gesichtspunkt eines möglichen Transfers zu prüfen.

Zu f)

Da die Defizite in der Theoriebildung für die Erwachsenenpädagogik noch erheblich sind und sich eigentlich nur „Theorieskizzen" oder „Theorieansätze" fin-

---

[37] Grimmer.
[38] Kleinen.

den, da andererseits die Musikpädagogik auch von einer Theorie noch weit entfernt ist, wird es nicht möglich sein, in absehbarer Zeit für „Musik in der EB" *die* Theorie zu entwickeln, zumal wissenschaftlich ermittelte Aussagen als Basis für eine Systematisierung eigentlich noch gar nicht vorhanden sind (vgl. 2.3). Vermutlich wird es künftig auch für „Musik in der EB" mehrere theoretische Ansätze geben, z.b. entsprechend einer mehr oder weniger großen Annäherung an die Erziehungswissenschaft, an Sozialwissenschaften oder an die Musikpädagogik.

Nicht zuletzt wegen der hohen Bedeutung der Medien für das Musikverhalten erscheint mir eine entsprechende Berücksichtigung des gesellschaftlichen Kontextes und eine Orientierung über den Status quo hinaus wichtig. Das heißt, die Wissenschaft sollte den Ist-Stand von „Musik in der EB" kritisch betrachten, sich für Erfahrungen und Widersprüche offen zeigen und nicht vorschnell Kategorien bilden.[39]

„Musikpädagogik in der EB" kann als eine „Handlungswissenschaft" gesehen werden, deren Theoriebildung die Voraussetzung für begründetes Handeln ist.[40] Ihr wissenschaftstheoretisches Konzept sollte nun der Theorie und der Didaktik kongruent sein, dergestalt, daß der Begriff „Handlungsorientierung" als Schlüsselbegriff der Didaktik und der Theoriebildung anzusehen ist. Das heißt, didaktische Entscheidungen haben sich im weitesten Sinne an *Adressaten* und die Theorie hat sich an der *Praxis* zu „orientieren".[41] Ich verweise hier auf die an anderer Stelle gegebenen Erläuterungen zum Begriff „Handlungsorientierung".[42]

In Anlehnung an Positionen zur Erwachsenenpädagogik möchte ich die Didaktik von „Musik in der EB" durch den Begriff „Erfahrungsorientierung" näher präzisieren, der folgendermaßen umschrieben wird:

„Man will an 'Erfahrungen anknüpfen', sich der 'Erfahrung vergewissern', 'Schulerfahrungen revidieren', 'Erfahrungen bearbeiten', 'einen Erfahrungsaustausch ermöglichen'".[43]

Es wird deutlich, daß „Erfahrungsorientierung" u.a. in die Planung im weiteren Sinne hineinspielt. Folglich sollten sich auch die Musikpädagogen der Forderung führender Erwachsenenpädagogen anschließen, daß Lernen in organisierten

---

[39] Lenz, S. 111.
[40] Eckart-Bäcker.
[41] Siebert, S. 162.
[42] Eckart-Bäcker, S. 31 f.
[43] Gieseke-Schmelzle, S. 74.

Lernprozessen nur dann als erwachsenengerecht gilt, „wenn Bezüge zum Erfahrungskontext der Teilnehmer hergestellt werden".[44]

Wegen der engen Verbindung der Didaktik von „Musik in der EB" mit der „Erfahrungsorientierung" ist zu fragen, ob auch die Wissenschaft von „Musik in der EB" mit einem erfahrungsorientierten theoretischen Ansatz zusammenzudenken ist. Im Blick auf eine Theoriebildung von „Musik in der EB" sagt mir der erfahrungsorientierte Ansatz von Geißler/Kade[45] am meisten zu.[46] J. Kade fordert u.a. für die EB,

> „daß sich in ihr nicht die entsubjektivierenden Erfahrungen der Berufswelt etc. reproduzieren. Vielmehr muß die Gelegenheit zu alternativen Erfahrungen gegeben werden, durch die sich die Subjektivität der Individuen entwickeln kann".[47]

Dieses Postulat sollte für die Entwicklung einer Theorie von „Musik in der EB" ernst genommen werden.

Ausblick

Den von Lenz für die EB allgemein formulierten Lernbegriff - „Lernen heißt, Erfahrungen zu thematisieren"[48] - möchte ich direkt auf „Musik in der EB" übertragen. Musikpädagogen sollten sich folglich darauf konzentrieren, das inhaltliche Gerüst der erwachsenenbildnerischen Praxis unter diesem neuen Blickwinkel zu beobachten, abzustecken, zu prüfen und zu systematisieren, um weitgehend erfahrungsorientiertes Arbeiten zu ermöglichen.

Musikpädagogik in der EB sollte in erkennbarer Verbindung zur pädagogischen Praxis stehen, d.h. sich mit Lernen und Lehren von Musik im engeren und weiteren Sinne befassen, wie auch die Erwachsenenpädagogik sich aus der Praxis legitimiert. Würde unter dieser Prämisse in den o.a. drei Aufgabenbereichen Forschung angeregt und durchgeführt, würde m.E. im umfassenden, und nicht nur im utilitaristischen Sinne wissenschaftlich gearbeitet. Von einer Theorie der

---

[44] ebd.
[45] Geißler/Kade.
[46] Ausführlicher: vgl. Eckart-Bäcker, S. 32f.
[47] Kade, S. 65.
[48] Lenz, S. 130.

„Musik in der EB" würde ich Ähnliches erwarten wie von einer Theorie des Musikunterrichts, von der sich Abel-Struth u.a. erhoffte, daß sie helfen würde, den Bereich zu überschauen, das Detail zuzuordnen, diesen Bereich lehrbar zu machen.[49]

Literatur

Abel-Struth, S.: Grundriß der Musikpädagogik. Mainz 1985.
Deutscher Bildungsrat: Aspekte für die Planung der Bildungsforschung. Bonn 1974.
Eckart-Bäcker, U.: Musikalische Volksbildung in den 1920er Jahren und Versuch einer Theoriebildung der musikalischen Erwachsenenbildung heute. In: Zeitschrift für Musikpädagogik. H. 50. Mai 1989. S. 27-34.
Enzyklopädie Erziehungswissenschaft. Hrsg.: Lenzen und Mitarbeiter. Bd. 11: Schmitz und Tietgens (Hrsg.): Erwachsenenbildung. Stuttgart 1984.
Geißler, K./J. Kade: Die Bildung Erwachsener. Perspektiven einer subjektivitäts- und erfahrungsorientierten Erwachsenenbildung. München 1982.
Gellrich, M.: Psychologische Aspekte des Musiklernens Erwachsener. In: Holtmeyer (Hrsg.): Musikalische Erwachsenenbildung. S. 91-103.
Gieseke-Schmelzle, W.: Erfahrungsorientierte Lernkonzepte. In: Raapke und Schulenberg (Hrsg.): Didaktik der Erwachsenenbildung. In: Pöggeler (Hrsg.): Handbuch der Erwachsenenbildung. Bd. VII. Stuttgart 1985. S. 74-92.
Grimmer, F.: Lebensgeschichtliche Determinanten als Herausforderung einer Instrumentalpädagogik für Erwachsene. In: Holtmeyer (Hrsg.): Musikalische Erwachsenenbildung. S. 123-132.
Gutzeit, von, R.: Über klingende Brücken hinaus ins Offene. Anmerkungen zum Aachener Kongreß und zur „offenen" Musikschularbeit. In: Neue Musikzeitung. Juni/Juli 1989.
Holtmeyer, G. (Hrsg.): Musikalische Erwachsenenbildung. Grundzüge - Entwicklungen - Perspektiven. Regensburg 1989.
Kleinen, G.: Soziologie der Musikamateure. In: Holtmeyer (Hrsg.): Musikalische Erwachsenenbildung. S. 133-151.

---

[49] Abel-Struth, S. 579.

Klöckner, D.: Instrumentalunterricht für Erwachsene. In: Holtmeyer (Hrsg.): Musikalische Erwachsenenbildung. S. 104-114.

Knopf, D.: Psychosoziale Funktionen der Erwachsenenbildung. In: Enzyklopädie Erziehungswissenschaft. Bd. 11. S. 210-230.

Lenz, W.: Lehrbuch der Erwachsenenbildung. Stuttgart/Berlin/Köln/Mainz 1987.

Müller-Blattau, M. (Hrsg.): Musikalische Erwachsenenbildung an der VHS. Pädagogische Arbeitsstelle Deutscher VHS-Verband. Bonn 1987.

Pöggeler, F.: Neue Allgemeinbildung im Spannungsfeld zwischen Beruf und Freizeit. In: Zeitschrift für Pädagogik. 21. Beiheft „Allgemeinbildung". 10. Kongreß der Deutschen Gesellschaft für Erziehungswissenschaft. Weinheim/ Basel 1987. S. 131-136.

Schmitz, E. / H. Tietgens: Vorwort der Herausgeber. In: Enzyklopädie Erziehungswissenschaft. Bd. 11. S. 13-21.

Siebert, H.: Theorie und Praxis der Handlungsforschung in der Erwachsenenbildung. In: Neue Theorien der Erwachsenenbildung. Hrsg.: Pöggeler und Wolterhoff. In: Pöggeler (Hrsg.): Handbuch der Erwachsenenbildung. Bd. VIII. Stuttgart 1981. S. 161-175.

ders.: Erwachsenenpädagogische Didaktik. In: Enzyklopädie Erziehungswissenschaft. Bd. 11. S. 171-184.

Skowronek, H.: Psychologie des Erwachsenenlernens. In: Enzyklopädie Erziehungswissenschaft. Bd. 11. S. 143-159.

Tietgens, H.: Weiterbildung - Angebotsplanung und -realisierung. Fernuniversität Hagen. Hagen 1978.

VHS im Westen: Schwerpunktthema „Musikalische Weiterbildung". Februar 1988.

Weinberg, J.: Stand der Forschung über Erwachsenenbildung. In: Enzyklopädie Erziehungswissenschaft. Bd. 11. S. 27-42.

Prof. Dr. Ursula Eckart-Bäcker
Gustav-Radbruchstraße 13
5000 Köln 50

Erwachsene als Instrumentalschüler
Eine empirische Studie

WERNER KLÜPPELHOLZ

Die musikalische Erwachsenenbildung erfreut sich allerorts zunehmenden Interesses. Darin artikuliert sich der - bisher noch bescheidene - Versuch, musikpädagogisch auf gravierende Veränderungen gegenwärtiger Gesellschaft zu reagieren: eine beträchtliche Verschiebung der Altersstruktur, Emanzipationsbewegungen („Senioren", Frauenbewegung, „Psycho-Szene") und eine Tendenz zur Singularisierung. Auf dem breiten Feld der musikalischen Erwachsenenbildung möchte ich mich hier auf den Sektor des Instrumentalunterrichts beschränken, indem ich - stichwortartig - Ergebnisse einer empirischen Studie mitteile.

Ohne stilistische Präferenzen zu berücksichtigen, erbrachte eine repräsentative Erhebung des Jahres 1988 das Resultat, daß 14 % aller erwachsenen Bundesbürger ab 18 Jahren (= ca 6 Mill.) „sicher oder vielleicht" ein Musikinstrument erlernen möchten.[1] Rund 6.000 Erwachsene ab 25 J. (die Altersgrenze liegt hier höher als die juristische, um wirklich „echte" Erwachsene statt erwachsen gewordene Musikschüler zu erfassen) nutzen bereits gegenwärtig den Instrumentalunterricht an Musikschulen (MS) des VdM, wie eine Umfrage ergeben hat (N = 233; alle übrigen MS meldeten Fehlanzeige). Bei einer Klassifizierung der Instrumente, die gemeinhin an MS vertreten sind, und in drei Altersklassen (25-44 J.; 45-64 J.; 65 J.<) ergibt sich folgende Verteilung (Tab.1):

Die Rangfolge der Instrumente entspricht hier ungefähr der üblichen, stellt man die Rangverschiebungen von Erhebung zu Erhebung einmal in Rechnung.[2] Ganz erheblich hingegen differiert die Besetzung der Altersklassen: rund drei Viertel aller Schüler sind nicht älter als 44 J. Das nach dem Ausscheiden aus dem Erwerbsleben gewonnene Potential an freier Zeit liegt hier also noch völlig brach. Die übrigen Aufbereitungen der Daten (Verteilung der Fächer bezogen auf Schüler = 100 % von N sowie Verteilung nach Fächern bezogen auf die Altersklassen - fächerübergreifend -, wobei die einzelnen Altersklassen je 100 % ergeben) zeigen keine wesentlichen Unterschiede der Gesamtzahl und Instrumentenwahl im Hinblick auf das Alter. Ein Vergleich zwischen der Alters- und

---

[1] Infas: Musikmachen - heute und morgen. Ergebnisse einer Repräsentativerhebung zu Image und Leistungsprofil der Musikschulen. Bonn 1988, S. 4

[2] Vgl. z.B. K. Fohrbeck/A. Wiesand: Musik, Statistik, Kulturpolitik. Köln 1982, S. 129 und 202

Instrumentenverteilung Zeile 1/2 ergibt höchstens, daß Gitarre, Gesang, Querflöte, Saxophon eher „jugendliche", Violine, Akkordeon und Cello eher „ältere" Instrumente sind.

Verteilung nach Fächern

	abs.			bezogen auf die Summe der Altersgruppen			bezogen auf Schüler			(gesamt) bezogen auf Schüler	bezogen auf Altersgruppe (fächerübergreifend)		
Klavier	1103	403	27	72	26	2	18	7	0	25	25	27	25
Gitarre	1161	246	12	82	17	1	19	4	0	23	26	16	11
Blockflöte	494	253	14	65	33	2	8	4	0	13	11	17	13
Gesang	278	85	1	76	23	0	5	1	0	6	6	6	1
Querflöte	241	51	1	82	17	0	4	1	0	5	5	3	1
Saxophon	117	17	1	87	13	1	2	0	0	2	3	1	1
Violine	122	55	5	67	30	3	2	1	0	3	3	4	5
Akkordeon	156	122	14	53	42	5	3	2	0	5	4	8	13
Cello	65	32	2	66	32	2	1	1	0	2	1	2	2
Trompete	85	21	1	79	20	1	1	0	0	2	2	1	1
Schlagzeug	50	3	0	94	6	0	1	0	0	1	1	0	0
Karinette	78	20	1	79	20	1	1	0	0	2	2	1	1
Posaune	24	8	0	75	25	0	0	0	0	1	1	1	0
Sonstiges	467	196	29	67	28	4	8	3	0	11	11	13	27

Verteilung nach Altersgruppen bezogen auf Schüler
25-44 Jahre   : 73 %
45-64 Jahre   : 25 %
65 Jahre und älter : 2 %
Insgesamt 6061 Schüler

Tab. 1

Wie ergeht es diesen Schülern im Unterricht der Musikschule? Mußten sie zuvor Hemmungen überwinden, haben sie bestimmte Wünsche an den Unterricht oder an den Lehrer, von welchen Motiven werden sie geleitet, wie sind sie mit ihrem Leistungsfortschritt zufrieden - Fragen mithin, die hier zum ersten Mal gestellt werden und die für die künftige didaktische Planung von Bedeutung sein können. 213 Musikschüler über 25 J. wurden Anfang 1989 an MS in den Bundesländern Hessen, Niedersachsen und Nordrhein-Westfalen dazu befragt.[3]

Die Daten wurden wiederum in drei Altersklassen gruppiert, zusätzlich nach Geschlecht (W/M) und Haushaltsgröße (Alleinstehende) aufgeschlüsselt (Tab. 2;

---

[3] Mein Dank gilt allen beteiligten Musikschulen, insbesondere den Musikschulen Bad Vilbel, Beckum-Warendorf, Bochum, Bonn, Buseck, Fulda, Hannover, Herten, Köln, Limburg, Marburg, Meerbusch, Offenbach, Rüsselsheim, Stadtallendorf und Wolfsburg

außer den absoluten Zahlen in Zeile N handelt es sich ausschließlich um Prozentwerte).

	Gesamt	25-44 J	45-64 J	65 < J	W	M	A
N	213	121	85	6	161	52	31
1. Klavier	30	33	27	0	32	21	29
Holzblasinstr.	28	27	28	33	31	17	23
Streicher	16	12	21	17	14	21	13
Zupfinstr.	12	15	9	0	12	12	0
Gesang	6	7	5	0	4	12	19
Blech	3	4	0	0	0	10	0
Sonstige	5	2	9	50	6	8	16
2. 1-3 J	53	63	44	0	55	48	55
4-6 J	20	15	25	50	21	15	19
7-9 J	6	4	6	17	5	8	10
10 < J	20	18	25	0	17	29	13
k.A.	1	0	1	33	2	0	3
3. Familie	18	15	24	0	14	31	13
Kinder	15	12	19	17	17	8	1
I.g. Wunsch	8	10	6	0	8	8	10
Freunde	7	6	9	0	7	6	13
Medien	4	7	1	0	5	2	3
Konzerte	3	4	1	0	2	4	3
Schule	6	6	5	17	7	6	6
Sonstige	40	41	4	67	40	38	48
4. unterr. Gründe	18	21	15	0	18	17	17
außerunterr. Gründe	50	51	49	50	53	40	47
Finanz. Probleme	4	2	6	17	4	4	6
Entfällt	28	26	29	33	25	38	29
5. Familie	26	24	32	0	27	23	16
Schule	12	13	11	17	12	13	10
Gruppenmus.	11	11	12	17	12	10	13
Chor	10	10	9	0	9	12	13
Erfolg	5	7	2	0	6	2	0
Sonstige	21	22	20	17	21	23	29
Keine	15	13	14	50	14	17	19
6. Schule	15	19	7	17	14	15	26
Üben	13	15	9	17	12	13	6
Einzelunterrricht	11	12	8	17	11	10	6
Familie	5	4	7	0	5	6	10
Sonstige	19	20	19	0	21	13	19
Keine	38	30	49	50	37	42	32
7. Alter	18	15	24	0	19	13	19
Selbstbewußtsein	7	10	4	0	6	10	13
Finanz. Probleme	3	5	1	0	4	2	3
Sonstige	16	14	21	17	17	12	19
Keine	56	56	53	83	53	63	45

	Gesamt	25-44 J	45-64 J	65 < J	W	M	A
N	213	121	85	6	161	52	31
8. Sehr gut	8	10	2	33	6	12	13
gut	46	42	51	33	45	46	32
einigermaßen	41	41	42	33	43	35	45
weniger	6	7	5	0	6	8	10
gar nicht	0	0	0	0	0	0	0
9. Mit anderen spielen	45	42	48	50	47	37	39
mit und vor anderen	9	12	6	0	5	23	26
Sonstige	28	26	29	50	30	23	23
nein	18	19	16	0	18	17	13
	völl./etw.	%	%	%	%	%	%
10.	93/ 6	92/ 7	95/ 5	100/ 0	92/ 7	98/ 2	90/10
11.	49/38	50/34	47/44	83/17	48/38	52/37	45/35
12.	69/17	70/18	66/16	100/ 0	73/15	58/25	74/16
13.	57/37	55/40	59/32	67/33	60/32	48/50	65/29
14.	85/11	79/14	92/ 7	100/ 0	86/11	81/12	71/19
15.	59/25	58/28	58/22	83/17	57/26	63/23	61/23
16.	25/26	25/23	25/32	33/17	22/27	37/25	32/26
17.	1/ 4	2/ 3	0/ 5	0/ 0	1/ 4	1/ 4	3/ 6
18.	2/ 7	3/ 6	1/ 7	0/ 0	1/ 5	6/12	3/ 6
19. Fingerfertig.	67	64	74	50	70	60	42
Notenlesen	26	28	24	17	22	37	29
Stücke	11	15	7	0	11	12	13
Schule	4	6	2	0	4	4	10
Lehrer	5	3	7	0	6	2	3
Zeitm.	15	20	11	0	16	15	16
Sonstige	30	31	27	33	29	33	42
20. Inf. Noten	43	45	42	0	42	46	45
Stücke	53	58	49	17	55	46	52
Anl. Üben	52	48	59	50	52	54	61
Mus. Gesch.	37	42	32	0	39	31	48
Inf. Instr.	27	31	22	33	25	33	29
Sonstige	13	12	13	17	12	15	26
21. wöchentl.	80	83	75	83	79	83	81
14tägig	20	17	25	17	21	17	19
22. Gruppenmusik	17	12	24	33	20	10	19
Theorie	10	13	7	0	10	12	13
Sonstige	17	19	15	0	16	21	39
Keine	55	56	54	67	55	58	29
23. Geduld/Verständnis	66	67	65	50	68	60	58
Fachl. Kompetenz.	8	7	6	33	6	12	16
Sonstige	17	16	20	0	17	17	13
Keine	10	10	9	17	9	12	13
24. Stunden	6	6	6	1	6	6	7

	Gesamt	25-44 J	45-64 J	65 < J	W	M	A
N	213	121	85	6	161	52	31
25. Einpers.	15	20	6	33	14	15	100
Mehrpers.	85	80	94	67	86	85	0
26. Hochschule	47	41	56	33	43	60	42
Gymnasium	20	26	11	17	20	19	35
RS	23	23	21	17	26	12	19
HS	5	6	4	17	6	2	0
Sonstige	6	3	8	17	5	8	3
27. Lehrberuf	28	24	34	17	28	27	23
sonst. Akadem.	15	15	16	17	12	25	23
Angestellte(r)	30	30	28	50	33	21	26
Pflegeberuf	7	8	5	17	8	4	10
Handwerk	3	3	4	0	1	10	3
Student(in)	7	12	0	0	6	10	16
Hausfrau	5	4	6	0	6	0	0
Sonstige	4	3	6	0	4	2	0
keine Angabe	1	2	1	0	1	2	0

Tab. 2

1. Die Instrumenten-Verteilung dieser Stichprobe entspricht etwa der Gesamtpopulation - mit Ausnahme überproportional vieler Streicher und unterproportional wenig Zupfinstrumenten, was freilich ohne Einfluß bleibt (vgl. 8. und 19.).
2. Rund drei Viertel der Schüler haben erst seit wenigen Jahren Unterricht. Dennoch handelt es sich überwiegend um Wiederanfänger (vgl. 4.: bei nur 28 % entfallen die Gründe des Abbruchs eines früheren Unterrichts)
3. Die offene Frage nach der Anregung zum Instrumentalspiel fällt im Ergebnis ein wenig unbefriedigend aus, denn was zum Beispiel heißt schon „lang gehegter Wunsch"? Familie, Kinder und Freunde ergeben immerhin 40 %, was den Befund älterer Studien bestätigt, daß die nächste soziale Umgebung den Nährboden der Musizier-Motivation bildet.[4]
4. Früherer Unterricht wurde selbst bei großzügigster Zuordnung (z.B. „keine Lust") nur in 18 von 100 Fällen aus unterrichtlichen Gründen abgebrochen, meist aus außerunterrichtlichen (von Umzug bis Weltkrieg). Das Maß negativer Erfahrungen der instrumentalen Lerngeschichte dürfte in dieser Stichprobe mithin nicht erheblich sein.
5. Positive musikalische Erinnerungen sind, betrachtet man die vier ersten Rangplätze, sozial geprägt, Gemeinschaftsgefühle. Die Erfolgsmotivation

---

[4] Vgl. W. Klüppelholz: Motivation von Erwachsenen zum Instrumentalspiel. In: Musikalische Erwachsenenbildung. Hrsg. G. Holtmeyer, Regensburg 1989, S. 118

spielt - gottlob, möchte ich meinen, in einer Welt des Erfolgs à tout prix - demgegenüber nur eine marginale Rolle.

6. „Welche negativen musikalischen Erinnerungen haben Sie an Ihre Kindheit und Jugend": der Musikunterricht an allgemeinbildenden Schulen mit seiner einseitigen Theorieversessenheit, selbstredend, hinter Üben, Einzelunterricht und Familie steht aber vor allem der Übe-Zwang.

7. Allzu viele Hemmungen waren vor Beginn des Unterrichts offenbar nicht zu überwinden: das Alter immerhin bei 18 % (ignorieren wir den entsprechenden Wert in der arg gering besetzten Klasse der 65jährigen und älter), Selbstbewußtsein (mit dem es ja auch bei jungen Leuten zuweilen hapert), finanzielle Probleme hingegen bestehen in dieser Stichprobe kaum.

8. Nicht überschwenglich, so doch überraschend groß die Zufriedenheit mit den Fortschritten beim Musizieren. Eine hier gesondert durchgeführte Berechnung des Spearmanschen Rangkorrelation-Koeffizienten hat keinen signifikanten Zusammenhang zwischen Instrument und Leistungszufriedenheit erbracht. Auch gegenüber Problemen beim Spiel scheint sich die Zufriedenheit resistent zu verhalten. Um zwei Extremfälle herauszugreifen: „weniger" große Zufriedenheit bei keinem Problem (vgl. 19.) und „sehr gute" trotz mangelnder Fingerfertigkeit, Notenlese-Schwäche und Abneigung gegen die gespielten Stücke. Es dürfte sich bei dieser Art von Zufriedenheit (die das Selbstbild, das soziale Umfeld, das Instrument, musikalische Präferenzen etc. berührt) um ein vielfaktorielles Syndrom handeln, dem vermutlich nur mit Fallstudien beizukommen wäre.

9. „Falls es auf Sie zutrifft: Erfüllen Sie sich mit dem Musizieren einen bestimmten Wunsch (z.B. mit oder vor anderen zu spielen)?": diese Frage - halb offen, halb mit Vorgabe - war wohl nicht allzu klug formuliert, denn unter „Sonstige" zählen eine Reihe von Äußerungen, die eigentlich zur Frage 3 gehören. Immerhin bestätigt sich der Wunsch nach zusätzlichem Musizieren in Gruppen.[5] Für „völlig/etwas/weniger/gar nicht" war bei 10.-18. für eine Reihe von Items zu votieren:

10. „Musizieren ist eine sehr sinnvolle Art der Freizeitgestaltung"
11. „Musizieren entspannt mich mehr als die meisten anderen Tätigkeiten"
12. „Mit dem Musizieren erfülle ich mir einen lang gehegten Wunsch"
13. „Nach dem Musizieren fühle ich mich zufrieden und ausgeglichen"
„Das Musizieren macht mir Freude, weil
14. - ich selbst dabei aktiv bin
15. - ich einen besseren Zugang zur Musik bekomme

---

[5] Vgl. Infas: a.a.O., Übersicht 18: 50 % der Befragten votieren für „gemeinsames Lernen und Musizieren in einer Gruppe"

16. - ich damit mit anderen Menschen in Kontakt komme
17. - ich damit zu den Gebildeten gehöre
18. - ich zeigen kann, daß ich so unmusikalisch nicht bin".

    Die Beurteilung des eigenen Instrumentalspiels als sinnvolle, aktive, einen langgehegten Wunsch realisierende Freizeitgestaltung erfolgt nahezu ohne jede Einschränkung. Daß diese Aktivität zugleich einen besseren Zugang zur Musik vermittelt, Ausgeglichenheit und Entspannung erzeugt, wird ebenfalls überwiegend bejaht. Trotzreaktionen gegen frühere Zuschreibung von Unmusikalität (18.) kommen dagegen so gut wie nicht vor, und das traditionelle Bildungsideal der Höheren Tochter am Klavier hat offenbar endgültig an Wirksamkeit eingebüßt.

19. Zwei Drittel der Befragten empfinden Probleme mit der Fingerfertigkeit (was nicht nur für diese Stichprobe gelten dürfte), rund ein Viertel mit dem Notenlesen, der Rest verteilt sich auf Unzufriedenheit mit den Stücken, der Instrumentalschule, dem Lehrer, auf Zeitmangel sowie alle erdenklichen sonstigen Probleme (z.B. „Kondition"). Ein Zusammenhang zwischen Problemen und Instrument (im Sinne wenig oder stark problematischer Instrumente) besteht wiederum nicht, mit Ausnahme der etwas häufiger bei Klavier und Zupfinstrumenten auftretenden Notenlese-Schwäche.

20. Instrumentalschulen für Erwachsene sollten vor allem ansprechende Stücke und Anleitungen zum richtigen Üben enthalten, weniger Informationen über die Notenschrift, Musikgeschichte und das jeweilige Instrument. Diese Schüler sind demnach primär am Instrument orientiert und erwarten von der MS kein umfassendes Angebot zur musikalischen Bildung.

21. Der Unterricht sollte wöchentlich stattfinden.

22. Die Mehrheit wünscht keine weiteren Angebote der MS, allein kleinere Minderheiten verlangen nach Gruppenmusizieren (was in merkwürdigem Widerspruch zu 5. und 9. steht) oder sonstigen Angeboten (z.B. „Konzertbesuche").

23. „Welche Eigenschaften sollte ein 'idealer' Lehrer für den Instrumentalunterricht mit Erwachsenen haben?": er sollte geduldig, einfühlsam, ermutigend, humorvoll, partnerschaftlich und offen sein (66 % + 17 % Sonstige), also wie jeder Lehrer auf jeder Altersstufe in jedem Fach immer sein sollte.

24. Durchschnittlich 6 Stunden pro Woche verbringen die Befragten mit Fortbildungsveranstaltungen (z.B. VHS); ihr Instrumentalspiel nimmt zwar einen großen, doch nicht den einzigen Raum in ihrem Leben ein.

25. Die MS kann kaum als Treffpunkt von „singles" gelten (eher von kinderreichen Müttern, dachte ich bei der Auswertung).

26. und 27. Bildungsniveau und beruflicher Status liegen - ebenfalls[6] - bei dieser Stichprobe weit über dem Durchschnitt.

Darüberhinaus kann die Stichprobe als überwiegend jünger, überwiegend weiblich, kulturell aktiv, primär am Instrumentalspiel orientiert und durch das Fehlen problematischer Lernbiographien charakterisiert werden.

Sie mag demonstrieren, daß es offenbar keiner grundsätzlich andersartigen Didaktik im Instrumentalunterricht bedarf als vielmehr einer ausgeprägten Empathie des Lehrers und einer individuellen Differenzierung des Unterrichts. Nicht das beiläufigste Ergebnis dieser Studie mag schließlich darin liegen, daß ein solcher Instrumentalunterricht mit Erwachsenen offensichtlich ein großes Maß subjektiver Zufriedenheit in mancherlei Hinsicht erzeugt. Über die Fälle problematischer, gar traumatisierender Lerngeschichten[7] ist damit allerdings wenig gesagt.

Ein Rest von Mißtrauen bleibt indes angesichts des recht homogenen Antwortverhaltens der sechs Klassen: sollten 25jährige tatsächlich in jedem Fall ähnlich urteilen und empfinden wie 65jährige? Eine fortführende Untersuchung hätte daher auch auf kleineren Altersklassen zu beruhen. Sie sollte vor allem der Frage nachgehen, welcher Leistungsfortschritt unter welchen Bedingungen (Alter, Spieldauer, Instrument) möglich und welcher „normal" ist. Daneben wäre eine didaktische Konzeption des Gruppen-Musizierens zu entwickeln, die den Unterschieden von Alter, Instrument und Leistungsniveau Rechnung trägt, und schließlich hätten die Institutionen der Aus- und Fortbildung den Lehrer im beschriebenen Sinn auf den Unterricht mit Erwachsenen vorzubereiten.

Prof. Dr. Werner Klüppelholz
Nußbaumerstraße 43
5000 Köln 30

---

[6] Vgl. z.B. die Erhebungen von SRG (1979) und Allensbach (1980)
[7] Vgl. z.B. den Beitrag von F. Grimmer in: Musikalische Erwachsenenbildung, a.a.O.

Musikwissenschaft/Musikpädagogik in der Blauen Eule

Band 1   *Rudolf Klinkhammer*
Ausbildungsordnungen des Lehramtsfaches Musik
in der Studienreform der 1970er Jahre
Essen 1987, 262 Seiten, DM 46,00   ISBN 3-89206-172-6

Band 2   *Klaus Langrock*
Die Sieben Worte Jesu am Kreuz
Ein Beitrag zur Geschichte der Passionskomposition
Essen 1987, 244 Seiten, DM 46,00   ISBN 3-89206-203-X

Band 3   *Stefan Gies*
Der Anspruch der Musik als Faktor musikpädagogischer
Zielbestimmung
Essen 1990, 302 Seiten, DM 53,00   ISBN 3-89206-368-0

Band 4   *Günter Kleinen/Rainer Schmitt (Hrsg.)*
„Musik verbindet" - Musikalische Lebenswelten
auf Schülerbildern
Essen 1991, ca. 200 Seiten m. Abb., ca. DM 32,00   ISBN 3-89206-370-2

Band 5   *Renate Müller*
Soziale Bedingungen der Umgehensweisen Jugendlicher
mit Musik
Essen 1990, 343 Seiten, DM 64,00   ISBN 3-89206-373-7

In Vorbereitung

Rudolf Klinkhammer
Musikpädagogik in Ungarn
Anregungen zu einem Musikunterricht auf vokaler Basis
Essen 1991, ca. 310 Seiten, ca. DM 53,00   ISBN 3-89206-206-4

Verlag Die Blaue Eule
Geisteswissenschaft
Aktienstraße 8

D - 4300 Essen 11

Das Bärenreiter-Fachbuch: umfassend und zuverlässig

Neue Spiele mit Musik

Diether de la Motte
Musik ist im Spiel
Geschichten
Spiele
Zaubereien
Improvisationen

Bärenreiter

Diether de la Motte
Musik ist im Spiel
108 Seiten; kartoniert
BVK 961

Ein Buch für einen unkonventionellen pädagogischen Umgang mit Musik, für den Musikunterricht, die Gruppenstunde, den geselligen Abend. Ein Buch zum Lesen und Spielen für Leute von acht bis achtzig.

Diether de la Motte
Harmonielehre
Taschenbuch, Originalausgabe. Fünfte, verbesserte, ab der zweiten ergänzte Auflage. 286 Seiten mit Tabellen, Zeichnungen und über 500 Notenbeispielen. dtv/Bärenreiter
BVK 4183

Diether de la Motte
Kontrapunkt
Ein Lese- und Arbeitsbuch. Taschenbuch, Originalausgabe. Zweite Auflage. 375 Seiten mit über 1000 Notenbeispielen. dtv/Bärenreiter
BVK 4371

Hermann Grabner
Allgemeine Musiklehre
17. Auflage 1988, mit einem Nachtrag von Diether de la Motte. XII, 373 Seiten mit über 400 Notenbeispielen im Text. Kartoniert
BVK 61

Clemens Kühn
Formenlehre der Musik
Originalausgabe. 220 Seiten, Notenbeispiele. dtv/Bärenreiter
BVK 4460

Clemens Kühn
Gehörbildung im Selbststudium
Taschenbuch, Originalausgabe. 130 Seiten mit 16 Partiturprobeseiten und über 200 Notenbeispielen. dtv/ Bärenreiter
BVK 760

Roland Mackamul
Lehrbuch der Gehörbildung
Band 1
Elementare Gehörbildung.
152 Seiten. Kartoniert
BVK 95
Band 2
Hochschul-Gehörbildung.
192 Seiten. Kartoniert
BVK 96

Jürgen Uhde, Renate Wieland
Denken und Spielen
Studien zu einer Theorie der musikalischen Darstellung,
503 Seiten. Broschiert
BVK 690

Albert C. Vinci
Die Notenschrift
Grundlagen der traditionellen Musiknotation. Deutsch von Dietrich Berke. 122 Seiten, zahlreiche Notenbeispiele. Kartoniert
BVK 900

Das erste deutschsprachige »Rechtschreibbuch« der Notenschrift für Musikschüler, Studenten, Lehrer und für angehende Komponisten.

Fragen Sie auch nach dem Bärenreiter-Katalog »Musikbücher, Faksimiles« und dem Prospekt »Bärenreiter-Musikpädagogik«

Bärenreiter
Kassel · Basel · London · New York